Inklusion auf dem Weg

Das Trainingshandbuch zur Prozessbegleitung

Inklusion auf dem Weg

Das Trainingshandbuch zur Prozessbegleitung

Vorwort — 6

Über dieses Buch — 8

**Anlässe – Prozesse begleiten,
Inklusion umsetzen** — 10

**Voraussetzungen – 14 Punkte,
ohne die es nicht geht** — 18

Module — 28

1 **Einführung und Grundlagen** — 34

2 **Die Rolle als Prozessbegleiterin/-begleiter
klären und stärken** — 56

3 **Die Prozessbegleitung anlegen und beginnen** — 78

4 **Haltung, Standpunkt, Zielorientierung** — 118

5 **Mit Vielfalt und Widerständen umgehen** — 148

6 **Selbstreflexion und Methodenrepertoire** — 176

7 **Systemische Beratung inklusiv gestalten** — 186

8 **Die Rolle und Funktion
von Steuerungsstrukturen** — 214

9 **Abschluss und Ausblick:
Eine Prozessbegleitung beenden** — 242

Ausblick – So kann es weitergehen — 278

Anhang — 284

Vorwort

Karl-Heinz Imhäuser
Vorstand der Montag Stiftung Jugend und Gesellschaft

Nichts ist beständiger als der Wandel. Wo immer es um Veränderungsprozesse geht, ist diese Weisheit, die mal dem Griechen Heraklit, mal dem Engländer Charles Darwin zugeschrieben wird, ein wiederkehrender Topos. Wie schnell der Wandel unserer Welt heute ist und wie weitreichend er in unsere Gesellschaft hineinwirkt, zeigt sich an vielen Stellen. Es sind die ökologischen, sozialen und ökonomischen Folgen dieses Wandels, die inzwischen die Errungenschaften und Antriebe unseres Fortschrittsmodells infrage stellen: Freiheit, Demokratie, Humanität, Solidarität. Viele der kommenden Herausforderungen in unserer Gesellschaft sind deshalb sozialer und institutioneller Natur: Unsere Gesellschaft ist angewiesen auf soziale Innovationen, die im Wandel ein menschenwürdiges Miteinander ermöglichen.

Zu den zentralen Herausforderungen, für die wir Antworten und Lösungen benötigen, gehört der Umgang mit Vielfalt. Als Montag Stiftung Jugend und Gesellschaft beschäftigen wir uns intensiv mit der Frage: Sind wir, sind unsere Institutionen, Quartiere, Kommunen und Gemeinwesen aufnahmefähig und bereit für die normale Vielfalt unserer Gesellschaft? Der Migrationsforscher Mark Terkessidis bezeichnet dieses neue Paradigma der Anerkennung und Wertschätzung von Diversität als »Motor, um das Funktionieren und die Legitimation der Institutionen auf den Prüfstand zu stellen. Die neue Politik muss postintegrativ sein, sie muss abheben auf eine interkulturelle Öffnung der Institutionen, auf die Herstellung dessen, was der Schriftsteller Breyten Breytenbach einmal als ›Infrastrukturen des Verknüpfens‹ bezeichnet hat.«[1]

Wir sind an einem Wendepunkt, an dem das Verbindende Vorzug haben muss vor dem Trennenden und Separierenden. Es ist eine Zeit, in der Altes umgewendet werden muss, damit unser soziales und institutionelles Miteinander sich wandeln und neu definiert werden kann. Für uns ist Inklusion ein Weg, das Verbindende in der Welt fester zu verankern und damit unser Zusammenleben auf eine flexiblere und Vielfalt tragende Basis zu stellen.

[1] **Terkessidis 2010, S. 73 f.**

Dabei ist Inklusion selbst ein Verändern des Bestehenden in einem langen, offenen Prozess. Inklusion ist wie eine Expedition in eine für uns alle neue Landschaft. Man begibt sich auf unbekanntes Terrain, sucht gemeinsam nach dem besten Weg, löst Herausforderungen, entdeckt Neues. Was man weiß, kann falsch, veraltet oder unzureichend sein, es bedarf der Ergänzung, es muss zu den immer einzigartigen Gegebenheiten und Umgebungen passen.

Seit fast zehn Jahren beschäftigen wir uns mit der Durchführung solcher Expeditionen auf dem Weg der Inklusion, unter anderem auf Basis unseres Praxisbuches »Inklusion vor Ort – Der kommunale Index für Inklusion«. Wir sind überzeugt, dass es gut und hilfreich ist, auf dem Weg erfahrene Expeditionsbegleiterinnen und -begleiter an der Seite zu haben. Ihre Aufgabe: einen Begleitprozess zu starten und in Gang zu halten, Bestände und Ergebnisse zu sortieren und zu sichern und die stets im Fluss befindliche Grenze zwischen dem Beständigen, dem Wandelbaren und dem noch zu Entdeckenden immer wieder neu zu bestimmen.

Seit acht Jahren qualifizieren wir solche Expertinnen und Experten für inklusive Prozesse, die Menschen und Organisationen auf ihrem Weg begleiten. Mit diesem Trainingshandbuch stellen wir unsere Erfahrungen zur Verfügung. Wir freuen uns, wenn wir damit viele Menschen ermutigen und unterstützen können, den Weg des Wandels selbst mitzugestalten und zu begleiten. Schließlich haben wir auch diese Erfahrung bei allen Expeditionen immer wieder machen dürfen: Nichts ist wandelbarer als das Beständige.

Über dieses Buch

Barbara Brokamp
Ludger Deckers
Raymund Elfring
Wiebke Lawrenz
Monika Menzel
Thomas Müller-Heßling
Raimund Patt
Andrea Platte
Christian Schmidt
Ansgar Stracke-Mertes

Inklusion zielt auf eine an den Menschenrechten orientierte Veränderung von Gesellschaft. Sie ist international anerkannt als Leitidee und ein Weg, um den Herausforderungen einer von Vielfalt geprägten Welt menschenwürdig zu begegnen. Ob im Bildungsbereich oder auf kommunaler Ebene: Initiativen zur Umsetzung von Inklusion gibt es überall. Längst gibt es auch zahlreiche Hilfsmittel und Anleitungen, Standards und Empfehlungen, verschiedene Varianten des »Index für Inklusion« und mehr.

Doch das Umsetzen von Inklusion bleibt eine Herausforderung. Denn Inklusion bedeutet Veränderung – und eine Veränderung bestehender Systeme ist ein komplexer Vorgang. Eine solche inklusive Umgestaltung zu organisieren und unter Einbeziehung aller verantwortungsvoll zu gestalten – das ist die Herausforderung, vor der viele Organisationen heute stehen.

Als Autorinnen und Autoren dieses Buches kennen wir diese Herausforderung sehr gut. Wir sind seit vielen Jahren als Begleiterinnen und Begleiter inklusiver Veränderungsprozesse unterwegs. Wir wissen, wie anspruchsvoll diese Aufgabe ist. Als Trainerinnen und Trainer haben wir zusammen mit der Montag Stiftung Jugend und Gesellschaft ein Qualifizierungsangebot entwickelt, mit dem wir unsere Erfahrungen aus der Prozessbegleitung an andere weitergeben. Viele Menschen haben an verschiedenen Orten und aus ganz verschiedenen Zusammenhängen bereits an unseren Qualifizierungen teilgenommen. Sie alle tragen das Gelernte und Erlebte weiter, in ihren Einrichtungen vor Ort, in ihren Schulen und Kommunen, in ihren beruflichen und privaten Umfeldern.

Auch wir wollen das Gelernte und Erlebte weitergeben: Mit diesem Buch stellen wir unser Fortbildungskonzept als reflektiertes Erfahrungswissen zur Verfügung. Welche Gedanken uns bei der Zusammenstellung dieser Veröffentlichung begleitet haben und welche Voraussetzungen wir für ihre Anwendung sehen, beschreiben wir in den folgenden Kapiteln. Anschließend stellen wir das eigentliche Konzept vor: Module und Arbeitsblätter für eine inklusive Qualifizierung von Prozessbegleiterinnen und -begleitern, wie wir sie in unserer Praxis nutzen: in Bildungseinrichtungen und Kommunen, für verschiedene Auftraggeber und vielfältig zusammengesetzte Gruppen. Wir selbst haben unser Konzept in sechs Jahren immer weiter ausgebaut und weiterentwickelt. Wir freuen uns, wenn diese Weiterentwicklung nun an vielen Stellen von vielen weitergeführt wird.

Anlässe –
Prozesse begleiten,
Inklusion umsetzen

Erfahrungen aus der Praxis

Im Jahr 2008 haben wir in der Montag Stiftung Jugend und Gesellschaft zum ersten Mal eine Qualifizierung für Prozessbegleiterinnen und Prozessbegleiter durchgeführt. Dabei ging es zunächst um einzelne Fragestellungen, die sich aus dem Bedarf von Kitas und Schulen bei der Umsetzung von Inklusion ableiteten. Unser Ausgangspunkt war die Leitfrage: Wie kann man inklusives Denken und Handeln so in die Entwicklung von Bildungs- und anderen Einrichtungen einbringen, dass sie nicht nur ein abstraktes Ziel sind, sondern auch der gemeinsame Weg? Wie kann Inklusion auch die Vorgehens- und Arbeitsweisen und unser glaubwürdiges Auftreten nachhaltig prägen?

Im Mittelpunkt stand für uns zunächst die Arbeit mit dem Index für Inklusion. Die Arbeit mit den Fragen aus dem Index in den von uns begleiteten Einrichtungen zu etablieren, spielte eine zentrale Rolle. Auch die Nachhaltigkeit der Entwicklung war von Anfang an ein wichtiges Thema: Alle Prozesse wurden von uns genau dokumentiert und im Nachgang gemeinsam im Team reflektiert. Dabei haben uns die jeweiligen Teilnehmenden durch viele Hinweise und Feedbacks, durch Berichte aus ihrer Praxis und aus anderen Zusammenhängen viele wertvolle Anregungen gegeben, die permanent in die Weiterentwicklung eingeflossen sind.

So haben wir unsere Fortbildung im Laufe der Zeit immer weiter verändert: In vielen verschiedenen Einrichtungen und Kontexten wurden immer wieder Formate angepasst, neue Inhalte eingebaut, Methoden verfeinert und differenziert, individuelle Ausrichtungen vorgenommen. Hervorgegangen ist daraus der aktuelle Stand unseres Konzeptes, wie wir es hier vorstellen: neun Module, die ganz verschiedene Themen der externen Begleitung inklusiver Prozesse widerspiegeln.

Zielgruppen und Adressaten

Unser Buch richtet sich in erster Linie an Trainerinnen und Trainer, die unser Fortbildungskonzept durchführen wollen, um andere zur Prozessbegleitung zu qualifizieren. Damit richtet es sich an alle Einrichtungen und Träger von Einrichtungen, die in ihrem Umfeld mit der Umsetzung von Inklusion befasst sind. Sie erhalten in diesem Buch vielfältige Anregungen zum Aufbau eigener Strukturen und Prozesse für die inklusive Weiterbildung von Mitarbeiterinnen und Mitarbeitern, Partnerinnen und Partnern. Weiterhin gehören zu den Adressaten aber auch alle Menschen, die – ob als Träger, Trainerinnen und Trainer, Teilnehmende oder im weitesten Sinne Interessierte – wissen wollen, welche konkreten praktischen Erfahrungen es für die Begleitung und Umsetzung von Inklusion gibt. Da das gesamte Konzept der Fortbildung selbst inklusiv ausgerichtet ist, ist das Buch auch als Beispiel und letztlich Gewinn für jede und jeden zu verstehen: für eine konkrete Anwendung inklusiver Werte in der Praxis wie in der eigenen persönlichen Entwicklung zu einer inklusiven Haltung.

Bildungseinrichtungen, Kommunen, Organisationen als soziale Systeme

Als wir anfingen, unser Konzept zu entwickeln, gingen wir zunächst von der Begleitung von Kitas und Schulen aus. Von ihnen kamen die ersten Bedarfsmeldungen, hier fanden die ersten Begleitungen statt. Im Laufe der letzten Jahre wurde der Kreis der Organisationen, die wir beraten, größer: Bildungseinrichtungen im weiteren Sinne, Kommunen und kommunale Einrichtungen. Deren Entscheidungsstrukturen, personelle Zusammensetzungen und Funktionsweisen sind zum Teil sehr unterschiedlich. In den Modulen versuchen wir, auf einige Besonderheiten einzugehen. Es bleibt jedoch eine wichtige Aufgabe jeder Prozessbegleitung, selbst vor Ort herauszufinden, wie die spezifischen Bedingungen und Herausforderungen am besten adressiert werden können.

Neben individuellen Unterschieden und Besonderheiten gibt es auf einer übergeordneten, systemischen Ebene auch Gemeinsamkeiten: Wie soziale Systeme sich grundsätzlich zusammensetzen, verhalten und verändern, spielt als Hintergrund und Basis jeder Begleitung eine wichtige Rolle.

Wie in den verschiedenen Systemtheorien betrachten wir Organisationen und Geschehnisse nicht nur aus der Perspektive individueller Merkmale oder Eigenschaften der beteiligten Personen, sondern vor dem Hintergrund ihrer Interaktionen. Jedes System setzt sich aus unterschiedlichen Teilen zusammen, die miteinander in Beziehung stehen. Der Zustand jedes Elementes innerhalb eines Systems wird durch alle anderen Elemente mitbestimmt. Ein System besitzt also eine Struktur und eine Dynamik. Die Beziehungen zwischen den Teilen eines Systems sind bei lebenden Systemen – wie einer Organisation oder einer Kommune – nicht statisch, sondern verändern sich. Systeme haben also einerseits stabile Strukturen, sie sind andererseits durch kommunikative Prozesse in einem ständigen Wandel. Hierauf werden wir in Modul 7 noch näher eingehen.

Ein Veränderungsvorhaben wie Inklusion ist ein bedeutender Eingriff in die Stabilität bzw. in die momentane Ordnung eines Systems. Systemisch gesehen kann jede kleine Bewegung zu großen Wellen führen – das System versucht, wieder in die Balance zu kommen, und gerät dazu selbst in Bewegung. Eine solche Veränderung ist nicht immer vorhersehbar oder sogar planbar – deshalb stiftet sie Verwirrung und verunsichert die Beteiligten. Die Leitidee Inklusion ist jedoch nicht nur der Impuls, der Systeme vorübergehend »durcheinanderbringt«, sondern bietet selbst wiederum eine Basis, um eine neue Stabilität, eine neue Ordnung zu etablieren.

Inklusion impliziert mit ihren Werten bereits eine systemische Sicht auf Veränderung: Offenheit, Partizipation, Wertschätzung und Ressourcenorientiertheit sind Haltungen, die es ermöglichen, Veränderung nachhaltig zu gestalten. Veränderungsprozesse mit der Leitidee Inklusion systematisch zu begleiten und entsprechend der Werte im persönlichen und systemischen Kontext zu handeln, ist die Grundidee, zu der diese Fortbildung einen wichtigen Beitrag liefert.

Externe Prozessbegleitung als Ressource

Eine systematisch gestaltete Umsetzung von Inklusion erfordert Ressourcen – die externe Begleitung von Prozessen ist eine solche Ressource. Sie unterstützt Menschen in Systemen dabei, ihre Ideen und Vorstellungen von Inklusion zu reflektieren und umzusetzen. Sie hilft mit dem Blick von außen, die inklusive Qualität des Prozesses zu überprüfen, und schafft die Grundlage dafür, Veränderung gemeinsam und nachhaltig zu entwickeln.

Eine externe Begleitung

— fungiert von außen als neutraler Wegbereiter und Wegweiser, sorgt für Stabilität im Prozess und kann inklusives Handeln live vorleben;
— stellt sicher, dass es wirklich um die Sache und den Prozess geht und nicht Interessen einzelner Personen oder Personengruppen in den Vordergrund rücken;
— motiviert zur Teilhabe und erleichtert es anderen, sich einzubringen, weil sie unabhängig von Rollen und Funktionen und eventuell bestehenden Abhängigkeiten im System agiert;
— ermöglicht es, dass der Prozess von möglichst vielen/allen gestaltet wird. Durch eine gute Moderation können Vorhaben realistisch geplant und konkrete Maßnahmen von allen umgesetzt werden;
— kann helfen, bestimmte Verhaltensmuster oder »blinde Flecken« zu erkennen und zu hinterfragen, die oft intern nicht mehr wahrgenommen werden und die sich als Stolpersteine oder Barrieren auswirken können – für einzelne Mitglieder oder für das ganze System. Ohne persönliche Beziehung zu dem System können solche Muster nicht nur leichter infrage gestellt werden – das Infragestellen wird dann auch leichter angenommen;
— gibt durch ihr Handeln ein Feedback, durch das während der Prozessentwicklung neue Ressourcen und Möglichkeiten entdeckt und freigesetzt werden können, die ohne fremde Hilfe möglicherweise nicht zum Tragen kommen. Je komplexer ein Veränderungsprozess ist, desto anspruchsvoller und vielfältiger werden die Erwartungen an die Akteurinnen und Akteure im System. Dies alles im Blick zu behalten, ist Aufgabe professioneller Begleiterinnen und Begleiter;
— hat in der Regel Erfahrung in unterschiedlichen Organisationen und kennt typische »Fallen«. Sie handelt nicht aktionistisch und achtet darauf, das »Ganze« im Blick zu haben;
— sorgt für Kontinuität und Realismus und ist dabei immer auch als Metaebene präsent: Sie moderiert, befragt, reflektiert und berät, bringt Expertise und Know-how ein, schlichtet Konflikte und trägt zu einer guten Kommunikationskultur bei.

Eine externe Begleitung bedeutet jedoch nicht, dass die Verantwortung für die Veränderung eines Systems nach außen abgegeben wird. Externe Prozessbegleiterinnen und -begleiter werden nie stellvertretend für eine Organisation Lösungen entwickeln und deren Umsetzung übernehmen. Jedes System ist immer für sich selber verantwortlich. Die Begleitung schafft dafür einen tragfähigen Rahmen.

Das Lernen von Organisationen

Wenn Organisationen, Bildungseinrichtungen oder Kommunen entscheiden, sich mit dem Leitgedanken der Inklusion weiterzuentwickeln, kann das auch als Lernprozess beschrieben werden.

Organisationales Lernen wird beispielsweise durch externe Bedingungen initiiert, wenn gesellschaftliche Anforderungen sich verändern, neue gesetzliche Bestimmungen zu beachten sind (z.B. die UN-Behindertenrechtskonvention bzw. die Aufgabe, Menschenrechte für alle Menschen zu realisieren), Werte sich wandeln oder Kundinnen und Kunden ihre Ansprüche verändern. Interne Bedingungen, die Lernen erzeugen, entstehen in Organisationen durch veränderte Ressourcen, neue Kolleginnen und Kollegen (in Schulen und Kindertageseinrichtungen auch neue Kinder und Eltern), neue Führungskräfte, neue vereinbarte Ziele, veränderte Haltungen und Bedarfe und die Bereitschaft ihrer Mitglieder zur Innovation.

Eine Organisation lernt, wenn sie ein Entwicklungsbedürfnis feststellt und relevante Entwicklungsziele identifiziert, die eigenen vorhandenen Ressourcen sichtbar macht, ihre aktuellen Überzeugungen, Wissensbestände, Fähigkeiten sowie vergangene Lernerfahrungen reflektiert, für die Zielerreichung prüft und sich aktiv aufmacht, Wissen und Fähigkeiten in Richtung der Entwicklungsziele zu erweitern. Gelernt hat eine Organisation, wenn sich durch den Entwicklungsprozess Haltungen, Wissen und Verhaltensoptionen vermehrt haben und diesbezügliche strukturelle Veränderungen gefestigt sind.

Die Rolle eines »Leitbildes«

Ein Leitbild gibt eine Orientierung für das Handeln einer Institution, eines Unternehmens, eines Bündnisses, einer Vernetzung, einer ganzen Kommune auf allen Ebenen. Es spiegelt sich – wie ein Regenbogen in jedem Wassertropfen – in jeder konkreten Handlung genauso wider wie in abstrakten Strategieentwicklungen oder z.B. der Kultur einer Vorstandssitzung. Ein Leitbild ist wertegeleitet und kein mechanisches Instrument. Es bildet ein Versprechen nach außen und nach innen ab. Wenn wir mit Einrichtungen zusammenarbeiten, die mit einem bestimmten Leitbild »werben«, dann erwarten wir, dass auch danach gehandelt wird und das Leitbild nicht nur »hohle Phrasen« abbildet.

Das stellt immer wieder eine Herausforderung dar: Wie können sich möglichst alle Mitarbeiterinnen, Mitarbeiter und Beteiligte eines Systems an der Entwicklung des Leitbildes aktiv beteiligen und eine Kultur pflegen, die es erlaubt, trotz unterschiedlicher Sichtweisen in zentralen Aussagen gemeinschaftlich zu wirken?

Leitbilder können in einem Prozess in ganz unterschiedlichen Phasen (weiter-)entwickelt werden. Oft ist es gerade nicht sinnvoll, gleich zu Beginn eines Entwicklungsprozesses einen groß angelegten »Leitbildprozess« zu organisieren, wenn die Akteurinnen und Akteure noch keine Gelegenheit hatten, in den Dialog zu treten, ihre Arbeit zu gestalten, eigene Erfahrungen zu reflektieren und sie in die Leitbildentwicklung einfließen zu lassen. Sinnvoll ist es, einen Überblick über das Gesamtsystem zu haben und die vorhandenen Werte und Ziele der Organisation sichtbar zu machen.

Es gibt zahlreiche Hinweise und Tipps zur Entwicklung eines Leitbilds. Für uns haben sich folgende Kriterien als relevant gezeigt:

Ein inklusives Leitbild
— ist an inklusiven Werten orientiert,
— wird partizipativ und erfahrungsgeleitet entwickelt,
— pflegt eine Atmosphäre des Vertrauens und des Dialogs,
— wird realitätsnah und machbar formuliert,
— ist für alle Ebenen verbindlich,
— wird von allen transparent auf Handlungen im Alltag übertragen,
— dient als Ziel für die Organisationsentwicklung,
— hilft, Kulturen, Strukturen, Strategien und Praktiken zu reflektieren,
— ist offen für Weiterentwicklung.

Auch für uns als Trainerinnen und Trainer, Prozessbegleiterinnen und Prozessbegleiter wurde es immer deutlicher, dass wir uns nicht nur an inklusiven Werten orientieren, sondern für unsere Arbeit auch ein verbindliches Leitbild entwickeln wollten. In vielen Diskussionen, Reflexionen unserer Arbeit, Auswertungen unserer Erfahrungen formulierten wir in einem mehrtägigen Prozess schließlich die folgenden Sätze als unseren Anspruch an von uns gestaltete Prozessbegleitungen und unser konkretes Handeln.

Beispiel: Leitbild

Dieses Leitbild ist Orientierung für alle Prozessbegleitungen, die im Sinne dieses Konzeptes gestaltet werden, und hat damit verbindlichen Charakter für alle Trainerinnen und Trainer, Prozessbegleiterinnen und Prozessbegleiter.

Präambel: Die Prozessbegleitung schafft Rahmenbedingungen für inklusive Lern- und Entwicklungsprozesse. Dabei dient der Index für Inklusion mit seinen Fragen als Instrument der Beteiligung und des Dialogs.
Freude: Die Freude an der Arbeit ist uns wichtig. Die Gestaltung einer einladenden Arbeitsumgebung ist für uns von herausragender Bedeutung. Die Interessen und Bedürfnisse der Beteiligten sind uns wichtig.
Optimismus: In unserer Arbeit sind wir getragen von Optimismus. Dieser speist sich aus dem Wissen um die Fähigkeiten des Einzelnen, der Gruppe und der Institution.
Achtsamkeit: Achtsamkeit gegenüber den Menschen und deren Anliegen während der Prozessbegleitung ist für uns handlungsleitend.
Beteiligung: Wir achten darauf, dass alle Gruppen/Personen einer Organisation am Prozess beteiligt werden, und unterstützen dies durch Methodenvielfalt und eine verständliche Sprache.
Zeit: Wir tragen dazu bei, dass der Prozess in einem für alle angemessenen Tempo verläuft.
Kommunikation: Wir unterstützen den Prozess durch authentische und offene Kommunikation mit Hilfe einer förderlichen Kritik- und Feeback-Kultur.

Fazit: Was können Sie von diesem Buch erwarten?

Wir wollen mit unserem Konzept dazu beitragen, dass unsere Gesellschaft inklusiver wird. Wir haben die Erfahrung gemacht, dass Organisationen aus allen Bereichen Entwicklungsprozesse wie Inklusion mit einer externen Begleitung besser umsetzen können. Unsere Ressource ist die reflektierte Erfahrung, die wir weitergeben. Sie ist entstanden in einem langjährigen kooperativen Prozess, in dem wir unser individuelles Wissen in sehr solidarischer und bereichernder Weise zusammengetragen, mit anderen geteilt und selbst wieder neue Ideen und Anregungen zurückbekommen haben. Viele Menschen haben uns ihr Feedback geschenkt und dazu beigetragen, dass diese Ressource immer weiter gewachsen ist.

Wir hoffen, dass sie auf fruchtbaren Boden fällt. Wir sind gespannt, wie unser Konzept sich in anderen Zusammenhängen mit anderen Trainerteams bewährt und weiterentwickelt. Die Offenheit unseres Konzeptes ist uns dabei besonders wichtig: Wir werden weiterarbeiten an unserem Konzept und hoffen, dass es genau in diesem Sinne auch verstanden und genutzt wird. In der praktischen Anwendung und Anwendbarkeit liegt unser besonderer Anspruch.

Das bietet dieses Buch:
— ein offenes Fortbildungskonzept als Angebot zur eigenen Gestaltung und Weiterentwicklung,
— Erfahrungen aus der Praxis (»Damit haben wir gute Erfahrungen gemacht«),
— Fragen, weil die Arbeit mit den Fragen aus den verschiedenen Ausgaben des Index für Inklusion als anregendes und werteleitendes Instrument für uns eine zentrale Rolle spielt,
— Ideen für die Umsetzung,
— thematische Kontexte und inhaltliche Anregungen,
— Begriffserklärungen, wie wir sie verstehen,
— Literaturhinweise zu den Titeln, mit denen wir gearbeitet haben,
— ein von inklusiven Werten geleitetes Unterstützungsangebot für die Begleitung inklusiver Prozesse.

Das bietet dieses Buch nicht:
— ein fertiges Fortbildungskonzept zur 1:1-Umsetzung,
— Checklisten und Anweisungen (»So wird's gemacht«),
— Antworten auf alle Fragen,
— feste Abläufe und fertige Materialien,
— eine umfassende Abhandlung von Themen,
— ein allgemeines Glossar zur Prozessbegleitung,
— vollständige Bibliografien zu den Themen,
— ein Geschäftsmodell für die Organisationsentwicklung.

Voraussetzungen – 14 Punkte, ohne die es nicht geht

Das Konzept unserer Fortbildung bietet viel Spielraum für eigene Ideen, Abwandlung und Weiterentwicklung – das ist sogar ausdrücklich erwünscht. So, wie wir dieses Konzept in den letzten Jahren immer wieder verändert, angepasst und auf verschiedene Gruppen individuell ausgerichtet haben, wird es auch in Zukunft in jeder konkreten Umsetzung eine Neuinterpretation und Weiterentwicklung erleben.

Es gibt jedoch einige Punkte, die wir als Grundvoraussetzungen für die Durchführung ansehen. Es handelt sich dabei um die Eckpfeiler einer inklusiv ausgerichteten Fortbildung, die Inklusion nicht nur theoretisch »lehrt«, sondern in jedem Schritt konkret vorlebt. Wir legen diese Empfehlungen allen Trainerinnen und Trainern, Prozessbegleiterinnen und Prozessbegleitern besonders ans Herz. Eine Fortbildung zur Begleitung inklusiver Prozesse kann aus unserer Erfahrung ohne die folgenden Punkte nicht funktionieren – oder umgekehrt: Diese Punkte ergeben sich ganz automatisch aus einer Arbeit, die Inklusion als Haltung selbstverständlich zugrunde legt.

1. Haltung: Inklusion gelingt nur inklusiv

Inklusion kann man nicht vermitteln, wenn man sie nicht selbst lebt. Denn Inklusion ist kein »Projekt«, kein Vorgang, den man in definierten Schritten »abarbeiten« und abhaken kann, sondern eine Haltung, die immer wieder und überall wirksam wird. Um diese Haltung lebendig werden zu lassen, ist es wichtig, dass Trainerinnen und Trainer, Prozessbegleiterinnen und Prozessbegleiter inklusive Werte kennen und thematisieren – und gleichzeitig ganz natürlich in ihrem Handeln vorführen. Das Ziel und die Botschaft unserer Fortbildung lauten: Wir sind überzeugt von der Idee Inklusion. Und wir wollen mit unserem Angebot dazu beitragen, dass inklusive Werte sich in unserer Gesellschaft etablieren. Dabei liegt uns die inklusive Qualität der Prozesse am Herzen.

Wie bereits beim Leitbild erwähnt, verkörpern die Trainerinnen und Trainer, Prozessbegleiterinnen und Prozessbegleiter deshalb idealerweise selbst inklusive Werte: Sie bieten allen Akteurinnen und Akteuren der zu begleitenden Organisation eine echte Teilhabe. Sie gehen wertschätzend mit sich und den Beteiligten um, sie akzeptieren und respektieren unterschiedliche Sichtweisen, sie arbeiten ressourcenorientiert und sorgen für Nachhaltigkeit. Sie teilen ihre Expertise in den Bereichen Organisationsentwicklung und systemisches Denken. Sie machen Mut und motivieren, bleiben dabei selbstkritisch, sind sich der Widersprüche in unserer Gesellschaft und der daraus resultierenden großen Herausforderungen und Anstrengungen bewusst. Sie leben ein Modell vor und haben ein großes Repertoire an Moderationsmethoden, die diesem Anliegen gerecht werden. Sie begreifen Prozessbegleitung als wertvolle Ressource.

2. Ein inklusives Lernverständnis

»Bildung ist eine den Menschen befreiende Aktion.« Dieser Satz von Martin Buber passt zu unserem Bildungs- und Lernverständnis. Ziel der Fortbildung ist nicht so sehr das »Beladen« von Menschen durch einen Transfer von Wissen, sondern die Öffnung neuer Horizonte für individuelle Bildungsprozesse, die zu erweiterten oder neuen Kompetenzen in der Begleitung von Veränderungsprozessen führen. Das ist nur dann möglich, wenn eine Fortbildung zu selbstständigen Lösungen herausfordert und die Teilnehmenden sich als ein lebendiger Teil mit ihr verbinden. Lernprozesse generieren sich im Menschen selbst und werden durch ihn gesteuert. Lernende, die beim Lernen Selbstwirksamkeits- und Kompetenzerfahrungen machen, entwickeln Zuversicht in ihre eigene Entwicklungsfähigkeit.

Für uns wird ein inklusiver Lernprozess dann erfolgreich begleitet, wenn die Lernenden – wie die Organisationen, in denen sie tätig sind – zu neuen Haltungen und Orientierungen, neuen Erkenntnissen und erweiterten Handlungsoptionen kommen. Dazu muss jeder Lernschritt Gelegenheit geben: den eigenen Entwicklungsprozess in den Blick zu nehmen, eigene Widerstände zu erkennen und zu reflektieren, um daraus weitere Entwicklungsvorhaben abzuleiten. Es ist die inklusive Qualität einer Fortbildung, die den Teilnehmenden Raum gibt, sich immer wieder selbst als Lernende zu erleben, sich zu orientieren und sich für das eigene Lernen und das Lernen der Gruppe verantwortlich zu fühlen.

3. Rollenklarheit: Prozessbegleiterinnen und -begleiter agieren auf verschiedenen Ebenen

Die Begleitung von inklusiven Veränderungsprozessen zeichnet eine besondere Komplexität aus. Das erfordert von den Prozessbegleiterinnen und -begleitern eine große Bewusstheit ihrer Rolle im Prozess und gleichzeitig eine Distanz, aus der sie jederzeit eine Metaebene im Prozess einnehmen können. Dazu gehört auch die Klarheit darüber, dass man als Prozessbegleiterin/-begleiter immer in zwei Prozessen gleichzeitig eine Rolle spielt: dem eigenen Begleitprozess, für den man einen Auftrag erhalten hat, den man beginnt, steuert und abschließt, – und dem Entwicklungsprozess der Organisation, der weit über den Ausschnitt der begleiteten Phase hinausgeht. Der Begleitprozess ist ein eigener, in Schritten geplanter Prozess, der zu jeder Phase des Entwicklungsprozesses einsetzen und abschließen kann. Ein Prozess begleitet den anderen. Trainerinnen und Trainer, die mit unserem Konzept arbeiten, sollten diese Rollenklarheit nicht nur selbst vorleben, sondern auch im Laufe der Fortbildung an den relevanten Stellen immer wieder thematisieren.

Wer Rollenklarheit hat
— kennt sowohl die eigenen als auch die Erwartungen der unterschiedlichen Prozessbeteiligten und kann sie, wenn nötig, kommunizieren und klären,
— unterscheidet zwischen den eigenen Erwartungen und den Erwartungen anderer,
— unterscheidet zwischen den Aufgaben einer Prozessbegleitung, einer Moderation, einer Beratung, einer Mediation,
— fühlt sich verantwortlich für den Begleitprozess und gestaltet diesen selbstbewusst, belässt Entwicklungsgeschwindigkeit und -ergebnisse jedoch in der Verantwortung der beteiligten Personen und der Organisation,
— ist nicht parteiisch und hält eigene Gefühle und Zielvorstellungen außen vor,
— kann mit möglichen Widersprüchen in seinen unterschiedlichen Rollen umgehen,
— klärt: Wer bin ich in diesem konkreten Veränderungsprozess, und was soll und darf ich hier tun? Wer bin ich als Prozessbegleiterin/-begleiter? Welche Art der Begleitung entspricht mir und meiner Aufgabe? Welche Interventionen setze ich, wann rede und wann schweige ich? Welche Ressourcen habe ich? Was sind meine Kompetenzen und meine Grenzen?

4. Selbstreflexion: Lehrende sind Lernende

Die Selbstreflexion ist eine wichtige Voraussetzung und Bestandteil dieser Rollenklarheit. Prozessbegleiterinnen und Prozessbegleiter sind Beraterinnen und Berater in einem geleiteten Prozess – und gleichzeitig Subjekt des eigenen Lernprozesses. Sie leben im Wechsel zwischen Sach- und Metaebene, zwischen lehrender und lernender Rolle. Umgekehrt sind auch die Teilnehmenden an einer Prozessbegleitung nicht nur Lernende, sondern auch Lehrende: Sie nehmen Anregungen von außen auf – und sind im Sinne von Partizipation und Verantwortungsübergabe ebenso auch Lehrende, die mit ihrem Feedback und ihrer Teilhabe am Prozess wichtige Anregungen und Informationen an die Prozessbegleiterinnen und -begleiter zurückspiegeln. Dasselbe gilt für die Trainerinnen und Trainer, die eine Qualifizierung leiten. Dieses permanente Zurückspielen von Erfahrungen aus dem Prozess in die eigene Tätigkeit ist eine Grundvoraussetzung, um inklusive Veränderung glaubwürdig zu vermitteln und die eigene Kompetenz permanent weiterzuentwickeln.

5. Feedback: eine Kultur der gegenseitigen wertschätzenden Rückmeldung

Jeder Mensch ist von Rückmeldungen abhängig, um die Wirkung seines Handelns oder seiner Aussagen zu spüren. Feedback ist in inklusiven Prozessen aber keine bloße Technik, sondern eine Kultur, die inklusiven Werten entspricht. Auch wenn es verschiedene Techniken gibt, um Feedback einzuholen, zu geben, zu organisieren (darauf gehen wir in mehreren Modulen ein), kommt es uns hier vor allem auf die Grundhaltung an: Feedback ist eine Voraussetzung dafür, dass alle teilnehmenden Menschen in einem inklusiven Prozess lernen und seine Entwicklung beeinflussen können. Feedback erlaubt es, einzelne Prozessschritte, Lernentwicklungen und die Qualität der Beteiligung aller zu reflektieren. Sich selbst ein Feedback geben heißt, über »Gipfelerlebnisse« und »Abgrunderfahrungen« im eigenen Entwicklungsprozess nachzudenken, die eigene Kompetenzentwicklung darzustellen und sich über die Rückmeldung der Gruppe zu orientieren. Bereits im ersten Modul empfehlen wir deshalb, ein gegenseitiges konstruktives und wertschätzendes Feedback als Grundelement einzuführen – und im Verlauf der Fortbildung als Kultur zu etablieren.

6. Index(e) für Inklusion: Fragen statt Antworten

Inklusion hat viel damit zu tun, bestehende Strukturen, Kulturen und Praktiken zu hinterfragen. Mit diesem Ziel hat Tony Booth (2000) auch den ersten »Index für Inklusion« für Schulen entwickelt, einen Fragenkatalog mit insgesamt über 500 Fragen, die helfen, das Bestehende kritisch zu überprüfen. Fragen öffnen Gespräche, stellen infrage, regen zum Dialog und zum Nachdenken an. Die Arbeit mit den Fragen zieht sich auch durch unsere gesamte Fortbildung. In jedem Modul stellen Teilnehmende Fragen aus dem Index vor. Es wird nach unterschiedlichen Methoden mit den Fragen gearbeitet, in der Regel von Teilnehmenden vorbereitet. Inklusion stellt Fragen und nähert sich so einem (vorläufigen) Ergebnis – die Antworten sind immer ein gemeinsames Nachdenken auf dem Weg zu einem inklusiven Zusammenleben.

Es werden alle Varianten des Index für Inklusion genutzt (→ Literaturverzeichnis):
— Index für Inklusion für Schulen (IfI 2003)
— Index für Inklusion für Kitas (IfI Kitas 2007)
— Kommunaler Index für Inklusion (IvO 2011)
— Neuausgabe des englischsprachigen Index für Inklusion (IfI 2011)

Bei der Auswahl der Fragen aus den verschiedenen Ausgaben des Index für Inklusion spielt auch die Weiterentwicklung neuer Fragen für andere Kontexte eine Rolle. Auch hier ist der Bezug der Fragen zur eigenen Person besonders wichtig. Die Fragen sind nur wirksam, wenn die Haltung der Fragenden und Befragten offen und vertrauensvoll reflektiert wird. Immer wieder werden Kommunikationsanlässe (auch in Form von

Rollenspielen) geschaffen, die auf spätere Prozessbegleitungen übertragen werden können. Dafür ist eine Kenntnis der genannten Ausgaben des Index für Inklusion eine wichtige Voraussetzung.

7. Heterogenität: Vielfalt begrüßen

Wir haben bewusst immer wieder mit sehr heterogen zusammengesetzten Gruppen gearbeitet. Genau diese Heterogenität ist der Ausgangspunkt und gleichzeitig eine Grundidee von Inklusion. Die Erfahrung, dass z.B. Erziehende und Lehrende gemeinsam an der Entwicklung von Bildungseinrichtungen arbeiten, führt zu einem größeren Verständnis füreinander und für die jeweilige Arbeitssituation und Sichtweise. Genauso wertvoll ist es, Teilnehmende aus unterschiedlichen Berufsgruppen dabei zu haben: Verwaltungsmitarbeiterinnen und -mitarbeiter, Selbstständige aus den Bereichen Organisationsentwicklung und Beratung, Fortbildnerinnen und Fortbildner, Trainerinnen und Trainer, Führungskräfte freier Träger, Psychologinnen und Psychologen, Journalistinnen und Journalisten, Künstlerinnen und Künstler, Menschen mit ganz unterschiedlichen Diskriminierungserfahrungen.

Jede Feedback-Runde mit einer solchen Vielfalt haben wir als besonders bereichernd empfunden. Dabei geht es nicht nur um das Kennenlernen des jeweils anderen Berufs- oder Arbeitsfeldes, sondern vor allem darum, die unterschiedlichen Perspektiven zu verstehen und für den Prozess zu nutzen, sich gegenseitig in seinem Feld und in seiner Rolle wertschätzen zu lernen und eine gemeinsame Verantwortungsübernahme zu entwickeln. Das ist insbesondere deshalb wichtig, weil Bildungseinrichtungen und Kommunen zunehmend in gemeinsamen Kontexten aktiv sind, in Stadtvierteln Zuständigkeiten und Verantwortungen teilen und auf beiden Seiten davon profitieren, wenn man kooperativ und im gegenseitigen Austausch inklusive Strukturen ermöglicht.

8. Ressourcenorientierung: Vielfalt nutzen

Vielfalt ist eine Normalität und Ressource – das ist die Grundidee von Inklusion. Diese Haltung sollte ein Trainerteam von Beginn an kontinuierlich auch gemeinsam mit der Gruppe entwickeln. Jede/r Teilnehmende hat etwas beizutragen und bereichert die Lerngemeinschaft mit Erfahrungswissen, individuellem Expertentum und Persönlichkeit. In den Modulen 1 und 2 wird explizit daran gearbeitet, worin die Teilnehmenden ihre persönlichen Ressourcen sehen. Das müssen übrigens nicht immer konkrete Tätigkeiten sein – manchmal trägt jemand auch einfach durch seine Art, seine vermittelnde Wirkung, sein freundliches Interesse, seine originellen Ideen, eine stille unterstützende Zurückhaltung etc. zum guten Verlauf eines Prozesses bei. Hier ist eine hohe Wachsamkeit und Achtsamkeit gefragt, um auf allen Ebenen Ressourcen zu erwarten, zu entdecken und jede/n zu ermuntern, auch das kleinste Potenzial an Bereicherung zum Leben zu erwecken.

9. Partizipation: Verantwortung übernehmen und teilen

Partizipation ist eine logische Folge von Ressourcenorientierung. Die Wertschätzung der Ressourcen und Potenziale jeder einzelnen Teilnehmerin und jedes einzelnen Teilnehmers beinhaltet es, diese Ressourcen auch zu nutzen. Eine partizipative Grundhaltung basiert auf dem Prinzip der Gegenseitigkeit – alle geben und nehmen, alle profitieren von allen. Dabei sind die konsequente Übernahme und das Teilen von Verantwortung ein wichtiges Element: Die Gruppe ist mitverantwortlich, sie trägt den Prozess mit, gemeinsam mit den Trainerinnen und Trainern, dem jeweiligen Ausrichter oder Träger. Alle Teilnehmenden können sich einbringen – sind aber auch dazu herausgefordert. Jede und jeder Einzelne kann in jedem Schritt des Prozesses ein eigenes Stück Verantwortung aktiv suchen und übernehmen, um zum Gelingen des Prozesses beizutragen. Teilhabe setzt voraus, dass man teilhaben darf, kann und will – und darüber auch selbst mitentscheiden kann. Hierzu sind oftmals erst die Voraussetzungen zu schaffen. Dazu gehört auch, dass die Teilnehmenden ihre jeweiligen Entwicklungsbedarfe und Ziele artikulieren können. Im gleichberechtigten Dialog ist auszuhandeln, welche gemeinsamen Ziele und welche Inhalte in den einzelnen Modulen aufgegriffen werden.

10. Offenheit für das Unvorhersehbare: Veränderung als Prozess verstehen und gestalten

Inklusion ist ein Prozess in vielen kleinen und großen Schritten, der immer von den Menschen lebt, die ihn prägen – und der deshalb nie genau zu »planen« oder vorherzusagen ist. Das gilt auch für unsere Fortbildung: Jede Gruppe ist anders, jedes Modul wird bei jeder Umsetzung neue Varianten erleben, weil es sich an der Zusammensetzung und der Dynamik der Gruppe orientiert. Deshalb müssen Trainerinnen und Trainer offen sein für das Unvorhersehbare – die einzige wirkliche Konstante jedes Prozesses, an dem Menschen beteiligt sind. Diese Offenheit ist eine Grundvoraussetzung nicht nur für die Umsetzung unseres Konzeptes, sondern von inklusivem Handeln allgemein: Annehmen, was die Menschen einbringen – auch und vor allem, wenn man es nicht erwartet, wenn es »gegen den Plan« ist, wenn es zunächst Widerstände oder sogar Rückschritte zu bringen scheint. All das gehört zum Prozess dazu.

Und genau das ist auch das Interessante an jeder Umsetzung: Es wird nie so, wie man denkt, aber es gibt immer auch ungeahnte positive Überraschungen und neue Wege, die man zu planen nie gewagt hätte.

11. Teamwork: die Arbeit im »Couple«

Unser Konzept basiert darauf, dass jedes Modul immer von zwei Personen im »Couple« (oder »Tandem«) durchgeführt wird. Das stellt die Fortbildungsreihe auf eine dialogische Basis: Zu zweit können sich beide gegenseitig unterstützen, spiegeln, Feedback geben, Feedback vorleben, parallel Übungen mit Gruppen durchführen, schwierige Fragen gemeinsam beantworten, Widerständen und Konflikten dialogisch begegnen und insgesamt in jedem Schritt zeigen, wie Inklusion im gegenseitigen Austausch und Aushandeln entsteht. Die Qualität inklusiver Arbeit, die in dieser Konstellation transportiert werden kann, ist ein besonderer Reichtum – und ist in unserem Konzept ein Grundbestandteil der Prozessbegleitung. Nicht zuletzt bildet ein Couple ein Muster für Unterschiedlichkeit ab: Unterschiedliche Erfahrungen und Perspektiven bieten vielfältige Möglichkeiten für die Teilnehmenden.

12. Spaß: an der Sache und an den Menschen

Spaß lässt sich nicht verschreiben, aber ohne geht es auch nicht. Unser Konzept lebt vom lebendigen, frischen Austausch, der von Anfang an genau das auch vermitteln soll: Es macht Spaß, mit anderen Menschen zusammen etwas zu erarbeiten. Auch wenn (oder gerade weil) die Umsetzung von Inklusion oft als Widerspruch zu bestehenden Strukturen erlebt wird und schwierige Veränderungsprozesse mit sich bringt, ist ein offener, positiver Umgang mit allem, was auf uns zukommt, hilfreich. Wir haben aus Erfahrung einen großen Lösungsoptimismus entwickelt, der meistens ansteckt. Auch das verstehen wir unter inklusiver Arbeit: neben dem Schweren der täglichen Herausforderungen auch das Leichte zu sehen und neben der Ernsthaftigkeit des Vorhabens auch den Humor nicht zu vergessen.

13. Vorwissen und Erfahrung: Qualität der Arbeit und des Miteinanders sichern

Jeder Mensch kann ohne besonderes Vorwissen beginnen, inklusiv zu denken und zu handeln. Wer aber als Trainerin oder Trainer andere fortbilden will, um inklusive Prozesse zu begleiten, ist auf Vorwissen angewiesen. Kompetente Trainerinnen und Trainer haben selbst Erfahrung in der Prozessbegleitung und der Moderation. Sie wissen, was es bedeutet, Menschen in Systemen bei Veränderungsprozessen zu unterstützen. Sie denken sich ein in das System, das sie begleiten. Und sie kennen die Meilensteine und Diskussionen rund um das Thema Inklusion.

Um unser Konzept qualitätsvoll umzusetzen, sind u.a. Vorwissen und Erfahrung in den folgenden Bereichen bzw. Themen wichtig:
— Inklusion als Menschenrecht und im Rahmen der aktuellen Bildungspolitik,
— die verschiedenen Ausgaben des Index für Inklusion,
— Strukturen und Funktionsweisen von Bildungs- und kommunalen Einrichtungen,
— Theorien und Methoden des Change Management,
— Erwachsenenfortbildung und Qualifizierung von Trainerinnen und Trainern,
— Gruppendynamik und Gruppensteuerung,
— Kommunikationstheorien, verbale und nonverbale Kommunikation,
— Moderationstechniken, Evaluation und Feedback,
— Systemtheorien, soziale Systeme, systemische Veränderung,
— Prozessmodelle und Prozessbegleitung,
— Elemente von Supervision und Coaching.

14. Vernetzung und Austausch: offen für Weiterentwicklung

Inklusion bedeutet, aus den Ressourcen von vielen das Gemeinsame zu stärken. Das gilt auf vielen Ebenen auch für unser Konzept:

Trainerteam und Teilnehmende sind mitverantwortlich für die Weiterentwicklung der Qualifikation. Ihre Erfahrungen und Meinungen sind gewünscht. Die angehenden Prozessbegleiterinnen und -begleiter erproben ihre Wirkung in konkreten Prozessen und koppeln auch diese Erfahrungen zurück. Das Handlungsspektrum erweitert sich auf neue Aspekte und Praxisfelder. Insbesondere die Anbindung an Kommunen ist eine wesentliche Erweiterung der Begleitkompetenz.

Sowohl die Trainerinnen und Trainer als auch die teilnehmenden Prozessbegleiterinnen und -begleiter vernetzen sich in verschiedenen Formen. Dazu sind regelmäßige Austauschforen sowie kollegiale Beratungen über die Fortbildung hinaus selbstverständlich. Immer wieder finden sich für die Begleitungen neue »Couples« oder »Tandems«, das Voneinander-Lernen sowie die Passung zum anfragenden System erfordern eine offene Zusammenarbeit.

Die nachhaltige Wirkung hängt dabei wesentlich von gleichberechtigten, ernstgemeinten Kooperationen mit kommunalen und anderen Fortbildungsanbietern ab. Angebote anderer Anbieter bieten viele Anknüpfungspunkte – gewünscht ist langfristig eine Verantwortungsübernahme für Prozessbegleitungen in inklusiven Zusammenhängen von öffentlichen Trägern, z.B. den staatlichen Lehrerfortbildungsinstituten, Kitaträgern usw.

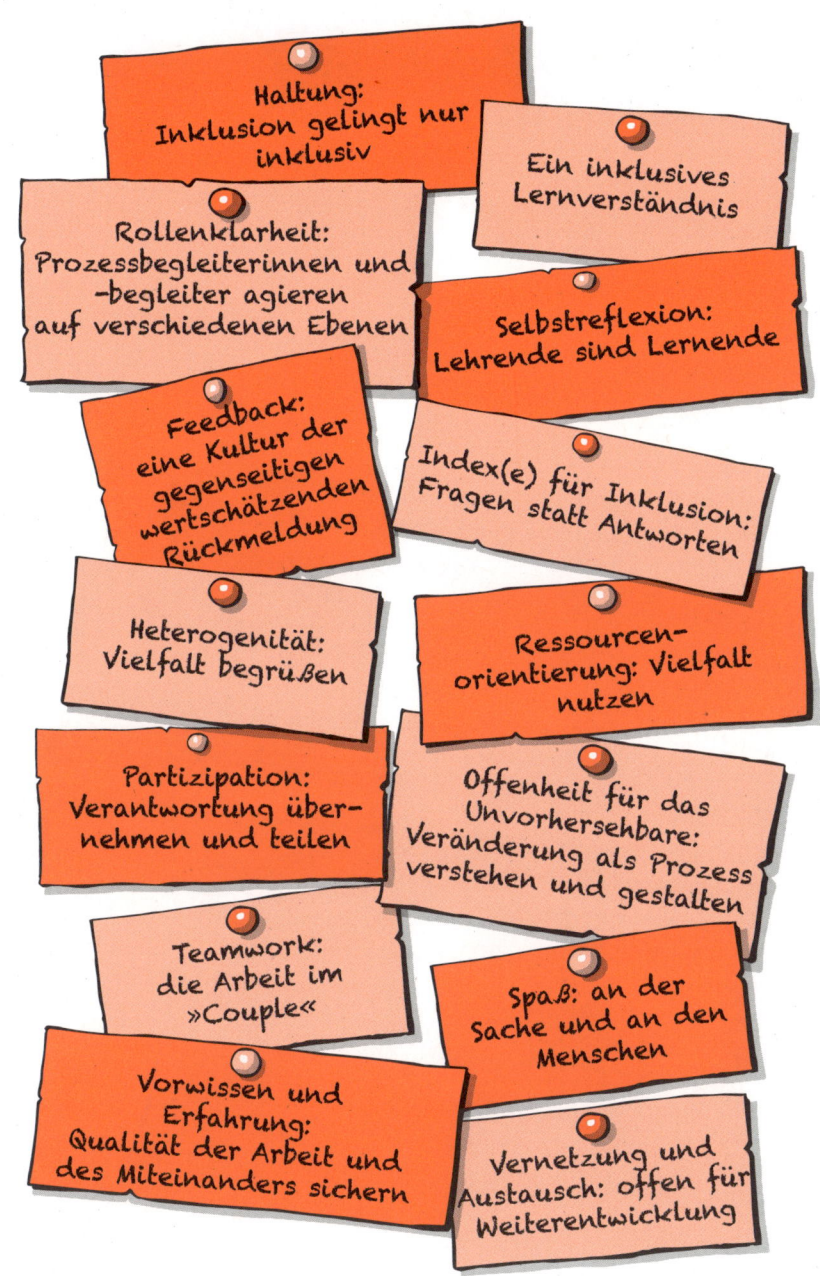

Module

1 Einführung und Grundlagen

2 Die Rolle als Prozessbegleiterin/-begleiter klären und stärken

3 Die Prozessbegleitung anlegen und beginnen

4 Haltung, Standpunkt, Zielorientierung

5 Mit Vielfalt und Widerständen umgehen

6 Selbstreflexion und Methodenrepertoire

7 Systemische Beratung inklusiv gestalten

8 Die Rolle und Funktion von Steuerungsstrukturen

9 Abschluss und Ausblick: Eine Prozessbegleitung beenden

Zur Arbeit mit den Modulen

Die Fortbildung umfasst neun Module, die jeweils verschiedene Schwerpunktthemen der Begleitung inklusiver Prozesse behandeln. Alle Module enthalten eine thematische Einordnung sowie konkrete Schritte, die neben Input-Phasen und Phasen der theoretischen Erarbeitung auch praktische Übungen sowie Simulationen von konkreten Beratungssituationen enthalten. Die Schritte sind in den Modulen ausführlich beschrieben. Im Folgenden geben wir einige praktische Tipps zur Vorbereitung und Durchführung.

Rahmenbedingungen

Räume: Jedes Modul benötigt Räume, in denen genügend Platz für ein Plenum mit der Gesamtgruppe vorhanden ist, aber auch Raum für ungestörte Arbeit in Kleingruppen. Dazu eignen sich zusätzliche Räume oder auch verschiedene Ecken größerer Plenumsräume oder Flure. Es ist schön, wenn die Räume und das Umfeld bereits eine Wertschätzung für die Teilnehmenden vermitteln. Sollten keine »schönen« Räume vorhanden sein, gibt es viele Möglichkeiten, den Raum selbst wertschätzend zu gestalten. Selbstverständlich gehört auch eine gute Versorgung mit Essen und Getränken dazu.

Ausstattung: Zu jedem Modul gehört eine klassische Moderationsausstattung mit Plakaten, zwei Flipcharts, Stellwand, Moderationskarten, Pins, Stiften, Kleber. Bei einigen Input-Teilen bietet es sich an, eine Präsentation mit Beamer zur Hilfe zu nehmen. Was genau für jeden Schritt an Vorbereitung nötig ist, wird in den einzelnen Modulen angegeben.

Zeit: Jedes Modul wird in einem eintägigen Workshop durchgeführt. Alle Module enthalten Zeitangaben zu den einzelnen Schritten. Diese sind jedoch nur Richtwerte aus unseren eigenen Workshops – sie können und sollten je nach Bedarf auch anders verteilt werden. Wichtig ist es, Zeit für Pausen sowie An- und Abmoderationen einzuplanen.

Input und Arbeitsblätter: Zu den meisten Aufgaben gibt es passende Arbeitsblätter, die in diesem Buch abgedruckt sind, zum Kopieren, aber auch als Download bereitstehen. Ebenfalls als Download bieten wir Grafiken und Input-Elemente an, die wir in Präsentationen verwenden. Wie das Material eingesetzt wird, kann jedes Trainerteam für sich entscheiden. Unsere Empfehlung: Bei Gruppenarbeiten setzen wir eher Arbeitsblätter ein, im Plenum eher eine Präsentation. Die Download-Adresse findet sich im Impressum auf → S. 302.

Struktur der Module

Alle Module setzen sich aus folgenden Elementen zusammen:

Einleitung: Kurze Zusammenfassung des Modulinhalts zu Beginn jedes Moduls.

Ziele: Ziele des Moduls – was können die Teilnehmenden lernen?

Hintergrund: Beschreibung des thematischen Hintergrunds: Warum ist dieses Modul wichtig? Der Kontext gibt keine flächendeckende Einführung in das Thema, sondern stellt den Zusammenhang her, den man benötigt, um die Wirkung und Relevanz des Moduls einzuschätzen.

Schritte: Die Schritte beschreiben den konkreten Ablauf des Moduls. Sie geben eine Vorlage für den Tagesablauf, den jedes Trainerteam entsprechend der Gruppe ausrichten und anpassen kann. Jedes Modul basiert auf einer »Klammer« aus drei immer ähnlich gestalteten Einstiegs-Schritten und dem abschließenden Feedback-Schritt (→ S. 32 f.).

Info: Zwischen den Schritten gibt es immer wieder kurze Infoteile, das heißt Hintergrundinfos, die thematisch für den jeweiligen Schritt interessant oder wichtig sind.

Beispiele: An manchen Stellen haben wir zu einzelnen Schritten Beispiele aus vergangenen Workshops eingefügt – auch hier gilt: Beispiele gibt es nur an den Stellen, wo sie nötig erschienen, um den Schritt klarer werden zu lassen.

Der rote Faden: Plakate und Flipcharts

Es gibt einige leitende Plakate und Flipcharts, die wir in jedem Modul nutzen, um den roten Faden der Qualifikation und den Anschluss zwischen den Modulen herzustellen. Es hat sich bewährt, wenn folgende Plakate und Flipcharts bei jedem Modul im Plenumsraum präsent sind:

Alle Module, ab Modul 1

— Willkommensplakat
— Übersicht »Inklusive Werte« (→ Abb. 1)
— Übersicht »Ziele des Moduls«
— Übersicht »Arbeitsformen«
— Übersicht »Wirkungsebenen« (→ Abb. 2)
— Frage nach Indikatoren

ab Modul 2

Übersicht »Vereinbarungen zur Zusammenarbeit« aus Modul 1

ab Modul 3

Schaubild eines Entwicklungs- und des Begleitprozesses

Gleichheit
Gerechtigkeit
Freude
Mut
Nachhaltigkeit
Partizipation
Ehrlichkeit
Schönheit
Liebe
Gemeinschaft
Vertrauen
Mitleid
Wertschätzung von Vielfalt
Hoffnung
Gewaltlosigkeit

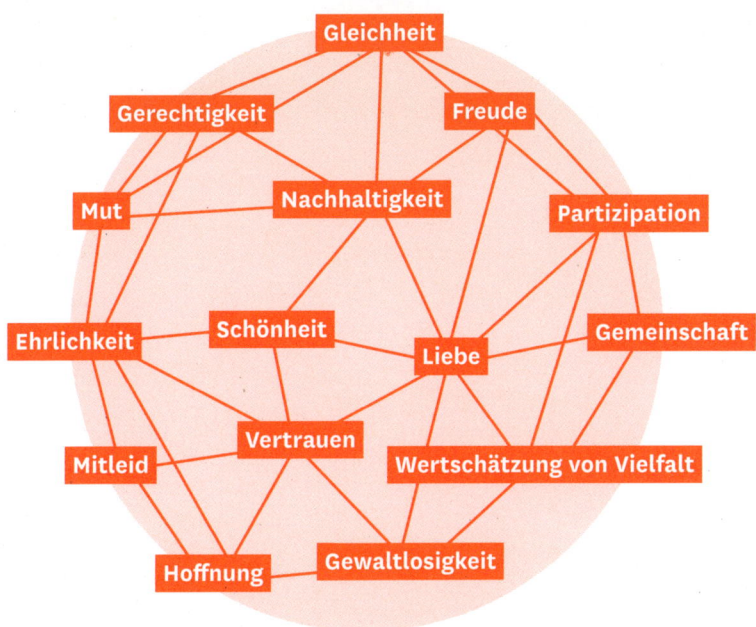

Abb. 1 **Ein Referenzrahmen inklusiver Werte (Tony Booth, in: Reich 2012, S. 188)**

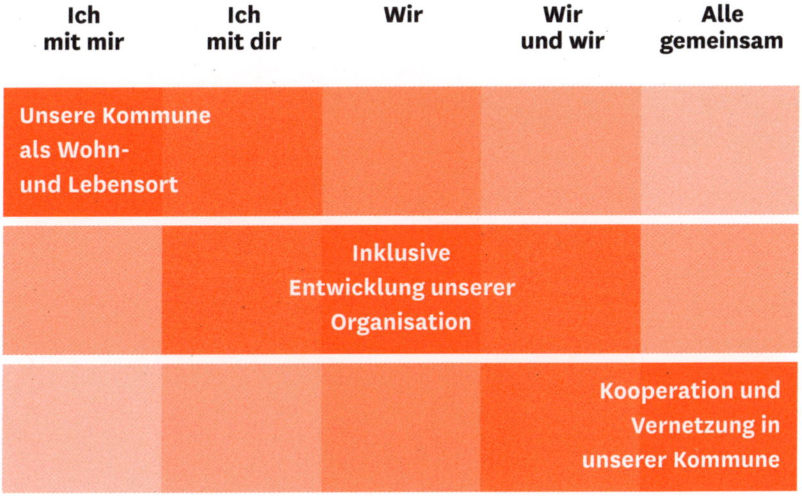

Ich mit mir
Ich mit dir
Wir
Wir und wir
Alle gemeinsam
Unsere Kommune als Wohn- und Lebensort
Inklusive Entwicklung unserer Organisation
Kooperation und Vernetzung in unserer Kommune

Abb. 2 **Ebenen der Wirksamkeit (IvO 2011, S. 37)**

Modul 1–9: Schritte, die in jedem Modul auftauchen

Schritt 1
→ Ankommen
Plenum/Stehcafé   ca. 30 Min

Ablauf/Methode
Ankommen und Begrüßung – kann individuell gestaltet werden.

Hinweise für Trainerinnen und Trainer
Bei der Begrüßung wird darauf geachtet, eine persönliche, wertschätzende Willkommensatmosphäre zu schaffen.

Schritt 2
→ Einstieg
Plenum   ca. 15 Min

Ablauf/Methode
Begrüßung, Einordnung des Moduls in den Moderationszyklus, Vorstellen von Zielen, Arbeitsformen und Agenda, Entwickeln von möglichen Indikatoren

Raum/Ausstattung
Angemessen großer Raum für die Gesamtgruppe, Plakate, Flipchart oder Beamer zur Visualisierung der Ziele und der Agenda, farbige Din-A4-Bögen zur Visualisierung der Ziele

Vorbereitung
Stellwand mit inklusiven Werten, Flipchart mit Vereinbarungen aus Modul 1

Hinweise für Trainerinnen und Trainer
Neben dem geplanten Verlauf werden zum Beginn eines jeden Moduls die Ziele vorgestellt und im Raum visualisiert, auf die in dieser Phase zurückgegriffen wird. Es sollte kurz auf die vorbereitete Visualisierung der Vereinbarungen und der inklusiven Werte hingewiesen werden.

Schritt 3
→ Index-Frage
Kann variieren   ca. 30 Min

Ablauf/Methode
Anmoderation: Anknüpfen an das vorangegangene Modul
Index-Frage: Ablauf und Methode liegen in den Händen des 2er-Teams, das die Vorbereitung übernommen hat.

Raum/Ausstattung
Liegt in den Händen des zuständigen Teams.

Vorbereitung
Liegt in den Händen des zuständigen Teams.

Hinweise für Trainerinnen und Trainer
Aus Gründen der Zeitökonomie können Anmoderation und Index-Frage in die Hände eines 2er-Teams gelegt werden.
Variante: Die Auswahl der Index-Frage nimmt Bezug auf das vorangegangene Modul.

Schritt X (abschließender Schritt)
→ Rückbindung an die Ziele – Feedback – Ausblick – Abschluss
Plenum   ca. 10–30 Min

Ablauf/Methode
Der Rückblick steht z.B. unter den Fragestellungen: Was haben wir uns vorgenommen? Welche Indikatoren haben wir entwickelt? Was haben wir wie erreicht? Was nicht – und warum? Dieser Abgleich ist verbunden mit konstruktivem Feedback für das Trainerteam.
  Das Trainerteam stellt kurz das Thema des Folgemoduls vor und vergewissert sich, dass sich jeweils zwei Teilnehmende für die methodische Gestaltung der Index-Frage und zwei für den kurzen Rückblick verantwortlich fühlen.

Hinweise für Trainerinnen und Trainer
Der Rückblick sollte nur ein »Spotlight« sein.
— Der Hinweis auf das Thema des folgenden Moduls beschränkt sich auf eine ganz knappe Skizzierung des Inhaltes.
— Es können »Arbeitsaufträge« vergeben werden, um das Gelernte anzuwenden oder um das nächste Modul vorzubereiten.

Einführung und Grundlagen

→ Die anderen Teilnehmenden kennenlernen und (eigene) Ressourcenvielfalt erleben

→ Eine wertschätzende Atmosphäre als bereichernde Bedingung für Moderationen erleben

→ Das eigene und ein umfassendes Verständnis von Inklusion reflektieren

→ Den Index für Inklusion, seine Genese und die verschiedenen Ausgaben kennenlernen

→ Fragen aus dem Index für Inklusion in ihrer Funktion verstehen und anwenden

→ Sich der Verantwortung der eigenen Rolle bewusst werden

→ Sich als Selbststeuernde und Verantwortliche des eigenen Lernprozesses sehen

→ Arbeitsvereinbarungen entwickeln

→ Eigene Kompetenzen reflektieren

→ Das Verständnis für die Zusammenarbeit im Rahmen der Gesamtqualifizierung klären/erleben

Das Modul hat die Funktion, sowohl Grundlagen über die Inhalte, Struktur und Arbeitsweise der Fortbildung zu vermitteln als auch einen Beitrag zu einem grundlegenden Verständnis für das Kernanliegen von inklusivem Handeln zu entwickeln. Dazu gehört (auch) die Idee des selbstverantworteten Lernens der Teilnehmenden. Themen sind u.a. der Begriff Inklusion, inklusive Werte und ein inklusives Leitbild, die Geschichte und Ausgaben des Index für Inklusion sowie ein grundsätzliches systemisches Verständnis von Veränderungsprozessen.
Die Wirkung des Index für Inklusion wird auf unterschiedlichen Ebenen erlebt, die Teilnehmenden lernen sich in ihrer heterogenen Zusammensetzung kennen. Das Modul soll Lust auf mehr machen. Implizit wird der Verständnisrahmen für die Zusammenarbeit geschaffen.

Hintergrund:
Warum ist dieses Modul wichtig?

Inklusion basiert auf der Erkenntnis, dass Unterschiedlichkeit und Vielfalt wertvolle Ressourcen sind. Sie wahrzunehmen und zu nutzen, erfordert in vielen Bereichen ein Umdenken. Für den Bildungsbereich heißt es, die Stärken aller Lernenden zu erkennen, jede Lernende und jeden Lernenden als Individuum anzuerkennen und nicht über Merkmale bestimmter Gruppen zu definieren. Denn jede Gruppe ist heterogen. Das gilt auch über den Bildungsbereich hinaus für alle Bereiche, in denen Menschen zusammenleben und -arbeiten: in Teams, Abteilungen, Kollegien, Unternehmen, Organisationen, Kommunen etc. Immer müssen Formen gefunden werden, die diese Unterschiedlichkeit herausstellen und gleichzeitig die Kraft des Gemeinsamen betonen. Dies gilt auch für diese Fortbildung. Die Voraussetzungen dafür sind in der Einleitung beschrieben worden. Genau diese Themen stehen in dem ersten, einführenden Modul im Mittelpunkt: Inklusion als Haltung, ein inklusives Verständnis von Lernen, die Rollenklarheit und Selbstreflexion von Prozessbegleiterinnen und Prozessbegleitern, die Kultur des Feedbacks, die Varianten des Index für Inklusion, die Bedeutung von Vielfalt und Ressourcenorientierung, Partizipation und Offenheit, die Arbeit im Couple (zu zweit), Kompetenzen und inklusive Qualitäten, der Austausch mit anderen und die Bedeutung des Prozesses.

Die Rolle der Begleiterinnen und Begleiter

Die Rolle der Prozessbegleiterinnen und Prozessbegleiter, die hier eingeführt und im nächsten Modul vertieft wird, ist zentral: Begleitende inklusiver Prozesse übernehmen eine besondere Verantwortung. Ihre Rolle kann schnell missinterpretiert werden und zu falschen Erwartungen führen. Bei der Begleitung geht es nicht um einen »Fahrplan«, nach dem Inklusion in festgelegten Schritten und Zeitschienen umgesetzt wird. Eher schon kann ein Wegweiser aufgestellt werden, der die Richtung anzeigt, die aber – und auch das ist wesentlicher Aspekt des inklusiven Prozesses – jede Organisation (wenn auch mit Begleitung) nur für sich selbst entwickeln kann.

Jeder Prozess ist anders, wie die Menschen, die ihn tragen: an verschiedenen Standorten, zu verschiedenen Zeiten, abhängig vom Kontext sowie von den innerinstitutionellen Strukturen. Rücksicht auf Individualität und Heterogenität gilt für die Einzigartigkeit von Organisationen ebenso wie für den Umgang mit den beteiligten Menschen. Der Index für Inklusion beschreibt diesen Schritt als das Umsetzen von inklusiven Werten in Handlungen: »values put into action« (Booth/Ainscow 2011, S. 11). Diese werden im inklusiven Prozess nicht verordnet, sondern unter Partizipation aller beteiligter Personen und Gruppierungen entwickelt. Dafür kann die Leitbildentwicklung sehr hilfreich sein. Im Sinne des Index für Inklusion meint dies mehr als Teilnahme oder Teilhabe – es geht um gemeinsames Entscheiden, Entwickeln, Gestalten in einem kreativen und kooperativen Prozess und bedarf entsprechender Beteiligungsformen und Methoden. Partizipation ermöglicht den Einbezug der verschiedenen am Prozess beteiligten Perspektiven und macht zugleich deren Verschiedenheit deutlich. Gleichzeitig bedeutet dies auch eine Verantwortungsübernahme aller.

Einen Verständnisrahmen für die Zusammenarbeit aufbauen

Menschen in ihrer Verschiedenheit und Einzigartigkeit wahrzunehmen und genau dieses als Bereicherung zu schätzen, bildet den Kern der Inklusion. Das ist nicht über Theorie und intellektuelle Diskurse zu vermitteln. Für die Beteiligten muss erlebbar werden, dass inklusive Settings eine spürbar andere Qualität der Arbeit und des Miteinanders haben. Hier treffen sich Menschen mit großer Expertise, unprätentiös, offen und transparent im Dialog und mit dem gemeinsamen Ziel, sich einer im weiten Sinne inklusiven Gesellschaft immer mehr anzunähern; Menschen, die eine Fortbildung wie diese als einen persönlichen, aber auch als einen gemeinsamen Lernprozess verstehen, andere wie selbstverständlich teilhaben lassen an ihrem Wissen und Erfahrungen, aber auch an Fallen und Stolpersteinen.

Dieses Modul schafft dafür die Rahmenbedingungen: die Ästhetik der Räume, die Sorge für das leibliche Wohl als Zeichen der Willkommenskultur, die Ermunterung, sich immer wieder auf Neues einzulassen. Zu Beginn der Fortbildungsreihe gehört dazu auch eine andere Art des Kennenlernens als ein Zeichen für die Arbeitskultur – Wertschätzung als Garant für einen Kontext von Offenheit und Sicherheit.

Schritte

	Ablauf	Organisationsform	Dauer (Richtwerte)	Arbeitsblätter
1	Ankommen: »Es beginnt, bevor es beginnt«	Plenum/Stehcafé	ca. 30 Min	M 1.1
2	Einstieg	Plenum 5er-Gruppen Plenum	ca. 20 Min	
3	Index-Frage	Kann variieren	ca. 30 Min	M 1.2
4	Vorstellung: Appreciative Inquiry	Einzeln 2er-Gruppen Plenum	ca. 60 Min	M 1.3
5	Reflexion: Was ist Inklusion?	Plenum/2er-Gruppen Plenum/Einzeln/ 5er-Gruppen	ca. 40 Min	
6	Input: Zeitleiste und Geschichte der Index-Ausgaben	Plenum	ca. 30 Min	
7	Input und Übung: Die Strukturen der Index-Ausgaben	Kleingruppen Plenum	ca. 50 Min	M 1.4
8	Übung: Arbeitsvereinbarungen in der Gruppe	Kleingruppen Plenum	ca. 30 Min	
9	Input und Reflexion: Die Qualifizierung	Plenum	ca. 45 Min	M 1.5
10	Rückbindung an die Ziele – Feedback – Ausblick – Abschluss	Plenum	ca. 20 Min	

Schritt 1

→ Ankommen: »Es beginnt, bevor es beginnt«

Plenum/Stehcafé   ca. 30 Min   M 1.1

Das Trainerteam nutzt die Zeit des Ankommens, um eine »Willkommenskultur« zu etablieren, auf die Teilnehmenden einzeln zuzugehen und sie auf die Veranstaltung einzustimmen. Mit einer kleinen Aufgabe (Steckbrief) wird das gegenseitige Kennenlernen eingeleitet.

Ablauf/Methode

Stehcafé: Die Teilnehmenden füllen einen Steckbrief aus und hängen ihn an der Pinnwand auf.
Rundgang: Lockeres Kennenlernen, Diskussionen, Ziele und Infos zum Ablauf
Wenn möglich, können Porträtfotos der Teilnehmenden gemacht und ausgehängt werden.

Raum/Ausstattung

Stehtische, Plakate, Flipchart oder Beamer zur Visualisierung der Ziele und der Agenda, Scheren, DIN-A4-Bögen

Vorbereitung

Arbeitsblätter, Willkommens-Flipchart, Plakat: »Es beginnt, bevor es beginnt«, Büchertisch mit aktuellem Material und »Pflichtlektüre«, evtl. Namensschilder

Hinweise für Trainerinnen und Trainer

— Durch ein Plakat/Flipchart mit dem Satz: »Es beginnt, bevor es beginnt« und der Bitte, die Steckbriefe auszufüllen und aufzuhängen, sind die ankommenden Teilnehmenden direkt in eine kleine Aufgabe eingebunden.
— Damit die Teilnehmenden sich nicht überrumpelt fühlen, könnte die Einladung zu dem Modul einen kurzen Hinweis darauf enthalten.
— Die Teilnehmenden tragen von ihrer Seite aktiv zu einer vertrauensvollen Atmosphäre bei, indem sie Dinge über sich veröffentlichen.
— Direkt in diesem ersten Schritt ist Transparenz bezüglich der Ziele sowie der Agenda und des Tagesablaufs inkl. Pausen und Ende wichtig. Das Treffen erster Arbeitsvereinbarungen mit der Gesamtgruppe rundet diese Einstiegsphase ab.
— Es gibt viele weitere Möglichkeiten, das Kennenlernen in der Ankommensphase zu gestalten – wichtig ist, dass die Teilnehmenden direkt persönlich begrüßt werden und sich wohlfühlen.

Schritt 2

→ Einstieg

Plenum; 5er-Gruppen; Plenum ca. 20 Min

Übung zum Kennenlernen, bei der die Teilnehmenden sich spontan gegenseitig positiv einschätzen und beschreiben (Übung nach: Schmidt 2006).

Ablauf/Methode

Plenum: Das Trainerteam skizziert den Ablauf der Übung.
5er-Gruppen: Die Teilnehmenden tauschen sich aus: »Wenn ich dich so anschaue, stelle ich mir vor, dass du besonders kompetent, anerkennenswert Wertvolles/Bereicherndes zu unserer Gruppe/Zusammenarbeit beitragen kannst, weil ...«
Plenum: Auswertung/Austausch

Raum/Ausstattung

Der Raum sollte einen unkomplizierten Wechsel vom Plenum in die Teilgruppen ermöglichen, evtl. mehrere Räume/Bereiche.

Vorbereitung

Anweisung für die Übung

Hinweise für Trainerinnen und Trainer

— Der Auftrag für die Arbeitsphase erfolgt im Plenum. Anschließend bilden die Teilnehmenden Gruppen zu fünft. Es ist sinnvoll, wenn sich möglichst Teilnehmende treffen, die sich noch nicht oder noch nicht gut kennen.
— Jedes Mitglied der Gruppe wird von den anderen nacheinander eingeschätzt. Er/sie hört zu, was ihm die anderen nacheinander in jeweils einem Statement anbieten, ohne es zu bestätigen, zu dementieren, zu beschwichtigen oder sich zu verteidigen.
— Verblüffend ist, wie häufig Aussagen, die lediglich auf der Wahrnehmung einer kurzen Begegnung fußen, zutreffen. Der erste Eindruck zählt – ein wichtiger Aspekt für den ersten Kontakt bzw. das erste Gespräch im Rahmen der Prozessbegleitung.
— Die Auswertung kann mit der Frage eingeleitet werden: »Wie ist Ihnen/euch diese ›Wertschätzungsdusche‹ bekommen?« Das Trainerteam geht grundsätzlich auf die Bedeutung von Feedback ein: Ohne Feedback weiß niemand, wie er/sie auf andere wirkt. Empfohlen zur Vorbereitung: Lernende Schule 57/2012; Rohm 2012, S. 237–259.
— An dieser Stelle kann das Trainerteam auf ein Lerntagebuch (z.B. »Buddybook«, vgl. Brüning/Saum 2008, → Schritt 10) verweisen, das eine individuelle Reflexion und Dokumentation erlaubt (bzw. es bei ausreichender Zeit gemeinsam mit den Teilnehmenden erstellen).

Schritt 3

→ Index-Frage

Kann variieren **ca. 30 Min** M 1.2

Das Trainerteam moderiert eine Index-Frage.

Ablauf/Methode

Das Trainerteam zeigt exemplarisch die Arbeit mit einer Index-Frage. Diese Übung wird in den Folgemodulen von den Teilnehmenden selbst übernommen. Zu jedem Modul wählt dann ein 2er-Team eine Index-Frage aus und stellt diese in Verbindung mit einer entsprechenden Methode zu Beginn des Moduls vor.
Einzeln (Think): Die Teilnehmenden denken kurz über die gestellte Frage nach **(ca. 2 Min)**.
2er-Gruppen (Pair): Austausch in zwei unterschiedlichen Konstellationen **(ca. 2 × 4 Min)**
Plenum (Share): Diskussion **(ca. 20 Min)**

Raum/Ausstattung

Der Raum sollte einen unkomplizierten Wechsel verschiedener Arbeitsformen ermöglichen.

Vorbereitung

Auswahl einer Index-Frage (z.B.: IvO, S. 68 f., »Kontaktaufnahme und Empfang«) und auf Flipchart mit Quellenangabe, evtl. Flipchart mit folgendem Zitat:
»Die geschwungene Form des Fragezeichens ist ein Abbild des Hin und Her, des Dazwischen. Das ist der Raum, in dem sich die Suchprozesse vollziehen. Fragen sind wie Flügel: Sie tragen weit über das hinaus, was infrage kommt« (Müller/Hoffmann 2008, 67).

Hinweise für Trainerinnen und Trainer

— Eine mögliche Einleitung für die Frage ist: »Wenn Sie diese Frage lesen, was fällt Ihnen dazu ein, welche Assoziationen haben Sie, welche Bilder, welche Situationen tauchen (vor Ihrem inneren Auge) auf, gibt es ggf. kleine Lösungsideen?«
— Die Vielfalt an Methoden und Impulsen, die von den Teilnehmenden eingebracht werden, ist riesig – es kommen zahlreiche Talente und Ressourcen zum Vorschein.
— Umso wichtiger ist es, mit der Gruppe bereits jetzt den Zeitrahmen für die Bearbeitung der Index-Frage in den kommenden Modulen abzusprechen. Sonst kann es passieren, dass Methoden gewählt werden, die den Zeitrahmen sprengen.
— Es ist sinnvoll, wenn sich Teilnehmende zusammenfinden, die bisher noch keinen oder wenig Kontakt miteinander hatten.

— Welcher Index für Inklusion im Mittelpunkt steht, hängt von der Gruppe ab. Wichtig ist, dass die Teilnehmenden die Frage auf ihren Tätigkeitsbereich/ihre Organisation beziehen können. Dazu können Fragen auch angepasst werden.
— Es wird schnell sichtbar, wie vielfältig die Aspekte und Perspektiven sind, die durch eine einzige Frage angesprochen wurden. Häufig führt die Auseinandersetzung um die Bedeutung der Begriffe zu sehr intensiven Diskussionen.
— Die Teilnehmenden haben hier erstmals Gelegenheit, die Wirkung der Fragen zu erleben. Wichtig ist, dass jede Perspektive gehört wird.

Info: Die Arbeit mit den Varianten des Index für Inklusion

Alle Prozessbegleiterinnen und -begleiter werden im Rahmen ihrer zukünftigen Tätigkeit Einrichtungen dabei begleiten, inklusive Kulturen, Praktiken und Strukturen zu etablieren. Bei der gemeinsamen Arbeit an Veränderungsprozessen ist der Index für Inklusion eine große Hilfe.

Jede Index-Frage beinhaltet eine Werthaltung – je intensiver darüber nachgedacht und sich ausgetauscht wird und je mehr Personen beteiligt sind, desto eher wird sich eine inklusive Kultur der Offenheit, Wertschätzung, Ehrlichkeit und Transparenz entwickeln und der Blick für unterschiedliche Perspektiven, Erfahrungshintergründe sowie die Vielfalt der Antworten eröffnen.

Deshalb wird in diesem und den Folgemodulen darauf geachtet, dass die Arbeit mit den Varianten des Index für Inklusion zu einer Selbstverständlichkeit wird. Die Teilnehmenden gewinnen zunehmend an Sicherheit im Umgang und erhalten Anregungen, wie sie mit dem Index im Rahmen von Entwicklungsprozessen arbeiten können.

Schritt 4
→ Vorstellung: Appreciative Inquiry

Einzeln; 2er-Gruppen; Plenum   **ca. 60 Min**   M 1.3

In einem wertschätzenden Erkunden tauschen sich Teilnehmende (und Trainerteam) anhand eines Fragebogens (Appreciative Inquiry) aus und notieren gegenseitig positive Aspekte (»Juwelen«).

Ablauf/Methode

Einzeln: Alle, auch das Trainerteam, füllen den Fragebogen stichwortartig für sich aus.
2er-Gruppen: Alle, auch das Trainerteam, tauschen sich zu zweit aus. Beide haben jeweils ca. 10 Minuten zum Erzählen, der/die andere hört zu. Der/die Zuhörende notiert je drei »Juwelen« auf drei kreisförmige Moderationskarten.

Plenum:
— Optional: Das Trainerteam stellt sich als Beispiel gegenseitig vor.
— Die Teilnehmenden stellen sich gegenseitig zu zweit vor, oder, bei großen Gruppen, in Kleingruppen à max. acht Personen.

Auf einer Stellwand werden die »Juwelen« der Einzelnen festgehalten.
Die Eindrücke werden zusammengefasst und die Methode wird kurz erläutert.

Raum/Ausstattung

Paarweise Interviewsituation (mit oder ohne Tische) und Plenum

Vorbereitung

Arbeitsblätter (Fragebögen), runde Moderationskarten, Stifte

Hinweise für Trainerinnen und Trainer

— Es müssen nicht alle Fragen im Detail beantwortet werden.
— Durch die gegenseitige Vorstellung des Trainerteams kann eine offene Atmosphäre provoziert werden, die ein Muster für die Teilnehmenden bildet.
— Es geht darum, die Bedeutung einzelner Geschichten und Erinnerungen zu erfassen, »Juwelen« zu entdecken und sich als Teil des Systems vorzustellen

Info: Appreciative Inquiry

Die Appreciative Inquiry ist eine wertschätzende Befragung/Untersuchung. Bei dieser Art der Befragung wird die Aufmerksamkeit ausschließlich auf das Positive gelenkt. Der Methode liegen zwei zentrale Gedanken zugrunde:
»Jeder Mensch, jedes Team und jede Organisation hat ein ungeahnt großes Potenzial, das manchmal schon aufblitzt.
Eine Organisation entwickelt sich immer in Richtung dessen, worauf sie ihre Aufmerksamkeit richtet und was sie untersucht«
(zur Bonsen/Maleh 2001, S. 25).

Schritt 5

→ Reflexion: Was ist Inklusion?

Plenum/2er-Gruppen; Plenum/Einzeln/5er-Gruppen   **ca. 40 Min**

Die Teilnehmenden lernen die Grundidee von Inklusion kennen und setzen sich mit Wirkungen von inklusiven Momenten sowie Definitionen von Inklusion auseinander.

Ablauf/Methode

Plenum/2er-Gruppen: Unterschiede und ihre Wirkung
— Je zwei Teilnehmende befragen sich gegenseitig: Welche Unterschiede entdecken wir? Welche Gemeinsamkeiten/Schnittmengen entdecken wir?
— Veröffentlichung im Plenum
— Je zwei Teilnehmende befragen sich gegenseitig: Durch welches dieser »Merkmale« habe ich mich schon einmal benachteiligt gefühlt?
— Veröffentlichung im Plenum

Plenum/Einzeln/5er-Gruppen: Definitionen von Inklusion
— Einzeln: Jede/r Teilnehmende liest einen der vorbereiteten Texte **(ca. 5–10 Min)**.
— 5er-Gruppen: Murmelrunden zu den Texten **(ca. 10 Min)**
— Plenum: Das Trainerteam fragt nach Überraschendem/Wesentlichem und notiert es am Flipchart; Hinweis auf Bedeutung der UN-Konvention und Menschenrechte; Videos »Erklärix« und »Inklusion vor Ort«; ggf. Hinweis auf weitere Literatur.

Raum/Ausstattung

Stuhlkreis, Flipchart, Pinnwände und Nadeln, Stifte, Beamer

Vorbereitung

Definition(en) für Inklusion (z.B. IvO, S. 18–20; Reich 2012, S. 186), Videos »Erklärix«, »Inklusion vor Ort«, Texte UN-Konvention; ggf. weitere Basistexte zu Inklusion, Flipcharts, Stifte

Hinweise für Trainerinnen und Trainer

— Während der Paar-Befragungen und der Einzelarbeit können die Teilnehmenden im Stuhlkreis sitzen bleiben.
— Alternative zur ersten Übung: Alle Teilnehmenden schreiben eine Geschichte auf: »Ein erlebter inklusiver Moment«; die Geschichten werden aufgehängt, einige werden vorgelesen.

— Das Trainerteam spielt eine zentrale Rolle – von seiner wertschätzenden und sprachlich sensiblen Art hängt es ab, wie weit die Teilnehmenden sich öffnen.
— Bei den Veröffentlichungen auf einem Flipchart können entweder die konkreten Aussagen der Teilnehmenden festgehalten werden oder direkt die verallgemeinernden Kategorien (Mobilität, Beruf, Herkunft, Familienstand …).
— Verschiedene Definitionen von Inklusion können entweder auf einem Arbeitsblatt zusammengestellt oder anders präsentiert werden. Im Idealfall haben die Teilnehmenden das Buch, aus dem die Definition stammt, zur Hand (z.B. IvO).

Schritt 6
→ Input: Zeitleiste und Geschichte der Index-Ausgaben
Plenum   ca. 30 Min

Anhand einer Zeitleiste werden die unterschiedlichen Ausgaben des Index für Inklusion vorgestellt.

Ablauf/Methode
Plenum: Geschichte und aktuelle Ausgaben des Index für Inklusion
Fragen und Diskussion

Raum/Ausstattung
Tische für die Ausgaben des Index für Inklusion (s.u.)

Vorbereitung
Zeitleiste, Büchertisch mit allen erhältlichen Index-Ausgaben, evtl. Beschriftungen dazu

Hinweise für Trainerinnen und Trainer
— Die Teilnehmenden erfahren anhand der Chronologie die Entstehungsgeschichte (Hinweis auf partizipative Erstellung) und die Prozesse zur Entwicklung der verschiedenen Ausgaben des Index für Inklusion.
— Es ist besonders wichtig, dass das Trainerteam selbst vertraut ist mit den verschiedenen Ausgaben des Index für Inklusion und ihren Entstehungszusammenhängen.
— Es bietet sich unbedingt an, alle aktuellen Ausgaben mit den Arbeitsheften und Begleitbroschüren zur Verfügung zu stellen (inkl. Kirchenindex, Einlegeblätter, Nachdrucke als Beispiele etc. → Liste im Literaturverzeichnis).

Schritt 7

→ **Input und Übung: Die Strukturen der Index-Ausgaben**

Kleingruppen; Plenum   ca. 50 Min   M 1.4

Die Teilnehmenden stellen sich gegenseitig die verschiedenen Ausgaben des Index für Inklusion vor.

Ablauf/Methode

Kleingruppen (evtl. als »Hausaufgabe«, s. u.): Nach einer kurzen Vorbereitungszeit stellen sich die Teilnehmenden in der Gruppe einen Index vor: Struktur, jeweilige Besonderheit und evtl. eine Erfahrung.
Plenum: Darstellung der Ergebnisse; das Trainerteam gibt Input zu »Kulturen, Strukturen und Praktiken« und den fünf Ebenen (IvO, S. 37).
Kleingruppen: Arbeitsblätter

Raum/Ausstattung

Gruppentische, Flipchart, Stifte, verschiedene Ausgaben des Index für Inklusion, ggf. Beamer für Input-Teil

Vorbereitung

Arbeitsblätter, ggf. Präsentation/Flipcharts mit Teilen des Inputs

Hinweise für Trainerinnen und Trainer

— Siehe auch die Hinweise zu → Schritt 6
— Die Bearbeitung des Arbeitsblattes hängt von den Vorerfahrungen und der bisherigen Beschäftigung der Teilnehmenden mit den Index-Ausgaben und dem Begriff Inklusion ab. Sie können auch auf ein späteres Modul verschoben werden. Auch können andere Fragen ausgewählt und bearbeitet werden.
— Der Schritt kann auch als »Hausaufgabe« formuliert werden: Alle bereiten einen fiktiven Radio-Kurzbeitrag vor (ca. 3 Min) zu einer Ausgabe des Index vor, beim nächsten Mal werden Sprecherinnen/Sprecher ausgelost, die ihren Beitrag vortragen.

Schritt 8

→ Übung: Arbeitsvereinbarungen in der Gruppe

Kleingruppen; Plenum   ca. 30 Min

Die Teilnehmenden entwickeln Vereinbarungen für eine konstruktive, ertragreiche und wertschätzende Zusammenarbeit. Sie erfahren Verantwortungsübernahme durch aktive Mitarbeit an den »Regeln für die Zusammenarbeit«.

Ablauf/Methode

Kleingruppen (4–5 Personen): Es werden a) Kriterien für Regeln, b) Regeln entwickelt und auf Karten festgehalten.
Plenum: Abgleich der Ergebnisse (Stellwand) und Auswahl von fünf bis sechs gemeinsamen Regeln.

Raum/Ausstattung

Tischgruppen, Flipchart, Stifte, Stellwand, Karten, Nadeln

Vorbereitung

Ggf. Arbeitsvereinbarungen als Beispiel (s.u.)

Hinweise für Trainerinnen und Trainer

— Das Beispiel (s.u.) dient nur als Muster/Hilfestellung. Jede Gruppe sollte ihre eigenen Regeln entwickeln.
— An dieser Stelle können auch die von Tony Booth entwickelten Werte zu Hilfe genommen oder als »inklusive Brille« genutzt werden.
— Wenn es aus Zeit- oder anderen Gründen nicht möglich ist, eigene Regeln mit der Gruppe zu entwickeln, kann auch das hier genannte Beispiel genutzt werden, das sich in dieser Form schon bewährt hat.
— Die Regeln, auf die sich die Gruppe verständigt, werden auf einem Flipchart/Plakat festgehalten und können in allen folgenden Modulen als roter Faden im Workshop-Raum aufgehängt werden.

Beispiel: »Mögliche Vereinbarungen für unsere Zusammenarbeit«[2]

Unsere begrenzte Arbeitszeit ist uns eine wertvolle Ressource
— Jede/r übernimmt Verantwortung für ihr/sein Lernen.
— Unklarheiten, Störungen, Irritationen bitte unmittelbar ansprechen.
— Unsere Sprache ist wertschätzend.
— Wir stellen unser Wissen und unsere Kompetenzen der Gruppe zur Verfügung.
— Wir haben den Mut, alle Fragen zu stellen.
— Lernanlässe erfordern keinen Perfektionismus.

[2] Quelle: aus einem Seminar von Raimund Patt 2010.

Schritt 9

→ Input und Reflexion: Die Qualifizierung

Plenum   ca. 45 Min   M 1.5

Die Teilnehmenden erhalten einen Überblick über die Qualifizierung und die Arbeitsweisen.

Ablauf/Methode

Das Trainerteam gibt eine Übersicht über die Module der Qualifizierung; ggf. Fragen, Diskussion, Blick auf mögliche Indikatoren **(ca. 10 Min.)**. Anschließend reflektieren die Teilnehmenden anhand der Fragen auf dem Arbeitsblatt ihre Einschätzung der einzelnen Module und markieren sie mit Moderationskarten auf den Flipcharts **(ca. 20 Min.)**.
Auswertung **(ca. 15 Min)**

Raum/Ausstattung

Flipcharts mit den Modulen der Qualifizierung oder Beamer

Vorbereitung

Arbeitsblätter, Präsentation oder Kopien der Übersicht über die Module

Hinweise für Trainerinnen und Trainer

Eine exemplarische Kurzvorstellung der Module, wie wir sie umsetzen, findet sich im Internet. Je nachdem, wie die Fortbildung individuell gestaltet wird, ist die Übersicht/Beschreibung der Module anzupassen.

Schritt 10

→ Rückbindung an die Ziele – Feedback – Ausblick – Abschluss

Plenum ca. 20 Min

Die Teilnehmenden erleben, wie wichtig ein »ordentlicher« Abschluss ist und dass eine gute Verabschiedung mit einer würdigenden Reflexion Wertschätzung bedeutet.

Ablauf/Methode

Das Trainerteam gibt Hinweise zum nächsten Modul und die Aufgabe(n) bis dahin. Anwendung einer Feedback-Methode: Was nehme ich mit? Welche Erwartung hatte ich? Kann ich das evtl. als »Indikator« formulieren?

Raum/Ausstattung

Stuhlkreis

Vorbereitung

Abhängig von der individuellen Gestaltung des Schrittes,
ggf. Erstellung von Arbeitsblättern (je nach gestellter Aufgabe)

Hinweise für Trainerinnen und Trainer

— Hier ist noch einmal große Aufmerksamkeit gefordert: In den Aussagen der Teilnehmenden spiegeln sich auch Erwartungen an die weitere Qualifizierung. Erwartungen ggf. jetzt schon relativieren und Verantwortung an die Teilnehmenden geben.
— An dieser Stelle kann auch angeregt werden, eine Art Lerntagebuch zu führen (z.B. durch ein »Buddybook«, vgl. Brüning/Saum 2008).
— Wenn es sich anbietet, können die Teilnehmenden ermuntert werden, sich selbstorganisiert in kleinen Lerngemeinschaften zu vernetzen (Peergroups, lokale Gruppen etc.).

Arbeitsblätter

M 1.1

Steckbrief

Name:
_____

Tätigkeit(en):
_____
_____
_____
_____

Bezug zu Inklusion:
_____
_____
_____
_____

Eine wichtige Auskunft über mich:
_____
_____
_____

Region, in der ich lebe und arbeite:
_____
_____
_____
_____
_____

INKLUSION AUF DEM WEG
MONTAG STIFTUNG JUGEND UND GESELLSCHAFT

M 1.2

Übung: Index-Frage

Mit den Fragen aus dem Index für Inklusion arbeiten

1. Es müssen nicht alle Fragen bearbeitet werden.
2. Fragen können je nach Situation ausgewählt werden.
3. Die Auswahl kann thematisch oder per Zufall erfolgen.
4. Fragen können verändert und angepasst werden.
5. Es können auch neue Fragen entstehen.
6. Es gibt keine »richtigen« oder »falschen« Antworten.
7. Jede/r kann über die Fragen nachdenken und mit anderen diskutieren.
8. Die Fragen fördern Perspektivenvielfalt und (persönliche) Teilhabe.
9. Die Qualität der Fragen ermöglicht einen ruhigen und fairen Dialog.
10. Wichtig: Die Fragen sind keine Checkliste, die man abhaken kann.

INKLUSION AUF DEM WEG
MONTAG STIFTUNG JUGEND UND GESELLSCHAFT

M 1.3

Vorstellung: Appreciative Inquiry

Aus welcher Organisation/Einrichtung/Institution kommen Sie?

Wann kamen Sie zu dieser Organisation und
was hat Sie besonders zu dieser Organisation hingezogen?

Was waren Ihre ersten Eindrücke und was hat Sie
bereits am Anfang begeistert, als Sie dazukamen?

Während Ihrer Zeit in der Organisation haben Sie wahrscheinlich Höhen und Tiefen erlebt.
Erinnern Sie sich bitte an eine Zeit, die für Sie ein echter Höhepunkt war,
an eine herausragende positive Erfahrung. Erzählen Sie mir bitte diese Geschichte:

Was ist genau geschehen?

Wer war dabei wichtig? Und warum?
Welche Faktoren machten dieses besondere Erlebnis möglich?

Was schätzen Sie an Ihrer Arbeit und am Umfeld Ihrer Arbeit?

Welchen Beitrag hat die Organisation, in der Sie arbeiten,
bisher für Ihr Leben geleistet?

Wer sind die Menschen und was sind die Faktoren,
von denen Ideen, Bewegung und Stärke ausgehen?

Wie erleben Sie das persönlich?

INKLUSION AUF DEM WEG
MONTAG STIFTUNG JUGEND UND GESELLSCHAFT

M 1.4

Input und Übung: Die Strukturen der Index-Ausgaben

Aufgabe

Einige Ausgaben des Index für Inklusion verwenden die Dimensionen »Kulturen«, »Strukturen« und »Praktiken« (z. B. IfI, Kita-Index). Wo verstecken sich in den beiden Fragen sowohl Kulturen, Strukturen als auch Praktiken als Ansatzpunkte für eine Weiterentwicklung?

— »Werden Reibungspunkte und Konflikte wahrgenommen und angesprochen?«
   (IvO 2011, S. 112)

— »Werden unglückliche oder ärgerliche Kinder in gleicher Weise wertgeschätzt wie scheinbar friedliche, zufriedene oder leicht zufrieden zu stellende Kinder?«
   (Kita-Index, 2.2007, S. 85)

INKLUSION AUF DEM WEG
MONTAG STIFTUNG JUGEND UND GESELLSCHAFT

M 1.5

Input und Reflexion: Die Qualifizierung

Aufgabe

Lesezeit (ca. 10 Min)
Vergegenwärtigen Sie sich noch einmal die Inhalte der einzelnen Module auf den Flipcharts.

Persönliche Einschätzung (ca. 10 Min)
Notieren Sie Ihre Gedanken zu den folgenden Fragen auf Moderationskarten
und heften Sie sie mit Ihrem Namen an das jeweilige Modul:
a. Bei welchem Modul sehe ich besonders meine Lernchancen?
   Habe ich ergänzende Erwartungen?
b. In welche Module kann ich meine Erfahrungen,
   meinen Blickwinkel, meine Expertise evtl. einbringen?

Die Rolle als Prozessbegleiterin/-begleiter klären und stärken

2

- → Die Rolle als Prozessbegleiterin/-begleiter klären und modulieren
- → Das eigene Verständnis von Inklusion reflektieren und mit anderen Teilnehmenden abgleichen
- → Persönliche Motive und Meilensteine reflektieren
- → Persönliche Stärken und Entwicklungsaufgaben erkennen
- → Das eigene Selbstkonzept kennen und reflektieren
- → Gelingensbedingungen für die Prozessbegleitung kennen
- → Die eigene Wirkung als Person sowie die Bedeutsamkeit von Selbst- und Fremdwahrnehmung in Moderationsprozessen reflektieren

Begleiterinnen und Begleiter inklusiver Entwicklungsprozesse benötigen eine klare innere Haltung. Diese nach außen hin gezeigte und gelebte Haltung spiegelt in weiten Bereichen das Selbstkonzept und Rollenverständnis der Prozessbegleiterinnen und -begleiter. Dieses Modul zielt darauf ab, das Selbstkonzept für inklusive Entwicklungsprozesse zu reflektieren und das Rollenverständnis für die anstehenden Tätigkeiten zu schärfen. Durch die Beantwortung einer beispielhaften ersten Anfrage erfolgt gleichzeitig der Einstieg in die Prozessbegleitung.

Hintergrund:
Warum ist dieses Modul wichtig?

Selbstkonzept und Rollenverständnis

Das Selbstkonzept eines Menschen speist sich nach unserem Verständnis aus den Lebenserfahrungen und der Sozialisation einer Person. Es wächst, entwickelt und verändert sich im Lebensverlauf. Zum Selbstkonzept einer Person gehören neben dem Wissen um Dinge, persönliche Vorlieben, Einstellungen, eigene Werte und Überzeugungen genauso der Glaube an die eigene Selbstwirksamkeit. Daraus entsteht so etwas wie »Ethos«, was sich in Verhaltensweisen und Einstellungen ausdrückt, die sich aus dem Selbstkonzept ergeben. Es entwickeln (und verändern) sich »subjektive Theorien«, die das Handeln, Denken und die reflexive Sicht auf die erlebte Wirklichkeit prägen und beeinflussen. Für unser Modul ergibt sich daraus die zentrale Frage:

Wofür stehe ich als Begleiterin/Begleiter inklusiver Entwicklungsprozesse?

Vor dem Hintergrund eines auf Werten basierenden Inklusionsverständnisses ist es ein zentraler Aspekt des Moduls, die eigenen subjektiven Theorien zu formulieren und mit anderen zu reflektieren. Der intensive Austausch unter den Teilnehmenden und das gegenseitige Kennenlernen tragen dazu bei, wertvolle Ressourcen in der Gruppe aufzuspüren.

Rollenklarheit

Die Rollenklarheit als Prozessbegleiterin/-begleiter in inklusiven Entwicklungsprozessen ist für einen nachhaltigen Veränderungsprozess wichtig. Eine Rolle wird gewöhnlich durch die Gesamtheit aller Erwartungen an die Trägerin oder den Träger einer Rolle definiert. Hierzu zählen neben den Erwartungen der Interaktionspartner und -partnerinnen auch die eigenen Erwartungen. In inklusiven Beratungsprozessen – beispielsweise in einer Steuerungsgruppe – sind unterschiedliche Personen beteiligt, die unterschiedliche Rollen im System bekleiden und mit unterschiedlichen Erwartungen den Veränderungsprozess begleiten. Dies führt dazu, dass an eine Prozessbegleiterin/einen Prozessbegleiter unterschiedliche und wechselnde Erwartungen gestellt werden und die Rolle und Verantwortlichkeiten daher immer wieder neu geklärt werden müssen. Die Person der Prozessbegleiterin/des Prozessbegleiters stellt ein wichtiges und wirkungsvolles Instrument im inklusiven Beratungs- und Entwicklungsprozess dar. Die eigene Haltung, der eigene Interaktionsstil, die eigene Transparenz und Sicherheit im Prozess sind beispielhaft wirksam für die zu beratenden Personen und Prozesse. Deshalb ist die Entwicklung einer klaren Beratungspersönlichkeit eine wichtige Gelingensbedingung für die erfolgreiche Begleitung einer Organisation in Veränderungsprozessen.

Qualifizierte Prozessbegleiterinnen und -begleiter sind in der Lage, die Anliegen, Ressourcen und Widerstände der Organisation und der in ihr beteiligten Personen wahrzunehmen und zu kommunizieren, gemeinsam mit den Beteiligten erreichbare Ziele im inklusiven Veränderungsprozess zu erarbeiten und ein entsprechendes Entwicklungsdesign zu entwerfen.

Deshalb ist die Rollenklarheit eine der größten Herausforderungen. Für die Prozessbegleiterinnen und -begleiter muss sie, wie ein roter Faden, ständiger Bestandteil der Fortbildung bleiben. Diese unterschiedlichen Aspekte der Begleitung inklusiver Prozesse in ihrer Komplexität zu begreifen, ist wichtig, um sich ständig verorten zu können und sich nicht im Detail zu verfangen oder »methodenverliebt« zu agieren. Während das Selbstkonzept eines Menschen einem lebenslangen Entwicklungsprozess unterliegt, lassen sich andere fachliche Expertisen, die zur Prozessbegleitung benötigt werden, wie Rollenklarheit und Moderationskompetenz, auch mittel- und kurzfristig aufbauen.

Kompetenzaufbau

Die Teilnehmenden wachsen in diesem Modul als Gruppe weiter zusammen, wenn alle sich mit den eigenen Möglichkeiten und Ressourcen so entfalten und partizipieren können, dass sie sich wohl fühlen und die Prozesse und Ergebnisse der Gesamtgruppe bereichern. Durch die Einführung erster Rituale, Kulturen und Strukturen wird ein Rahmen für ein lernwirksames Umfeld geschaffen, der dem angestrebten Kompetenzaufbau dienlich ist. Wir orientieren uns hier an Bartnitzky, der darauf aufmerksam macht, dass der Begriff Kompetenz komplexer zu sehen ist als weitläufig üblich: »Kompetenzen sind dies, weil sie nicht reduzierbar sind auf einzelne Inhalte, Kenntnis- oder Fähigkeitsziele, sondern sich immer auf die Handlungsfähigkeit in Lebenssituationen beziehen, in denen Einstellungen, Wissen, Fähigkeiten, Handlungsstrategien zusammenwirken« (Bartnitzky 2007, S. 4).

Schritte

	Ablauf	Organisationsform	Dauer (Richtwerte)	Arbeitsblätter
1	Ankommen	Plenum/Stehcafé	ca. 30 Min	
2	Einstieg	Plenum	ca. 10 Min	
3	Index-Frage	Kann variieren	ca. 30 Min	
4	Übung: Einstieg Selbstkonzept	Plenum/ Standogramm	ca. 30 Min	
5	Reflexion: Arbeit am Selbstkonzept 1	Einzeln 2er-Gruppen Einzeln Plenum	ca. 70 Min	M 2.1 M 2.2
6	Reflexion: Anforderungen an Prozessbegleiterinnen und Prozessbegleiter in inklusiven Entwicklungsprozessen	Plenum Einzeln Kleingruppen Plenum	ca. 75 Min	M 2.3 M 2.4
7	Übung: Arbeit am Selbstkonzept 2	2er-Gruppen/ Einzeln	ca. 60 Min	M 2.5 M 2.6
8	Simulation: Eine erste Anfrage	Einzeln 2er-Gruppen Plenum	ca. 50 Min	M 2.7
9	Rückbindung an die Ziele – Feedback – Ausblick – Abschluss	Plenum	ca. 30 Min	M 2.8

Schritte 1–3
Diese Schritte kehren in allen Modulen wieder. Infos dazu → S. 32 f.

Schritt 4
→ **Übung: Einstieg Selbstkonzept**

Plenum/Standogramm ca. 30 Min

Die Übung ist der Einstieg in die Auseinandersetzung mit dem eigenen Selbstkonzept und die zukünftige Rolle als Prozessbegleiterin/-begleiter. Die Teilnehmenden erleben die Vielfalt der Gruppe und nehmen sich in der Gruppe wahr.

Ablauf/Methode
Variante A: Das Trainerteam gibt eine Aussage vor; die Teilnehmenden positionieren sich auf einer Geraden und beziehen Stellung (»Standogramm«) zwischen totaler Zustimmung und totaler Ablehnung.
Variante B: Das Trainerteam gibt eine Aussage vor; die Teilnehmenden positionieren sich in den Bereichen des Raumes, denen eine bestimme Antwort zugeordnet ist. Auf Nachfrage begründen die Teilnehmenden ihre gewählte Position.

Raum/Ausstattung
Raum mit ausreichend Platz zur Positionierung (ggf. Flure oder Gänge nutzen), Vorbereitung, Moderationskarten oder DIN-A4-Bögen mit den Aussagen

Hinweise für Trainerinnen und Trainer
— Sie sollten darauf achten, dass jede/r Teilnehmende während dieser Übung wenigstens einmal zu Wort kommt.
— Keine wertenden Kommentierungen abgeben – die Vielfalt der Perspektiven bewusst wertschätzen.
— Weitere Informationen zur Methode »Standogramm« und anderen Methoden vgl. Universität Köln (Methodenpool).

Beispiel: Mögliche Fragen und Impulse zu Variante A

Als Prozessbegleiterin/-begleiter
— habe ich die Verantwortung für die Qualität der Arbeitsprozesse,
— habe ich dafür Sorge zu tragen, dass möglichst alle Gremien/Stellen in den Prozess eingebunden werden,
— muss ich Expertin/Experte für den Bereich sein, für welchen ich angefragt werde,
— sollte ich sicher im Umgang mit dem Index sein, bevor ich in die Moderation gehe,
— bin ich verantwortlich für die Arbeitsergebnisse.

Beispiel: Mögliche Fragen und Impulse zu Variante B

Meine Berufung/Tätigkeit als Prozessbegleiterin/-begleiter
— erfüllt mich mit Begeisterung,
— leiste ich nebenbei,
— überfordert mich momentan (noch),
— enthält Chancen und Risiken.

Schritt 5
→ Reflexion: Arbeit am Selbstkonzept 1

Einzeln; 2er-Gruppen; Einzeln; Plenum **ca. 70 Min** M 2.1 / M 2.2

Die Teilnehmenden reflektieren ihren eigenen Weg in die Prozessbegleitung und die Wurzeln ihres Selbstkonzeptes. Durch die Veröffentlichung des »zentralen Meilensteins« in einem Landschaftsbild zeigt sich im Plenum die große Vielfalt, wie die Teilnehmenden zum Thema Inklusion gelangt sind.

Ablauf/Methode

Einzeln: Die Teilnehmenden reflektieren ihren bisherigen Weg und markieren auf ihrem Arbeitsblatt die Meilensteine, die dazu führten, dass sie sich für inklusive Entwicklungsprozesse einsetzen (möchten) **(ca. 10 Min)**.
2er-Gruppen: Austausch zu den gewählten Meilensteinen **(ca. 30 Min)**
Einzeln: Die Teilnehmenden identifizieren eigene Stärken und Ressourcen sowie Entwicklungsbedarfe für die Prozessbegleitung **(ca. 10 Min)**.
Plenum: Veröffentlichung zentraler Meilensteine auf dem Landschaftsbild **(ca. 20 Min)**

Raum/Ausstattung

Raum mit genügend Platz für ungestörte Einzelarbeit und Austausch in der Partnerarbeit (ggf. auch Spaziergang oder Nutzung eines Freigeländes)

Vorbereitung

Plakat oder Leinwand mit einem »Landschaftsbild« (→ Arbeitsblatt M 2.1 – auch andere Bilder sind möglich), Karteikarten, Stifte

Hinweise für Trainerinnen und Trainer

— Der intensive Austausch unter den Teilnehmenden kann das Einhalten des Zeitplans erschweren, deshalb empfehlen wir zu Beginn klare Zeitabsprachen.
— Es ist sinnvoll, wenn sich Teilnehmende zum Austausch zusammenfinden, die sich bisher nicht persönlich kannten bzw. nicht in einem Arbeitsverhältnis zueinander stehen.
— Stärken, Ressourcen und Entwicklungsbedarfe werden nicht im Plenum thematisiert.
— Aus den sichtbar werdenden Ressourcen können sich Anregungen ergeben, wie diese im weiteren Verlauf der Module eingebunden werden können.

Beispiel: Flipchart Landschaftsbild mit Markierung von Meilensteinen

Schritt 6

→ **Reflexion: Anforderungen an Prozessbegleiterinnen und -begleiter in inklusiven Entwicklungsprozessen**

Plenum; Einzeln; Kleingruppen; Plenum **ca. 75 Min** M 2.3/M 2.4

Die Anforderungen an die Rolle einer Prozessbegleitung inklusiver Entwicklungsprozesse werden ausdifferenziert und von den Teilnehmenden reflektiert.

Ablauf/Methode

Plenum: Die Aufgabe wird vorgestellt, die Teilnehmenden erhalten Karten mit Anforderungen, die eine wirksame Prozessbegleiterin/einen wirksamen Prozessbegleiter für inklusive Entwicklungsprozesse ausmachen, und finden sich zu Kleingruppen (4–5 Personen) zusammen **(ca. 5 Min)**.
Einzeln (Think): Die Teilnehmenden wählen die Anforderungen aus, die ihrer Meinung nach von Bedeutung sind (Karten ggf. ausschneiden); eigene Anforderungen werden auf leeren Karten ergänzt. Anschließend verdichten sie ihre Auswahl auf zehn Aspekte **(ca. 15 Min)**.
Kleingruppen (4–5 Personen) (Pair): In Gruppen stellen die Teilnehmenden ihre Auswahl vor; jede Gruppe einigt sich auf max. zehn zentrale sowie weitere periphere Kriterien und visualisiert die Auswahl in einem Bild auf einem Flipchart oder Plakat – zentrale Kriterien stehen in der Mitte, weniger zentrale rücken weiter an den Rand (Kreativität in der Darstellung ist der Gruppe überlassen) **(ca. 40 Min)**.
Plenum (Share): Die Ergebnisse werden auf einem »Marktplatz« veröffentlicht und in der Gesamtgruppe bei einem Museumsgang erläutert **(ca. 15 Min)**.

Raum/Ausstattung

Raum mit Platz für ungestörte Einzelarbeit/Kleingruppen
Raum für die Präsentation im Marktplatz

Vorbereitung

Vorauswahl mit Kriterien/Anforderungen an Prozessbegleiterinnen und Prozessbegleiter, je nach Arbeitsauftrag: Flipcharts, Klebestifte, Buntstifte, Scheren

Hinweise für Trainerinnen und Trainer

— Motivieren Sie die Teilnehmenden dazu, auch eigene, neue Anforderungen zu finden.
— Auch hier ist es sinnvoll, wenn sich Teilnehmende zusammenfinden, die bisher noch keinen oder wenig Kontakt miteinander hatten.
— Wir orientieren diese Methode an Schratz/Iby/Radnitzky 2000, S. 214 ff., und Buhren/Rolff 2012, S. 287 ff.

Schritt 7

→ Übung: Arbeit am Selbstkonzept 2

2er-Gruppen/Einzeln   **ca. 60 Min**   M 2.5 / M 2.6

Die Übung nimmt zunächst die subjektive Deutung der empfundenen Selbstwirksamkeit in den Blick, um sie anschließend mit der Wahrnehmung einer anderen Person abzugleichen.

Ablauf/Methode

2er-Gruppen und einzeln: Die Teilnehmenden geben zusammen mit einer Partnerin/einem Partner eine Selbst- und Fremdeinschätzung ab und reflektieren sie gemeinsam **(ca. 35 Min)**.
2er-Gruppen und einzeln: Die Teilnehmenden formulieren einen persönlichen Zielsatz und diskutieren ihn mit ihrer Partnerin/ihrem Partner **(ca. 25 Min)**.

Raum/Ausstattung

Raum mit genügend Platz für ungestörte Partnerarbeit

Vorbereitung

Arbeitsblätter, Stifte

Hinweise für Trainerinnen und Trainer

Mit der Übung wird unterstrichen, dass ein wesentlicher Erfolgsfaktor für den Kompetenzaufbau in den folgenden Modulen in der Selbststeuerung der Teilnehmenden liegt. Wenn ich mir meiner eigenen Stärken bewusst bin, fällt es mir leichter, mich auf Neues einzulassen und (somit auch) auf Handlungsfelder zu begeben, in denen ich mich noch unsicher fühle. Nur wenn es den Teilnehmenden gelingt,
— sich eigene Entwicklungsziele zu setzen,
— diese während der kommenden Module im Blick zu halten,
— subjektive Ausbildungsbedarfe zu artikulieren und
— von Zeit zu Zeit zu reflektieren, wie weit sie auf ihrem Weg vorangekommen sind, kann eine Nachhaltigkeit im subjektiven Kompetenzaufbau bewirkt werden.
Im Austausch untereinander wird zunächst eine wertschätzende Feedback-Kultur gefördert, die der Selbstwahrnehmung eine Fremdwahrnehmung gegenüberstellt. Anders als in den Schritten zuvor kann es hier durchaus sinnvoll sein, wenn die Teilnehmenden in der 2er-Gruppe sich bereits kennen – das ist jedoch keine Voraussetzung.

Schritt 8

→ Simulation: Eine erste Anfrage

Einzeln; 2er-Gruppen; Plenum   **ca. 50 Min**   M 2.7

Das eigene Rollenverständnis wird auf mögliche konkrete Anforderungssituationen übertragen: Die Teilnehmenden beantworten konkrete exemplarische Anfragen und diskutieren die Ergebnisse in den 2er-Gruppen und im Plenum.

Ablauf/Methode

Einzeln: Die Teilnehmenden formulieren Antworten auf eine beispielhafte Anfrage **(ca. 10 Min)**.
2er-Gruppen: Die Teilnehmenden reflektieren und begründen ihre Antworten – bei der Gelegenheit können auch eigene Stärken und Unsicherheiten diskutiert werden **(ca. 20 Min)**.
Plenum: Exemplarische Veröffentlichung von Standpunkten und Sichtweisen **(ca. 10 Min)**; Reflexion zu den »14 Punkten, ohne die es nicht geht« **(ca. 10 Min)**.

Raum/Ausstattung

Raum mit genügend Platz für ungestörte Partnerarbeit

Vorbereitung

Arbeitsblätter, Stifte, Plakat mit den »14 Punkten, ohne die es nicht geht« (→ S. 27)

Hinweise für Trainerinnen und Trainer

— Die Anfragen auf den Arbeitsblättern bilden einen repräsentativen Querschnitt von möglichen Aufträgen und Tätigkeitsfeldern aus dem Bildungs- bzw. kommunalen Kontext. Je nach Gruppe können hier auch andere Anfragen formuliert werden.

— Auch wenn die Zeit am Ende des Moduls knapp wird, sollte diese Übung in jedem Fall durchgeführt werden. Möglich ist auch eine »Kurzversion«: Statt schriftlich zu antworten, wird ein Telefonat simuliert. Dazu antworten einige Teilnehmenden (nur freiwillige Wortmeldungen) direkt im Plenum und begründen ihre Antwort anschließend **(ca. 15 Min statt ca. 40 Min)**.

— Im Rahmen der Reflexion kann der Blick auf die »14 Punkte, ohne die es nicht geht« gerichtet werden und in einer kurzen Selbstreflexion zu der Frage münden: »Welche Konsequenzen ergeben sich dadurch für meinen Qualifizierungsbedarf?«

Schritt 9
→ Rückbindung an die Ziele – Feedback – Ausblick – Abschluss
Plenum   ca. 30 Min   M 2.8

Hinweise für Trainerinnen und Trainer
Dieser Schritt kehrt in allen Modulen wieder. Infos dazu → S. 33.
In diesem Modul bietet es sich an, in der Rückschau explizit auf die inklusiven Werte hinzuweisen, → Auflistung der Werte auf dem Arbeitsblatt.

Arbeitsblätter

M 2.1

Reflexion: Arbeit am Selbstkonzept 1

Meine Meilensteine auf dem Weg zur Prozessbegleiterin/zum Prozessbegleiter

Einzeln: Reflektieren Sie Ihren bisherigen Weg und markieren Sie in dem Landschaftsbild Ihre Meilensteine, die dazu führten, dass Sie sich für inklusive Entwicklungsprozesse einsetzen (möchten) **(ca. 10 Min)**.

INKLUSION AUF DEM WEG
MONTAG STIFTUNG JUGEND UND GESELLSCHAFT

M 2.2

Reflexion: Arbeit am Selbstkonzept 1

2er-Gruppen: Suchen Sie sich eine Partnerin oder einen Partner und tauschen Sie sich über Ihre Meilensteine aus **(ca. 30 Min)**.
Einzeln: Reflektieren Sie, welche möglichen Stärken und Ressourcen Sie in Prozessbegleitungen einbringen können und wo Sie notwendige Entwicklungsbedarfe für Ihre zukünftige Tätigkeit entdecken **(ca. 10 Min)**.
Plenum: Veröffentlichen Sie Ihren zentralen Meilenstein auf der Landschaftskarte im Plenum

Meine Stärken	Meine Entwicklungsbedarfe

INKLUSION AUF DEM WEG
MONTAG STIFTUNG JUGEND UND GESELLSCHAFT

M 2.3

Reflexion: Anforderungen an Prozessbegleiterinnen und Prozessbegleiter in inklusiven Entwicklungsprozessen

Bevor Sie beginnen, finden Sie sich in einer Gruppe
mit fünf bis sechs Teilnehmenden zusammen **(ca. 5 Min)**.

Vor Ihnen liegen Karten mit Anforderungen, die eine wirksame Begleitung
in inklusiven Entwicklungsprozessen ausmachen können.
Leere Karten dienen einer möglichen eigenen Ergänzung.

Aufgabe

Einzeln (Think) (ca. 15 Min)
a. Stellen Sie nach Ihren eigenen Maßstäben die Anforderungen für
   eine wirksame Prozessbegleitung zusammen (ggf. aus der Vorlage ausschneiden).
   Ergänzen Sie, wenn möglich, weitere Anforderungen auf den leeren Feldern.
b. Suchen Sie Ihre zehn zentralen Anforderungen aus.

Kleingruppen (4–5 Personen) (Pair) (ca. 40 Min)
a. Einigen Sie sich in Ihrem Team auf zehn zentrale und max. zehn weitere Anforderungen.
b. Bereiten Sie dazu eine »kreative« Präsentation auf einem Flipchart/Plakat vor.

Plenum (Share) (ca. 15 Min)
Präsentieren Sie Ihre Ergebnisse in einem »Museumsgang«/»Markt der Möglichkeiten«.

INKLUSION AUF DEM WEG
MONTAG STIFTUNG JUGEND UND GESELLSCHAFT

M 2.4

Reflexion: Anforderungen an Prozessbegleiterinnen und -begleiter in inklusiven Entwicklungsprozessen

1 regt an, über sich selber nachzudenken	**2** hilft der Gruppe/den Einzelnen ihre Arbeitsfähigkeit zu erhalten und zu fördern	**3** ist in der Prozessbegleitung sicher und überzeugend	**4** teilt angemessen Verantwortung
5 kommuniziert wertschätzend	**6** steuert Innovationen und Veränderungen	**7** hat eine grundsätzlich positive Haltung zur Inklusion	**8** geht professionell mit der Dynamik in der Gruppe um
9 handelt und interveniert respektvoll vor der Gruppe	**10** würdigt die sachlich-inhaltliche Kompetenz der Teilnehmenden	**11** verfügt über ein angemessenes Methodenrepertoire	**12** hat Auftragsklarheit
13 gibt konstruktives und wertschätzendes Feedback	**14** verfügt über Rollenklarheit	**15** begleitet den (Entwicklungs-)Prozess eines Systems	**16** ist methodische/r Steuerfrau/Steuermann
17 nutzt die Ressourcen, die in der Gruppe liegen, und bindet diese in den Prozess ein	**18** ist flexibel in der Planung und in der Umsetzung	**19** arbeitet mit Freude und wirkt motivierend	**20** arbeitet auf der Grundlage eines ausgehandelten Kontraktes
21 gibt Impulse zum Aufbau inklusiver Kulturen, Strukturen und Praktiken	**22** bietet prozessunterstützende Evaluationskonzepte	**23** stellt Transparenz bezogen auf die gemeinsame Arbeit her	**24** ist authentisch

INKLUSION AUF DEM WEG
MONTAG STIFTUNG JUGEND UND GESELLSCHAFT

M 2.4

Reflexion: Anforderungen an Prozessbegleiterinnen und -begleiter in inklusiven Entwicklungsprozessen

25 vertritt die Leitidee der Inklusion durch die Art und Weise, wie er/sie mit Gruppen arbeitet	**26** hat die äußeren Rahmenbedingungen im Blick (Arbeitsräume, Arbeitsatmosphäre, Arbeitszeiten …)	**27** nutzt Visualisierungstechniken	**28** kann die verschiedenen Rollen der Teilnehmenden innerhalb einer Gruppe identifizieren
29 achtet auf sich und die eigenen persönlichen Ressourcen	**30** kann in der Prozessbegleitung in unterschiedlichen Rollen agieren (Beratung, Moderation etc.)	**31** kennt die Varianten des Index für Inklusion	**32** versachlicht durch Metakommunikation
33 nimmt Widerstände wahr und kann angemessen damit umgehen	**34** kommuniziert frei von Diskriminierung	**35** schafft Voraussetzungen für Partizipation	**36** bezieht Vorerfahrungen der (potenziell) Teilnehmenden in die Grob- und Feinplanung mit ein
37 achtet auf Hinweise über die »Kultur« der Organisation/des Systems/der Bildungseinrichtung	**38** sorgt dafür, dass Prozess und Ergebnisse angemessen dokumentiert werden	**39** ist Beispiel für das »Lernen am Modell«	**40** kann im Prozess auch einmal einige Schritte zurückgehen, um dann wieder besser voranzukommen
41 regt die Kommunikation des Prozesses nach innen und nach außen an	**42** übernimmt Verantwortung für die Orientierung an den inklusiven Werten	**43**	**44**
45	**46**	**47**	**48**

INKLUSION AUF DEM WEG
MONTAG STIFTUNG JUGEND UND GESELLSCHAFT

M 2.5

Übung: Arbeit am Selbstkonzept 2 – Selbstwahrnehmung/Fremdwahrnehmung

Unsere innere Einstellung zu uns selbst sowie zu den Menschen, die wir bei Veränderungsprozessen begleiten, ist entscheidend für den Erfolg und unsere Zufriedenheit bei der Prozessbegleitung.

Aufgabe

1. Suchen Sie sich eine Partnerin oder einen Partner.
   Meine Partnerin/mein Partner heißt: _____

2. Einzeln: Vervollständigen Sie, jeder für sich, die folgenden Aussagen **(ca. 10 Min)**:

   Aussage 1:
   Menschen, Gruppen und Organisationen können sich glücklich schätzen, wenn sie auf mich
   als Prozessbegleiterin/Prozessbegleiter treffen, weil ich …

   _____
   _____
   _____
   _____

   Aussage 2:
   Menschen, Gruppen und Organisationen können sich glücklich schätzen,
   wenn sie auf _____

   als Prozessbegleiterin/Prozessbegleiter treffen, weil sie/er …

   _____
   _____
   _____
   _____

3. Tauschen Sie Ihre Arbeitsblätter mit Ihrer Partnerin/Ihrem Partner.
   Vergleichen Sie Ihre Selbstwahrnehmung (Aussage 1) mit der Fremdwahrnehmung (Aussage 2).
   Klären Sie untereinander, wodurch die Einschätzungen zustande kommen **(max. 25 Min)**.

INKLUSION AUF DEM WEG
MONTAG STIFTUNG JUGEND UND GESELLSCHAFT

M 2.6

Übung: Arbeit am Selbstkonzept 2 – Selbstwahrnehmung/Fremdwahrnehmung

In Aussage 1 haben Sie beschrieben, was Sie schon können.
Nun soll es um die Ziele gehen, die Sie sich in Ihrer Rolle als Prozessbegleiterin/Prozessbegleiter setzen.

Aufgabe (ca. 10 Min)

1. Führen Sie einige für Sie umsetzbare Aspekte auf und formulieren Sie einen persönlichen und griffigen Zielsatz.

Mein persönlicher Zielsatz
In Zukunft möchte ich eine Prozessbegleiterin/ein Prozessbegleiter sein, die/der …

_____

_____

_____

_____

2. Erläutern Sie Ihren Zielsatz Ihrer Partnerin oder Ihrem Partner.

3. Was können Sie tun, um dieses Ziel zu erreichen?

Anregung: Schreiben Sie Ihren Zielsatz groß auf ein DIN A4-Blatt und heften Sie es zu Hause an eine für Sie zentrale Stelle, sodass Sie immer wieder an Ihren Zielsatz erinnert werden.

INKLUSION AUF DEM WEG
MONTAG STIFTUNG JUGEND UND GESELLSCHAFT

M 2.7

Simulation: Eine erste Anfrage

Aufgabe
Sie erhalten eine Mail mit verschiedenen Anfragen (s. u.), zu denen Sie um Rückmeldung gebeten werden.
Wählen Sie eine der Anfragen aus und bereiten Sie eine Antwort vor **(ca. 50 Min)**.

a. Einzeln: Vorbereitung **(ca. 10 Min)**

b. Austausch mit Partnerin/Partner:
   Erläutern Sie, warum Sie eine Anfrage angenommen bzw. abgelehnt haben **(ca. 20 Min)**.
   Mögliche Fragen zur Reflexion:
   Was traue ich mir bereits zu?
   Was passt zu meinem Verständnis einer Prozessbegleitung?
   Wo empfinde ich noch Unsicherheit?
   Was passt möglicherweise nicht zu mir?

c. Plenum: Exemplarische Veröffentlichung **(ca. 10 Min)**

d. Blick auf die »14 Punkte, ohne die es nicht geht« sowie das Leitbild;
   kurze Selbstreflexion über die Frage: »Welche Konsequenzen ergeben sich
   für meinen Qualifizierungsprozess?« **(ca. 10 Min)**

Liebe Prozessbegleiterinnen, liebe Prozessbegleiter,
es sind einige Anfragen zur Begleitung inklusiver Entwicklungsprozesse eingegangen und ich möchte Sie bitten, sofern Zeit und Interesse besteht, sich mit mir in Verbindung zu setzen:
— 30. November: Vortrag vor ca. 30 Schulleitungen von Grundschulen im XY-Kreis (Nachmittag)
— Eine neue Grundschule in K. wünscht auf Initiative der Eltern einen Impuls zur Inklusion (evtl. mit Kitas) in der Woche vom 6. bis 11. Dezember abends – auch eine spätere Prozessbegleitung ist angedacht.
— 12. Dezember (Samstagvormittag, ca. 3 Stunden): Moderation einer Projektgruppe/Vernetzungsprojekt einiger Bildungseinrichtungen im Stadtteil YZ
— Im Rahmen eines inklusiven Stadtentwicklungsprozesses möchte die Stadt XY einen »Stadtteiltag« durchführen. Ziel ist es, dass alle beteiligten Personen und Gruppen in einer Zukunftswerkstatt über Formen des gemeinsamen Miteinanders nachdenken, sich dabei besser kennenlernen und zunehmend vernetzen. Gesucht ist eine Prozessbegleiterin/ein Prozessbegleiter, die/der die Steuergruppe bei der Planung und Durchführung dieser Veranstaltung unterstützt.
— Im Rahmen eines inklusiven Schulentwicklungsprozesses in K. möchten die Gesamtschule A und die Grundschule B einen »Teachers´ Day« durchführen. Ziel ist es, dass sich beide Kollegien (ca. 36 Personen) gemeinsam über inklusiven Unterricht unterhalten, ihr Wissen vermehren, erste Kompetenzen anbahnen und erste Verabredungen treffen. Diese Idee ist im Rahmen einer gemeinsamen Auftaktveranstaltung zur inklusiven Unterrichtsentwicklung entstanden. Die Schulen suchen nun eine Referentin/einen Referenten für den Vormittag und eventuell auch für den Nachmittag, an dem schon praktisch in einem Workshop zum Thema »Gemeinsamer Unterricht« gearbeitet werden soll (Musik, Theater, Kunst, Sport). Termin: 12. Dezember.

M 2.8

Rückbindung an die Ziele – Feedback – Ausblick – Abschluss: Inklusive Werte

Vertrauen	Gerechtigkeit
Fairness	Liebe
Partizipation	Gleichberechtigung
Offenheit	Transparenz
Ehrlichkeit	Mut
Mitgefühl	Freude
Gemeinschaft	Freude
	Einfühlungsvermögen

INKLUSION AUF DEM WEG
MONTAG STIFTUNG JUGEND UND GESELLSCHAFT

Die Prozessbegleitung anlegen und beginnen

3

→ Inklusion als kontinuierlichen, nicht aber linear verlaufenden Prozess erkennen und verstehen

→ Die Modellschritte eines Veränderungsprozesses nutzen

→ Ein orientierendes Phasenmodell der Prozessbegleitung kennen und dieses für die Prozessbegleitung und Prozessreflexion anwenden

→ Den ersten Kontakt und das erste Gespräch mit den Auftraggebenden strukturiert und anhand von Kriterien eines Leitfadens führen

→ Die Ziele, den Rahmen und die Schwerpunkte der Zusammenarbeit mit dem Auftraggeber im Sinne der Auftragsklarheit herausarbeiten

→ Kontrakte kennen, verstehen und prozesswirksam abschließen

→ Sich in der Begleitung inklusiver Prozesse als Vorbild und Modell sehen

→ Die Situation und wesentlichen Zusammenhänge in einem System erfassen

Der »richtige Start« in die Prozessbegleitung schafft die Voraussetzungen für eine vertrauensvolle, wertschätzende, konstruktive und zielorientierte Zusammenarbeit zwischen den Beteiligten der auftraggebenden Organisation und den Prozessbegleiterinnen und -begleitern. Er dient dem Aufbau einer Arbeitsbeziehung. In diesem Modul werden auf der Basis eines Prozessmodells zunächst Schritte dargestellt, die einer Organisation helfen, den inklusiven Veränderungsprozess zu organisieren. Die Betrachtung der Struktur einer Prozessbegleitung nimmt typische Phasen eines Beratungsprozesses und deren inhaltliche Ausprägung in den Blick.

Hintergrund: Warum ist dieses Modul wichtig?

Veränderungsprozesse

Veränderungsprozesse verlaufen nicht linear, sondern in Sprüngen. Die Beteiligten erleben Fortschritte, Stagnationen oder bisweilen auch Rückschritte. Es gibt überraschende Entwicklungen, neue Ziele, Irritationen, Zweifel und Widerstände (vgl. IvO, S. 126). Auch wenn sie gezielt eingeleitet werden, stören Veränderungsprozesse das Gleichgewicht eines Systems (→ Modul 7). Nicht selten rufen sie ganz unterschiedliche Reaktionen der Beteiligten hervor. Das gilt insbesondere für Veränderungen, die »von oben« verordnet werden und nicht systemimmanent verursacht sind. In der Prozessbegleitung begegnen uns Aufbruchsstimmung, Faszination und Neugierde ebenso wie Verunsicherung, Skepsis und Widerstände. Die Vielfalt der Reaktionen ist sinnvoll und bereichert den Prozess, wenn sie als Chance für individuelle und gemeinsame Lernprozesse wahrgenommen wird. Dazu ist es wichtig, dass die Beteiligten eines solchen Prozesses ihre Unterschiede erkennen, würdigen und wertschätzen, die Perspektivenvielfalt als Bereicherung sehen können und sich als eine »Lerngemeinschaft« verstehen.

Die Begleitung inklusiver Prozesse

Es ist wichtig, Inklusion als einen »evolutionären« und kontinuierlichen Veränderungsprozess zu begreifen, der von den Beteiligten partizipativ gestaltet wird. Dies braucht vor allem Zeit und darf nicht mit zu vielen verschiedenen gleichzeitigen Veränderungsvorhaben überfrachtet werden. Ein zu hoher Anspruch und zu hohes Tempo können Veränderungsprozesse verhindern oder zum Stillstand bringen. Aufgabe der Prozessbegleiterinnen und -begleiter kann dabei sein, gemeinsam und in Übereinstimmung mit den Beteiligten, zunächst das erste Kleine, Machbare, direkt Veränderbare in den Blick zu nehmen, in dem Bewusstsein, dass die Richtung stimmt. Jedes System befindet sich in einem permanenten Entwicklungs- und Veränderungsprozess. Folglich gibt es auch für inklusive Entwicklungs- und Veränderungsprozesse keinen festen Ausgangs- oder Startpunkt. Die Prozessbegleitung orientiert sich am Veränderungsprozess und seiner Genese, an den Personen, deren Kommunikation und Interaktion und weiteren Einflussfaktoren innerhalb und außerhalb des Systems. Um einschätzen zu können, an welchem Punkt des inklusiven Veränderungsprozesses eine Organisation externe Begleitung wünscht, und um vermitteln zu können, welche Prozessschritte Erfolg versprechend sein können oder sich bereits bewährt haben, hilft den Prozessbegleiterinnen und Prozessbegleitern die Kenntnis der Schritte eines Organisationsentwicklungsprozesses. Ein Phasenmodell einer Beratung unterstützt sie dabei, ihren Begleitprozess zu strukturieren.

Es ist wichtig, zwischen den verschiedenen Prozessen zu differenzieren: Ein Begleitprozess kann zu jedem Zeitpunkt eines Veränderungsprozesses beginnen, umgesetzt und abgeschlossen werden – Veränderungsprozesse sind dagegen fortlaufend und hören nicht auf, wenn die Begleitung sich verabschiedet (→ Schritt 6 und 7, S. 88–97).

Kontrakte und Regeln

Kontrakte in der Begleitung inklusiver Entwicklungsprozesse dienen der Auftragsklärung und der wertschätzenden Orientierung, kurz: dem Aushandeln eines Arbeitsbündnisses. Sie sind die Basis für den Erfolg der Zusammenarbeit und dokumentieren, wer die Vertragspartnerinnen und -partner sind, was sie mit welchen Zielen in welcher Qualität in welchem Zeitraum miteinander tun werden. Dabei steht nicht ein formaler Akt im Vordergrund, sondern der Verständigungsprozess über die Zusammenarbeit sowie das Teilen der Verantwortung – Vertrauen, Partizipation und Wertschätzung der Potenziale aller Beteiligten als Repräsentanten einer inklusiven Wertehaltung.

Ein Kontrakt ist kein starres Instrument. Während des Prozesses kann nachjustiert werden. Auf die Vereinbarungen kann immer wieder zurückgegriffen werden. Das bietet Sicherheit und Entlastung und kann davor schützen, in unangenehme Fallen zu tappen.

Kontrakte werden auf zwei Ebenen geschlossen:
— Ein mit dem Auftraggeber oder der Auftraggeberin explizit ausgehandelter Kontrakt dient der Auftragsklärung. Er geht in der Regel dem Einstieg in die Prozessbegleitung voraus und schafft Transparenz über den Zielrahmen und den Entscheidungsspielraum.
— Mit einer Gruppe (z.B. Steuergruppe) wird zu Beginn der gemeinsamen Arbeit der Rahmen der Zusammenarbeit, z.B. die »Spielregeln des Umgangs« und die jeweiligen Verantwortlichkeiten, ausgehandelt (→ Modul 1, Vereinbarungen zur Zusammenarbeit; → auch Modul 8).

Dabei sind einige wenige Regeln unerlässlich. So sind z.B. Fragen der Ressourcen (»Wer stellt für den Prozess was zur Verfügung?«) genauso zu klären wie gemeinsame Arbeitszeiten und Verfahrensweisen bezüglich der Protokollführung. Dennoch ist die Wirksamkeit von Regeln immer auch beschränkt, klären sie doch nur Verhaltens- und Verfahrensweisen in einem ganz bestimmten Geltungsbereich.
 Inklusive Werte beeinflussen das Verhalten in sozialen Systemen weitaus effizienter, als eine Regel dies tun kann.
 Wer z.B. den inklusiven Wert der »Transparenz« fest verinnerlicht hat, wird immer zu besseren Ergebnissen kommen, als jede Regel zur Protokollführung dies zu leisten vermag. Daraus erwachsen Konsequenzen für die Ausgestaltung dieses Moduls.

So gilt es
— die künftigen Prozessbegleiterinnen und Prozessbegleiter für die Einstiegsphase zu stärken, damit sie sich durch ihre Fähigkeit zur Reflexion selbstständig eigene Handlungsalternativen ableiten können,
— sie mit dem notwendigen Hintergrundwissen (Theorie) zu versorgen,
— sie in ihrer Rollenklarheit zu stärken,
— den Stellenwert von Kontrakten in der Prozessbegleitung zu verdeutlichen,
— die Prozessbegleiterinnen und Prozessbegleiter als Gruppe zu stärken, damit sie die Heterogenität ihrer eigenen Gruppe als Bereicherung und Lernchance erleben.

Wichtig: ein guter Start!

Der Start in die Prozessbegleitung legt die Grundlage für den Verlauf des Prozesses. Der Einstieg dient dem Kennenlernen und dem Aufbau einer Arbeitsbeziehung: »Gerade in der Startphase geht es darum, einen positiven Kontakt aufzubauen und die Grundlage für eine offene, wertschätzende Arbeitsatmosphäre zu schaffen. Die freundliche Begrüßung, das gegenseitige (bessere) Kennenlernen, die Klärung der Erwartungen und ein gemeinsamer Überblick über die Inhalte und den Ablauf« (IvO, S.148) geben einen ersten Einblick in eine an inklusiven Werten orientierte Kultur der externen Begleitung.

Prozessbegleiterinnen und Prozessbegleiter sollten sich bewusst sein, dass sie durch ihre Sprache, ihre Körperhaltung und Ausstrahlung immer auch die »Leitidee Inklusion« transportieren und als Vorbild und Modell gesehen werden. Neben einer kurzen Information zur eigenen Person und Rolle gehört an diese Stelle ein klares Statement zum Verständnis inklusiver Prozessbegleitung.

Wichtig für einen gelingenden Prozess sind, gerade zu Beginn der Zusammenarbeit, Rollenklarheit, Auftragsklarheit und Klarheit der Rahmenbedingungen für die Zusammenarbeit. Sie geben Orientierung und schaffen Verbindlichkeiten.

Schritte

	Ablauf	Organisationsform	Dauer (Richtwerte)	Arbeits-blätter
1	Ankommen	Plenum/Stehcafé	**ca. 30 Min**	
2	Einstieg	Plenum	**ca. 10 Min**	
3	Index-Frage	Kann variieren	**ca. 30 Min**	
4	Reflexion: Kontrakt mit der Gruppe	Einzeln	**ca. 10 Min**	M 3.1
5	Input/Reflexion: Inklusion als Prozess der Veränderung	Einzeln 2er-/3er-Gruppen Plenum	**ca. 30 Min**	M 3.2
6	Input und Übung: Die Schritte von Veränderungsprozessen	Plenum/Gruppen	**ca. 20 Min**	M 3.3
7	Input und Übung: Die Phasen eines Begleitprozesses	Plenum 6er-Gruppen	**ca. 55 Min**	M 3.4 M 3.5 M 3.6
8	Simulation: Der Erstkontakt am Telefon	Plenum 4er-Gruppen Plenum	**ca. 60 Min**	M 3.7 M 3.8
9	Input: Der Kontrakt	Plenum	**ca. 20 Min**	
10	Simulation: Das erste Gespräch vor Ort	8er-10er-Gruppen	**ca. 95 Min**	M 3.9 M 3.10 M 3.11
11	Reflexion: Ein Brief an mich	Plenum Einzeln	**ca. 15 Min**	M 3.12
12	Rückbindung an die Ziele – Feedback – Ausblick – Abschluss	Plenum	**ca. 10 Min**	

Schritte 1–3

Diese Schritte kehren in allen Modulen wieder. Infos dazu → S. 32 f.

Schritt 4

→ Reflexion: Kontrakt mit der Gruppe

Einzeln   ca. 10 Min   M 3.1

Die Teilnehmenden reflektieren anhand von Fragen, was sie aktiv unternehmen können, um zum Gelingen des Tages beizutragen und ein Misslingen oder persönliche Unzufriedenheit zu minimieren.

Ablauf/Methode
Einzeln: Teilnehmende reflektieren über die gemeinsame Verantwortung zum Gelingen des Tages und beantworten dazu fünf Fragen.
Die Antworten werden nicht veröffentlicht – im Rahmen von Schritt 10 und Schritt 11 wird noch einmal darauf Bezug genommen.

Raum/Ausstattung
Stuhlkreis oder Gruppentische, bei Stuhlkreis Klemmbretter

Vorbereitung
Ggf. Arbeitsblätter

Hinweise für Trainerinnen und Trainer
— Die individuelle Beschäftigung mit den fünf Fragen zielt auf eine konstruktive Arbeitsatmosphäre und das Teilen der Verantwortung für das Gelingen des Tages. Wichtig ist, dass die Teilnehmenden diese Verantwortung mittragen und nicht an das Trainerteam »abgeben«.
— Die Fragestellungen bilden die Grundlage für den Kontrakt mit der Gruppe, d. h. die Vereinbarung, dass alle gemeinsam zum Gelingen beitragen.
— Bereits an dieser Stelle sollte auch deutlich werden, dass es »Kontrakte«/Vereinbarungen auf verschiedenen Ebenen gibt: Wie hier innerhalb der Gruppe und – darauf wird später noch eingegangen – einen Kontrakt mit der auftraggebenden Organisation.

Schritt 5

→ **Input/Reflexion: Inklusion als Prozess der Veränderung**

Einzeln; 2er-/3er-Gruppen; Plenum   **ca. 30 Min**   M 3.2

Die Selbstreflexion über den Umgang mit Veränderung weckt Verständnis für die »Innensicht eines Systems«, das sich der Veränderung und damit einer Phase der Instabilität stellt.

Ablauf/Methode

Einzeln: Interaktiver Theorieteil mit angeleiteter Selbstreflexion – Reaktionen auf Veränderung
2er-/3er-Gruppen/Plenum: Austausch darüber, Veröffentlichung relevanter Aspekte

Raum/Ausstattung

Laptop/Beamer und Leinwand; alternativ: Flipchart

Vorbereitung

Arbeitsblätter, ggf. Präsentation, Flipcharts

Hinweise für Trainerinnen und Trainer

— Die Teilnehmenden denken an einen Veränderungsprozess zurück, den sie im beruflichen oder auch privaten Kontext erlebten, und vergegenwärtigen sich noch einmal ihre Haltung, ihre persönlichen Sichtweisen und wie diese wirksam wurden sowie den Grad ihrer Bereitschaft, sich auf die Veränderungen einzulassen: »Wie habe ich mich in Veränderungsprozessen erlebt?«
— Übung und kurzer Theorieteil lenken die Aufmerksamkeit auf prozessorientierte Fragen: »Wie reagieren Menschen auf Veränderungsprozesse? Welche Regeln gelten in Veränderungsprozessen? Was ist das Charakteristische eines inklusiven Veränderungsprozesses? Was bedeutet das für die Prozessbegleitung?«
— Für den Input-Teil haben wir gute Erfahrungen mit einer kurzen Präsentation gemacht, um den Umgang mit Veränderung zu thematisieren. Neben den Grafiken zum Begleit- und Veränderungsprozess (→ S. 90; 96 f.) empfehlen wir insbesondere: IvO, S. 126 ff.; Kruse 2011, S. 13 ff.
— Kernelemente sind: Leitgedanken im Umgang mit Veränderungen – Inklusion bedeutet Veränderung der Perspektiven – Inklusion bedeutet, sich auf Neues einlassen.
— Auch der Film »Helpdesk im Mittelalter« (YouTube) ist eine wunderbare »Metapher« zur Veranschaulichung der Dimension von Veränderungsprozessen.

Schritt 6

→ Input und Übung: Die Schritte von Veränderungsprozessen

Plenum/Gruppen   ca. 20 Min   M 3.3

Jeder Prozess ist anders – deshalb arbeiten Prozessbegleiterinnen und -begleiter nicht nach einem Modell, sondern mit bewährten Prozessschritten. Diese Schritte werden hier beschrieben, in einem Schaubild visualiert und anschließend rückgebunden an (die) inklusive(n) Werte.

Ablauf/Methode

Plenum/Gruppen: Gemeinsam wird ein Schaubild (→ S. 89) entwickelt, das die Schritte von Veränderungsprozessen zeigt.

Raum/Ausstattung

Flipchart, Klebestifte oder Roller (nicht festklebend), Moderationskarten und -stifte

Vorbereitung

Arbeitsblätter, Elemente des Schaubildes

Hinweise für Trainerinnen und Trainer

— Das Schaubild wird sukzessive entwickelt, dabei werden Bedeutung und Inhalte der einzelnen Schritte erklärt. So erhalten die Teilnehmenden Orientierung und vertiefen ihre Kenntnisse über den hier vereinfacht dargestellten Ablauf von Veränderungsprozessen.
— Der Hinweis auf den direkten Zusammenhang zwischen den Schritten der Zieldefinition und der Evaluation sollte hier besonders hervorgehoben (auch Bezug zu Modul 1) und die Bedeutung der »Stopp-Tage« für den Prozess angesprochen werden.
— Wichtig ist, dass die Teilnehmenden über erste Prozesserfahrung verfügen und Kenntnisse über die Grundlagen der Organisationsentwicklung mitbringen.

Info: Die Schritte von Veränderungsprozessen

Das folgende Modell findet sich in unterschiedlicher Form und Ausprägung in der Literatur. Dabei zeigen die dargestellten Schritte den Ablauf eines idealtypischen Veränderungsprozesses. In der Realität laufen die Schritte meistens nicht so »geordnet« nacheinander ab (→ Modul 8, S. 232 f.). Aber hier geht es zunächst darum, die Bedeutung der einzelnen Schritte vor dem Hintergrund einer inklusiven Veränderung vorzustellen. Ganz entscheidend ist dabei die Orientierung gebende »Wolke«: Das Leitbild, der Auftrag, die strategische Ausrichtung auf Grundlage inklusiver Werte spiegeln sich in jedem Schritt wider.

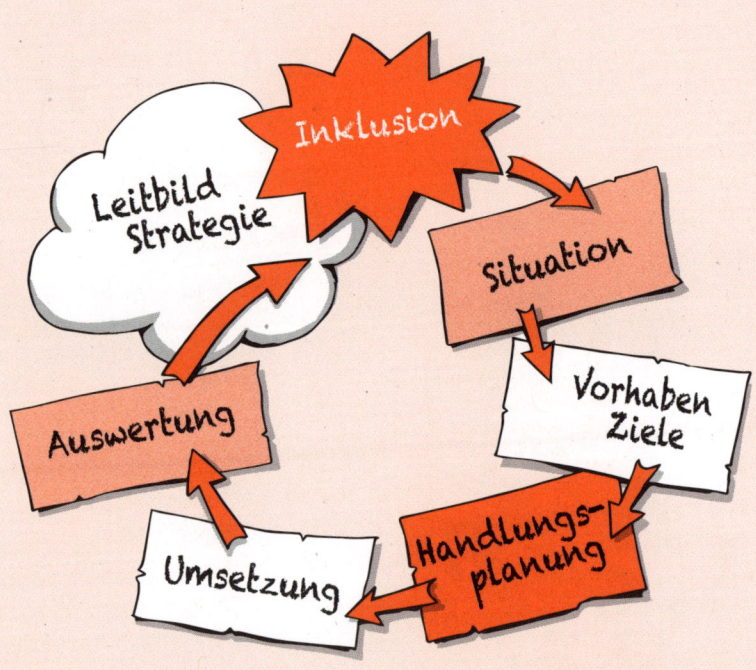

Es beginnt bevor es beginnt, sich orientieren und einlassen [3]

Viele Auftraggeberinnen und Auftraggeber wünschen zum Einstieg in den Veränderungsprozess ein Informationsangebot zur Inklusion und den moderierten Diskurs zu einem gemeinsamen Verständnis, einer gemeinsamen Leitidee und einer gemeinsamen Sprache. Dieser Klärungsprozess und die Verständigung über die Grundlage des gemeinsamen Handelns, der »Nordstern Inklusion« als Vision und Orientierungspunkt, geben Raum, ein konkretes Zukunftsbild zu entwickeln. Es bildet die Basis für die Handlungsfähigkeit und für tragfähige Entscheidungen.

Was bedeutet Inklusion für mich, für uns? (→ Modul 1). Was ist unsere inklusive Leitidee? Was ist der Index für Inklusion? Wie nutzen wir ihn im Prozess? Wie sehen wir unsere Einrichtung in der Zukunft? Was wollen wir verändern?

Die Situation beleuchten

Zu Beginn dieser Phase werden die genauen Ausgangsbedingungen und die Situation analysiert, die verändert werden soll. Dabei geht es nicht nur um die Missstände, sondern um Rahmenbedingungen und erfolgversprechende Ansatzpunkte, versteckte Ressourcen und vor allem positive Beispiele und um die Erfahrungen und Meinungen möglichst vieler.

Wie sieht es zurzeit bei uns aus? Von welchen Ausgangsbedingungen starten wir? Wo sehen wir positive Ansätze, wo die schwerwiegendsten Barrieren? (vgl. IvO, S. 135)

Ziele definieren und Vorhaben priorisieren

Ziele sind ein Herzstück der Veränderung. Sie nehmen das in der Zukunft Erwünschte gedanklich vorweg und gleichen einer Selbstverpflichtung. An konkreten Kriterien orientierte, wohlformulierte Zielsetzungen für einen überschaubaren Zeitraum ermöglichen eine Fokussierung, unterstützen Orientierung, Erfolg, Überprüfbarkeit und schützen vor Überforderung und Aktionismus. Sobald Klarheit über die Ziele herrscht, kann über Lösungen zu Möglichkeiten der Verwirklichung nachgedacht werden. Kreativität und Bodenhaftung, beides hat hier einen hohen Stellenwert. Das bedeutet nicht, dass starr an den Zielen festgehalten wird, wenn sie sich als nicht mehr sinnvoll erweisen (→ Modul 4).

---

[3] Zur ausführlichen Darstellung der o.g. Phasen mit spezifischen Fragestellungen vgl. IvO, »Veränderung planen und gestalten«, S. 129 ff.

Was wollen wir (alle) erreichen? Was ist unser (gemeinsames) Ziel? Bis wann soll es erreicht sein? Woran können wir feststellen, dass wir das Ziel erreicht haben?

Die Handlungsschritte planen

Ein Abwägen der Ideen, die Überprüfung des Machbaren und die Priorisierung der Vorhaben münden in der Handlungsplanung. Sie ist »die Voraussetzung, um von der Idee zum Weg zu finden« (IvO, S. 141).

Was werden wir tun, um das Ziel zu erreichen? Wie setzen wir unsere Ideen um? Bis wann? Mit welchen Ressourcen? Was ist besonders zu beachten? Wer ist wie beteiligt? Wie binden wir die Stärken jedes Einzelnen und der relevanten Umwelten ein?

Die Umsetzung der Handlungsschritte wachsam begleiten

In dieser Phase werden die in der Handlungsplanung niedergelegten konkreten Schritte umgesetzt und die Implementierung von einer kritisch-konstruktiven Beobachtung und wertschätzenden Reflexion (Feedback, Stopp-Tage) begleitet. Positives sowie Stolpersteine werden im offenen Austausch benannt und im Sinne des angestrebten Ergebnisses gegebenenfalls zur Grundlage von Modifikationen oder neuen Schritten.

Den Prozess auswerten

Der Zeitpunkt der Auswertung (z.B. anhand gemeinsam definierter Indikatoren) und Nachbereitung ist bereits Teil der Zielformulierung, in der neue Indikatoren zur Überprüfung der Zielerreichung definiert werden. Die konkreten Veränderungen werden sichtbar und für alle nachvollziehbar gemacht, das Geleistete gewürdigt, aber auch das nicht Erreichte einer ehrlichen Betrachtung unterzogen.

Sind wir mit dem Ergebnis zufrieden? Haben wir unsere Ziele erreicht? Wie haben wir den gemeinsamen Prozess gestaltet? Zeigt der veränderte Zustand Wirkung? Welche?

Schritt 7

→ Input und Übung: Die Phasen eines Begleitprozesses

Plenum; 6er-Gruppen **ca. 55 Min** M 3.4/M 3.5/M 3.6

Die Teilnehmenden lernen anhand einer Grafik die Phasen des Begleitprozesses kennen und setzen sich in einer Übung damit auseinander.

Ablauf/Methode

Plenum: Die Phasen des Begleitprozesses werden umrissen gegen die Schritte des Veränderungsprozesses abgegrenzt und um Aspekte der Beraterrolle erweitert (→ S. 89); das Schaubild aus Schritt 3 wird erweitert und mit der Werteebene verknüpft **(ca. 20 Min)**.

6er-Gruppen: Die Teilnehmenden diskutieren die Aufgaben der Prozessbegleitung in den vier Hauptphasen, indem sie in einer Art Casting jeweils eine Phase gegen die anderen »verteidigen« **(ca. 35 Min)**.

Raum/Ausstattung

Flipchart, Gruppentische oder Ausweichräume/-plätze, Klebestifte oder -roller (nicht festklebend), Moderationskarten und -stifte

Vorbereitung

Arbeitsblätter, Elemente des Schaubildes, Karten mit den Phasen eines Begleitprozesses zur Ergänzung des Schaubildes aus Schritt 6

Hinweise für Trainerinnen und Trainer

— Die Grafik zum Veränderungsprozess (Schritt 3 dieses Moduls) wird während des theoretischen Inputs zu den Phasen des Begleitprozesses sukzessive ergänzt.
— Wichtig ist der Hinweis, dass der Beginn der Prozessbegleitung nicht mit dem Beginn des Veränderungsprozesses zusammenfallen muss: Eine Begleitung kann auch erst in der Evaluation einsetzen oder nur für einzelne Abschnitte der inklusiven Veränderung beauftragt werden. Unabhängig davon durchläuft der Beratungsprozess in der Regel jedoch immer vier Phasen, ergänzt um eine Vorbereitungs- und eine Nachbereitungsphase.
— Die Strukturierung des Begleitprozesses orientiert sich u.a. am Beratungsmodell von König/Volmer 2005, S. 163 ff., und 2008, S. 69 ff.

Info: Die Phasen des Begleitprozesses

Orientierungsphase

Sie markiert den Einstieg in die Prozessbegleitung bei der auftraggebenden Organisation. Ihre wichtigsten Funktionen und Aufgaben:
— Systemwahrnehmung und Verstehen der Organisationskultur:
   Die Prozessbegleiterinnen und -begleiter betreiben dazu quasi in einem ihnen bislang unbekannten Gebiet Feldforschung: Wer gehört dazu? Wer nicht? Welche Kriterien definieren die Zugehörigkeit? Welche offenen und verdeckten Regeln sind wirksam? Welche Rituale werden gepflegt? Wer definiert die Grenzen und wie sind sie definiert? Welche Arbeits- und welche Kultur der Kommunikation und der Leitung werden als vorherrschend wahrgenommen (→ Module 7 und 8)? Wie wird mit anderen kommuniziert, wo gibt es Konkurrenz oder Kooperation? Was wird über die »Geschichte« der Organisation deutlich? Welche inklusiven Kulturen und Strukturen sind vorhanden? Wie ist die Genese der Anfrage? Auf welchen guten Erfahrungen können wir aufbauen?
— Klärung des Referenzrahmens: Auf welche Vorerfahrungen, Anknüpfungspunkte, Potenziale kann man im inklusiven Veränderungsprozess zurückgreifen, auf welchen Kenntnisstand zur Inklusion und zum Index?
— Kontrakt, zunächst als Vereinbarungen für die Zusammenarbeit in der Klärungsphase: Wie soll die Klärung ablaufen? Welche Rolle hat die Prozessbegleitung? Wer ist in der Organisation dabei (Partizipation, unterschiedliche Perspektiven)? Wie werden die Ergebnisse kommuniziert?

Klärungsphase

Die Prozessbegleiterinnen und -begleiter unterstützen die Beteiligten der Organisation in einem Klärungsprozess. Dabei schaffen eine wertschätzende Kommunikation und Fragehaltung förderliche Rahmenbedingungen.
Die wichtigsten Anliegen:
— Konkretisierung des Anliegens und des Entwicklungsschwerpunktes, abhängig von der Phase, in der sich die Einrichtung in ihrem Veränderungsprozess befindet
— Klärung und Priorisierung der Entwicklungsziele und Maßnahmen: Was wollen wir – mit Blick auf das Machbare – in welcher Qualität erreichen? Woran erkennen wir den Erfolg? Wie wollen wir es erreichen?

— Verständigung über die systemische Verankerung der Entwicklungsschritte und über die Partizipation: Wie werden wir handlungsfähig? Wie gestalten wir eine möglichst repräsentative Beteiligung? Wie definieren wir die Zuständigkeiten und Kooperationen? Welche Strukturen und Arbeitsweisen sind hilfreich?
— Werteorientierung als normative Setzung im Prozess (Prozessbegleiterinnen und Prozessbegleiter wirken als Modell)
— Vereinbarung zur systemischen Implementierung des Index für Inklusion
— Herstellen von Zielklarheit, Auftragsklarheit und Klarheit in der Kooperation: Wie genau lautet der Auftrag? Wer ist Auftraggeber, wer Auftragnehmer? Mit wem arbeiten wir wie zusammen?

Umsetzungsphase
Die Prozessbegleiterinnen und Prozessbegleiter begleiten die Umsetzung geplanter Maßnahmen. Hier können sie zur Unterstützung bei der strategischen Planung (Projektmanagement, Gestaltung von Auftakt-, Impuls-, Vernetzungsveranstaltungen, Einführung der Arbeit mit dem Index für Inklusion), Reflexion der Erfahrungen (Stopp-Tage) und Problemlösungen (Umgang mit Widerständen respektive der Vielfalt und Konflikten) beitragen, die Wirkung der Interventionen anschauen und gegebenenfalls nachsteuern. Möglicherweise ergeben sich dort auch Zielkorrekturen.

Abschlussphase
Sie umfasst den Rückblick auf den Prozessverlauf, die Inhalte, die Ergebnisse und die Wirkung des Neuen sowie den Blick nach vorne, auf die Perspektiven. Die Wertschätzung des Erreichten, der daran beteiligten Menschen und deren Zusammenarbeit, das Sichtbarmachen des gemeinsamen Prozesses und der vorhandenen Ressourcen, der ehrliche Blick auf Ermutigendes und Enttäuschendes und das Feiern der Erfolge (→ Modul 9) charakterisieren die »Kultur des Abschieds« inklusiver Begleitprozesse.

In jeder Phase dient der Index für Inklusion als Impulsgeber und Reflexionsinstrument. Die vier Phasen gelten unabhängig vom Umfang des Auftrags für die Begleitung der Veränderungen.

Die hier dargestellten vier Kernphasen eines Begleitprozesses werden eingerahmt von einer Vorbereitungs- und einer Nachbereitungsphase – siehe die Abbildung auf der nächsten Seite.

Phasen des Begleitprozesses

Durchführung an inklusiven Werten orientieren und partizipativ gestalten → → →

Die Phasen des Begleitprozesses mit den wichtigsten inhaltlichen Schritten und Aspekten. Jeder Begleitprozess umfasst vier Hauptphasen der Begleitung (in der Regel vor Ort beim Auftraggeber), flankiert von Phasen der Vorbereitung und der Nachbereitung, die die Prozessbegleiterinnen und Prozessbegleiter im Vorfeld/im Nachgang gemeinsam bearbeiten.

Planung / Vorbereitung / Erstkontakt (vorher/im Couple)

- Zielgruppe analysieren
- Eigene Rahmenbedingungen klären (Zeit, Couple, sonstige Ressourcen)
- Erstkontakt
- Termin festlegen
- Index für Inklusion: Vorwissen klären
- **Im Couple: Grundverständnis abgleichen, Beziehung aufbauen und stärken**

Orientierung

- Erstgespräch
- Situation wahrnehmen
- Rollen gegenüber Auftraggebern klären
- Legitimation der Gesprächspartner klären
- Referenzrahmen Inklusion und Index für Inklusion klären
- Arbeitsschwerpunkte abstimmen
- Vereinbarungen für Zusammenarbeit festlegen (Erstkontrakt)
- Ressourcen auf beiden Seiten abstimmen
- **Im Couple: gemeinsame Arbeit reflektieren (Index bietet Hilfe)**

Klärung

- Vorerfahrungen klären
- Konflikte erkennen und ggf. ansprechen/bearbeiten; Stärken und Schwächen im System diagnostizieren
- Verständnis von Inklusion und Rolle des Index für Inklusion klären
- Klarheit über Ziel und Auftrag herstellen
- Erste Umsetzungsstrategien vereinbaren
- Kontrakt abstimmen (Partizipation beachten, Beschlüsse erforderlich? – Vortrag?)
- **Im Couple: Analyse-, Feedback- und Reflexionskultur stärken**

Umsetzung

- Handlungsplanung unterstützen
- Index für Inklusion nutzen
- Handlungsalternativen bewerten und auswählen
- Prozess begleiten und unterstützen
- Störungen im Prozess bearbeiten
- Zur Evaluation anleiten
- Erste Ergebnisse kommunizieren
- Dokumentation anlegen
- Im Couple: etablierte Analyse-, Feedback- und Reflexionskultur anwenden

Abschluss

- Soll-Ist-Abgleich mit Auftraggebern klären
- Bestandsaufnahme vornehmen
- Übergang zur selbstständigen Weiterarbeit im Prozess/ mit dem Index sichern
- Evaluation des zurückliegenden Prozesses einleiten
- Im Couple: Möglichkeit des externen Feedbacks nutzen – Anlehnung an den Index für Inklusion

Nachbereitung (nachher/im Couple)

- Dokumentation für Auftraggeber erstellen
- Evaluation auswerten
- Evaluationsergebnisse rückmelden
- Konsequenzen für die weitere Arbeit als Prozessbegleiterin und Prozessbegleiter ableiten
- Im Couple: eigene Dokumentation und Auswertung: Was ist gelungen, was ist zu verbessern, wie war die Zusammenarbeit?

Schritt 8

→ Simulation: Der Erstkontakt am Telefon

Plenum; 4er-Gruppen; Plenum **ca. 60 Min** M 3.7/M 3.8

Einer konkreten Anfrage folgt der erste Kontakt. Dieser Schritt definiert notwendige Fragestellungen und klärt die Rahmenbedingungen für das Gespräch.

Ablauf/Methode
Plenum: Vorstellen der Aufgabe, Skizzieren der Kriterien
4er-Gruppen: Simulieren des Erstkontakts in Form eines Telefonates (Rollen: ein/e Auftraggeberin oder Auftraggeber, zwei Prozessbegleiterinnen und -begleiter (Couple), ein/e Beobachterin oder Beobachter
Plenum: Vorstellen der Ergebnisse

Raum/Ausstattung
Bereiche, in denen die Teilnehmenden sich in Ruhe vorbereiten und die Übung durchführen können.

Vorbereitung
Arbeitsblätter

Hinweise für Trainerinnen und Trainer
— Inklusion ist kein Projekt, sondern ein übergeordnetes Entwicklungsvorhaben und braucht die Unterstützung durch die Leitung der Organisation. Wichtig ist daher, auf die Notwendigkeit der Teilnahme eines Leitungsmitgliedes am ersten Treffen hinzuweisen.
— Aus Gründen der Zeitersparnis empfiehlt es sich, eine Vorlage für ein Gesprächsprotokoll vorzugeben und sie im Rahmen der Auswertung ggf. zu modifizieren.
— Wenn die Gruppe bereits über Vorerfahrungen verfügt, kann dieser Schritt entfallen. Die Zeit kann dann z.B. für Schritt 10 genutzt werden.

Info: Verträge[4]

Was ist ein Vertrag/eine Vereinbarung?
Ein Vertrag ist das Aushandeln einer gemeinsamen Grundlage für die Zusammenarbeit, durch die sich alle Beteiligten verpflichten, sich an ein klar definiertes Vorgehen zu halten oder dies ggf. neu auszuhandeln.

Warum überhaupt Verträge?
— Damit beide Seiten die Verantwortung angemessen aufteilen können,
— damit eventuell verdeckte Anliegen offengelegt werden,
— um Ziele, einzusetzende Ressourcen und Methoden (neu) aushandeln zu können,
— um Prozessorientierung für Leitung und Gruppe überhaupt zu ermöglichen.

In einem Vertrag wird festgelegt:
— Wer sind die beiden Seiten?
— Was werden sie zusammen tun?
— Wie lange soll das dauern?
— Welches soll das Ziel/Resultat dieses Prozesses sein?
— Woran lässt sich feststellen, wann/ob sie das Ziel erreicht haben?

4 In Anlehnung an ein Seminar von Dr. Georgia Mosing – mit freundlicher Genehmigung.

Schritt 9
→ Input: Der Kontrakt
Plenum   ca. 20 Min

Klare Vereinbarungen sind eine Basis für eine erfolgreiche Prozessbegleitung. In einem kompakten Input-Schritt werden Fragen rund um das Thema Kontrakte geklärt.

Ablauf/Methode
Kurzer theoretischer, dialogisch gestalteter Input
1. Schritt: Bezug zum Einstieg/Kontrakt mit der Gruppe
2. Schritt: Überleitung zur Theorie
— Kontraktpartnerinnen und -partner in der Prozessbegleitung
— Was ist ein Vertrag/eine Vereinbarung?
— Warum schließen wir Verträge?

Raum/Ausstattung
Je nach Art des Inputs Flipchart oder Beamer

Vorbereitung
Flipcharts/Plakate zu den Aspekten, ggf. Präsentation

Hinweise für Trainerinnen und Trainer
Es hat sich bewährt, das Thema »Kontrakte« nicht an den Anfang des Moduls, sondern in unmittelbaren Zusammenhang mit der Trainingssequenz zu stellen.

Schritt 10
→ Simulation: Das erste Gespräch vor Ort
8er-10er-Gruppen; Plenum   ca. 75 Min   M 3.9/M 3.10/M 3.11

In der Simulation einer ersten Sitzung mit der auftraggebenden Organisation trainieren die Teilnehmenden, wie sie ihre Person, ihre Rolle, ihre Anliegen und die Ziele der Sitzung darstellen sowie Erwartungen, Anliegen und Zielvorstellungen der Beteiligten herausfiltern, relevante Aspekte des Systems wahrnehmen und den Auftrag klären.

Ablauf/Methode
8er-10er-Gruppen: Vorbereitung und Simulation des Erstgesprächs beim Auftraggeber **(ca. 50 Min);** Feedback durch Beobachterin/Beobachter und Festhalten der Eckpunkte im Gesprächsprotokoll/Vereinbarung **(ca. 30 Min)**
Plenum: Auswertung **(ca. 15 Min)**

Raum/Ausstattung

Räume/Bereiche, in denen die Teilnehmenden sich vorbereiten, die Übung durchführen und die Arbeitsergebnisse innerhalb der Prozesssimulation visualisieren können.

Vorbereitung

Arbeitsblätter, evtl. als Ergänzung Musterverträge (Downloadbereich), Flipcharts, Moderationskarten und -stifte, Klebestifte oder -roller (nicht festklebend), Ausgaben des Index für Inklusion

Hinweise für Trainerinnen und Trainer

— Das Erstgespräch verfolgt zwei Ziele: einerseits, den eigenen Auftrag als Prozessbegleiterin/-begleiter zu klären und die Partizipation (Vielfalt der Perspektiven) anzuregen; andererseits, die Situation der auftraggebenden Einrichtung in ihren wesentlichen Zusammenhängen (Struktur, Kultur) zu erfassen.
— Für das Gespräch kann ein Gesprächsleitfaden dienen, der von den Teilnehmenden ergänzt, verändert werden kann.
— Es hat sich bewährt, relevante Kontraktpunkte während des Gespräches am Flipchart zu visualisieren, zu strukturieren und am Ende der Sitzung gemeinsam abzugleichen.
— Diese Struktur kann zur Dokumentation und/oder in einer schriftlichen formlosen Rückmeldung per Mail oder Brief genutzt werden.
— Wichtig ist der Hinweis, dass ein Kontrakt nicht starr ist. Falls jemand im Fluss der Zusammenarbeit merkt, dass etwas fehlt, gilt es, dies rückzumelden und den Kontrakt, falls erforderlich, anzupassen.
— Es bietet sich an, noch einmal auf die »Vereinbarungen mit der Gruppe« am Beginn der Qualifikation (→ Modul 1, Schritt 8) als »Kontrakt light« zu verweisen. Sie werden in jeder Veranstaltung visualisiert.
— Wenn es Kooperationsvereinbarungen oder Kontrakte der Einrichtung mit dem Träger gibt, können sie hier ebenfalls thematisiert werden.
— Bestandteil eines Kontraktes zur Begleitung inklusiver Entwicklungsprozesse ist die Nutzung des Index für Inklusion als Planungs-, Reflexions- und Evaluationsinstrument.
— Um die Übungs- und Trainingsmöglichkeiten zu erhöhen, hat es sich bewährt, die Gruppe zu teilen. Jede Teilgruppe führt, begleitet von einer Trainerin/ einem Trainer, eine Simulation durch.
— Es werden zwei Settings angeboten: eine (Bildungs-)Einrichtung und eine Anfrage aus dem kommunalen Bereich.
— Die Materialien M 3.10 und M 3.11 sind Beispiele, die als Anregung an die Teilnehmenden ausgegeben werden können.

Schritt 11

→ **Reflexion: Ein Brief an mich**[5]

Plenum; Einzeln   ca. 15 Min   M 3.12

Zum Ende des Moduls schreiben alle Teilnehmenden einen an den Eingangsfragen orientierten Brief als eine Art Kontrakt mit sich selbst für die Folgemodule.

Ablauf/Methode
Plenum: Vorstellen der Aufgabe
Einzeln: Reflexion und Rückbindung an die persönlichen Ziele des Tages im »Brief an mich«

Raum/Ausstattung
Rückzugsmöglichkeiten/Bereiche, in denen die Teilnehmenden ihren Brief in Ruhe verfassen können.

Vorbereitung
Briefumschläge und DIN-A4-Bögen in der Anzahl der Teilnehmenden, Arbeitsblätter

Hinweise für Trainerinnen und Trainer
— Der Brief ist als Kontrakt mit sich selbst anschlussfähig an die Inhalte des Tages.
— Der Inhalt des Briefes wird nicht veröffentlicht, sondern zu einem vom Autor bzw. der Autorin gewünschten Zeitpunkt (z.B. Folgemodul, Modul X, Abschlussmodul) zurückgegeben.

Schritt 12

→ **Rückbindung an die Ziele – Feedback – Ausblick – Abschluss**

Dieser Schritt kehrt in allen Modulen wieder. Infos dazu → S. 33.

---

5 Idee: Brauneck/Urbanek/Zimmermann 1997, Karte 11.

Literatur: IvO 2011; König (Volmer 2008; Kruse 2004; Lindemann 2010; Senge 1998)

Arbeitsblätter

M 3.1

Reflexion: Kontrakt mit der Gruppe

Wenn ich nach der heutigen Veranstaltung nach Hause gehe und sehr zufrieden bin, woran hat das gelegen?

_____
_____
_____

Wie habe ich selbst dazu beigetragen?

_____
_____
_____

Wenn ich nach der heutigen Veranstaltung nach Hause gehe und sehr unzufrieden bin, woran wird das liegen?

_____
_____
_____

Wie werde ich dafür sorgen, dass es nicht soweit kommt?

_____
_____
_____

Was genau möchte ich nach diesem Tag verändern bzw. besser können?

_____
_____
_____

(aus einem Seminar von Dr. Georgia Mosing – mit freundlicher Genehmigung)

INKLUSION AUF DEM WEG
MONTAG STIFTUNG JUGEND UND GESELLSCHAFT

M 3.2

**Input/Reflexion: Inklusion als Prozess der Veränderung –
Reaktionen auf Veränderung**

Aufgabe

Bitte vervollständigen Sie den Satz.
Erinnern sie sich dabei an Ihre Gefühle, Ihre Reaktionen, die Konsequenzen, …
Wie haben Sie für sich gesorgt?
Wie, aus Ihrer Wahrnehmung, die anderen in Ihrem Umfeld?

Wenn ich an den letzten Veränderungsprozess in meiner Kommune, Organisation, Schule, Kita, Bildungseinrichtung, bei mir selbst oder auch in meinem persönlichen Umfeld denke, …

_____

_____

_____

_____

_____

_____

_____

_____

_____

INKLUSION AUF DEM WEG
MONTAG STIFTUNG JUGEND UND GESELLSCHAFT

M 3.3

Input und Übung: Die Schritte von Veränderungsprozessen

INKLUSION AUF DEM WEG
MONTAG STIFTUNG JUGEND UND GESELLSCHAFT

M 3.4

Input und Übung: Die Phasen eines Begleitprozesses

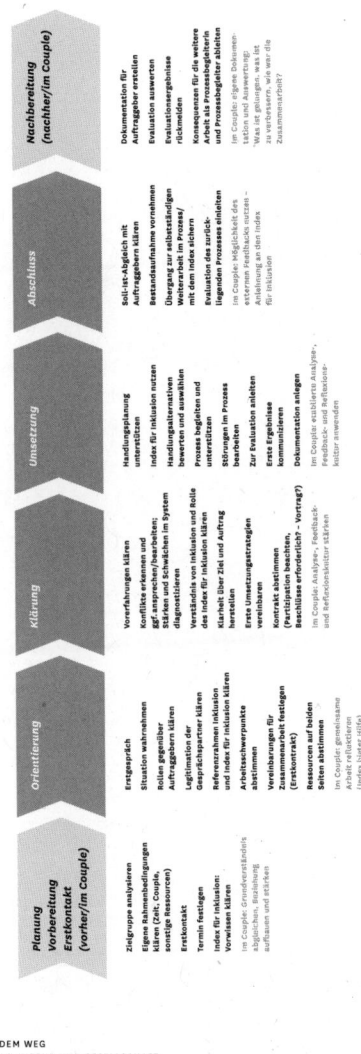

M 3.5

Input und Übung: Die Phasen eines Begleitprozesses

Übersicht: Phasen der Begleitung inklusiver Veränderungsprozesse

INKLUSION AUF DEM WEG
MONTAG STIFTUNG JUGEND UND GESELLSCHAFT

M 3.6

**Input und Übung: Die Phasen eines Begleitprozesses –
Bedeutung der einzelnen Phasen**

Aufgabe

1. Bilden Sie Gruppen zu sechst. Jedes Gruppenmitglied repräsentiert eine der in Arbeitsblatt M 3-5 vorgestellten Phasen, d. h. entweder eine der vier Phasen des Begleitprozesses oder eine Phase der Vor- bzw. Nachbereitung im Couple. Sie werden die gewählte Phase in einem nächsten Schritt »verteidigen«. Verständigen Sie sich darauf, wer welchen Part übernimmt **(ca. 5 Min)**.

2. Nehmen Sie sich ca. 10 Minuten Lesezeit für die Grafik »Phasen der Begleitung inklusiver Veränderungsprozesse«. Verschaffen Sie sich einen Überblick über alle Phasen und lenken Sie dann Ihr besonderes Augenmerk auf die Phase, die Sie im nächsten Schritt »verteidigen« werden **(ca. 10 Min)**.

3. Ein fiktives Szenario: Die Ressourcen einer Organisation für eine Prozessbegleitung sind begrenzt und es soll eine der Phasen gestrichen werden. Das möchten Sie verhindern. Es gilt nun für jede/n von Ihnen, die Relevanz »Ihrer« Phase hervorzuheben und sie gegen die anderen zu »verteidigen«. Halten Sie ein kurzes Plädoyer **(max. 1,5 Min)** für »Ihre« Phase **(ca. 10 Min)**.

4. Auswertung in der Gruppe **(ca. 10 Min)**

   Mir ist klar ...

   _____
   _____
   _____
   _____
   _____

   Mir ist noch unklar ...

   _____
   _____
   _____
   _____
   _____

INKLUSION AUF DEM WEG
MONTAG STIFTUNG JUGEND UND GESELLSCHAFT

M 3.7

Simulation: Der Erstkontakt am Telefon

Ein Prozessbegleitungs-Couple hat folgende Mail erhalten:

Sehr geehrte Frau …/sehr geehrter Herr …,

ich wende mich als Leiterin der Projektgruppe »Inklusion« unserer Organisation/Einrichtung/Gemeinde (Name) an Sie. Wir haben anlässlich einer Veranstaltung erfahren, dass Sie Einrichtungen oder Kommunen, die sich der inklusiven Entwicklung öffnen, Unterstützung anbieten.
Unsere Frage ist, inwieweit Sie uns in diesem Prozess und evtl. in weiteren Belangen helfen können.
Gerne stehe ich für ein telefonisches bzw. persönliches Gespräch zur Verfügung.

Mit freundlichen Grüßen

Das Prozessbegleitungs- Couple hat sich dazu bereit erklärt, die Prozessbegleitung zu übernehmen.
Die auftraggebende Organisation erwartet am kommenden Mittwoch den ersten Anruf des Couples.

Aufgabe

1. Warm-up **(ca. 10 Min)**
   Bereiten Sie sich aus Sicht eines Prozessbegleitungs-Couples auf das Telefonat vor.
   Sammeln Sie dazu zentrale Aspekte, die Sie im Gespräch klären wollen. Beachten Sie dabei:
   — Der erste Telefonkontakt sollte kurz gehalten werden und nicht schon Inhalte der ersten Arbeitssitzung vorwegnehmen.
   — Neben einem kurzen Hinweis zur eigenen Person und der Nachfrage zur Genese der Anfrage beinhaltet er vor allem organisatorische Absprachen und eine Terminvereinbarung.

2. Vorbereitung **(ca. 10 Min)**
   — Gleichen Sie Ihre Gedanken mit der angebotenen Struktur (siehe M 3.8) ab. Bereiten Sie sich anschließend darauf vor, diese erste Kontaktaufnahme im Rahmen einer Simulation durchzuführen.
   — Klären Sie ab, wer von Ihnen welche Rolle im Telefonat übernimmt, wer das Couple bildet, wer das Gespräch führt und wer die beobachtende Rolle einnimmt.

3. Durchführung und Auswertung der Simulation in 4er-Gruppen **(ca. 20 Min)**

4. Auswertung im Plenum **(ca. 20 Min)**

Beobachtungsaufträge:
— Kommen alle Kriterien in dem Telefonat zur Sprache?
— Wurde das Anliegen der Gesprächspartnerin/des Gesprächspartners deutlich benannt?
— Fanden grundlegende Gesprächsregeln Berücksichtigung?
— Wurde wertschätzend kommuniziert?

M 3.8

Simulation: Der Erstkontakt am Telefon

Erstkontakt – Gesprächsleitfaden und Grundlage für die Dokumentation im Couple

Einrichtung:

Organisation:

Kommune:

Datum: Zeit:

Kontaktperson:

Kurzvorstellung der eigenen Person/des Couples	
Auf wessen Initiative hin wurde die Prozessbegleitung angefragt?	
Wer nimmt am Vorgespräch und der weiteren Arbeit teil?	
Wer ist Ansprechpartnerin/Ansprechpartner? Telefonnummer E-Mail Adresse	
Was sind die Anliegen der Organisation? voraussichtliche Arbeitsschwerpunkte? *(Hinweis: Nur ganz kurz, da Schwerpunkt im nächsten Schritt!)*	
Organisatorisches: Wo? Raum? Anfahrt? Parkplatz?	
Terminvorschläge und Dauer der ersten Sitzung	
Kurze Zusammenfassung der formalen Absprachen (Rückmeldung per E-Mail)	

INKLUSION AUF DEM WEG
MONTAG STIFTUNG JUGEND UND GESELLSCHAFT

M 3.9

Simulation: Das erste Gespräch vor Ort – Vorbereitung

Ausgangssituation
Von der auftraggebenden Organisation haben Sie im ersten Telefonat erfahren, dass es sich um die folgende Ausgangssituation handelt. Vierzehn Tage später sind Sie als Prozessbegleitungs-Couple zu einer ersten Sitzung mit der jeweiligen Steuergruppe eingeladen. Dem Gremium gehören neben dem Leitungsteam/Projektteam weitere vier Personen an.

Für Bildungseinrichtungen
Die Einrichtung befindet sich in einem Stadtteil »mit Entwicklungspotenzial« und sieht für sich die Chance, durch einen Entwicklungsprozess, der sich am Leitgedanken der Inklusion orientiert, das Klima der Zusammenarbeit nachhaltig zu verbessern. Auch soll dem Trend rückläufiger Anmeldezahlen entgegengewirkt werden.

Für kommunale Einrichtungen
In der Verwaltung einer Kleinstadt soll mit der Umsetzung des Inklusionsgedankens begonnen werden. Es ist die Gründung einer Projektgruppe geplant und dazu wünscht sich die Planungsgruppe externe Beratung, die dann ggf. auch die weitere Arbeit moderieren und begleiten könnte.

Aufgabe
Entscheiden Sie sich für eines der beiden Settings. Arbeiten Sie in 8er-10er-Gruppen.

Vorbereitung (ca. 20 Min.)
Alle Teilnehmenden bereiten sich im Couple auf die Aufgabe vor und klären dann, wer welche Rolle übernimmt.

Vorbereitung (ca. 10 Min.)
Alle Teilnehmenden bereiten sich in ihrer Rolle auf die Aufgabe vor.

M 3.9

A. Prozessbegleiterinnen und -begleiter (Couple)
— Heute treffen Sie zum ersten Mal mit Vertreterinnen und Vertretern der auftraggebenden Organisation zusammen. Bereiten Sie sich in einem Brainstorming auf diese erste Sitzung vor.
— Neben der Vorstellung Ihrer Person, Ihrer Rolle und Ihres Anliegens möchten Sie in dieser Sitzung die Erwartungen, Anliegen und Zielvorstellungen der Beteiligten kennenlernen und Ihren Auftrag klären.
— Bereiten Sie sich darauf vor, die wesentlichen Gesprächsinhalte auf Flipchart/Karten festzuhalten. Denken Sie auch darüber nach, welche Informationen über Ihre Person bei der ersten Begegnung sinnvoll und notwendig sind.
— Notieren Sie dazu bitte Gedanken. Zur Unterstützung können Sie eine Gesprächsprotokollvorlage nutzen, die auch als Leitfaden für die Gesprächsführung dienen kann. Gleichen Sie diese bitte mit Ihren Vorstellungen/Ideen ab und nehmen Sie ggf. Modifikationen vor.
— Beziehen Sie sich auf die Situationsbeschreibung und bereiten Sie eine Simulation vor. Dabei geht es sowohl darum, sich als Personen vorzustellen, als auch darum, eine Grundlage auf der Beziehungsebene zu schaffen und einen Einstieg ins Gespräch zu finden.
— Klären Sie bitte auch, wer den Part der Visualisierung übernimmt.

B. Beobachterin oder Beobachter
Achten Sie auf Aspekte der Beziehungsebene ...
— Blickkontakt
— Sprache/Kommunikation
— Anknüpfungen
— Verbindlichkeiten
... und der Sachebene
— Name und Angaben zur Person/zur Rollenbeschreibung der Prozessbegleitung
— Qualifikation für die Aufgabe
— Interesse, Erfahrungen und besondere Schwerpunkte der Einrichtungen/Kommune
— Was Ihnen an dieser Aufgabe besonders am Herzen liegt
— Visualisierungen

C. Vertreterinnen und Vertreter der Organisation bzw. der Kommunen
(2 Leitungsmitglieder, 3 Mitarbeiterinnen oder Mitarbeiter, bei Bildungseinrichtungen evtl. 1 Mitglied der Elternvertretung)

Mögliche Fragestellungen
— Wie sehen Ihre Erwartungen an das Gespräch aus?
— Welche Erwartungen knüpfen Sie an die Prozessbegleitung?
— Welche an die Prozessbegleiterinnen/Prozessbegleiter?
— Was sind Ihre Zielvorstellungen?

Durchführung der Simulationen (ca. 20 Min)

Auswertungen in den Gruppen (ca. 30 Min) und Rückmeldungen im Plenum (ca. 15 Min)
Als Struktur der Reflexion schlagen wir vor:
1. eine kurze Rückmeldung der Vertreterinnen/Vertreter der Einrichtung und der Prozessbegleiterinnen und -begleiter aus ihrer Rolle
2. Dank und Verabschiedung aus der Rolle
3. eine kurze Feedbackrunde durch die Beobachtenden – ggf. Empfehlungen
4. Rückmeldung im Plenum zum Prozess

INKLUSION AUF DEM WEG
MONTAG STIFTUNG JUGEND UND GESELLSCHAFT

M 3.10

Simulation: Das erste Gespräch – Durchführung

Beispiel eines Leitfadens für ein Erstkontakt-Gespräch und Grundlage für die Dokumentation

Aspekte eines Gespräches	Anmerkungen – Empfehlungen
Vorstellungsrunde	»Wer ist hier?« (legitimiert durch wen?)
Ziele der Sitzung	»Was soll in dieser Sitzung aus Ihrer Sicht passieren?« »Das sind unsere Anliegen.«
Festlegung der Rahmenbedingungen: — Zeit — Gesprächsführung — Protokoll — …	Wer übernimmt die Aufgaben?
Ggf. Frage aus dem Index für Inklusion und anschließende Reflexion	
Rolle(n) transparent machen	**Unser Rollenverständnis in der Prozessbegleitung benennen** — Prozessberatung und keine Problemlösung für das System — verantwortlich für das Setting — Lerngemeinschaft **Wünsche an die Beteiligten und deren Verantwortung** — Unsere gemeinsame Zeit ist uns eine wertvolle Ressource. — Als Einrichtung/Organisation sind Sie verantwortlich für die Art und Qualität der Ergebnisse; mitverantwortlich für die Zielorientierung und die Einhaltung der Vereinbarungen (Hinweis auf anstehenden Kontrakt). **Hinweise auf** — Zeitkontingent — Evaluation des Prozesses

M 3.10

Anmerkungen – Empfehlungen

Aspekte eines Gespräches	Anmerkungen – Empfehlungen
Initiative, Anlass und Ziel der Anfrage	
Genese des Prozesses der inklusiven Entwicklung	
Partnerinnen und Partner der Zusammenarbeit: Steuerungs-/Lenkungsgruppe (?) — Größe — Zusammensetzung — Vertretung aller relevanten Gruppen? (Perspektivenvielfalt) — Legitimation — Akzeptanz — Ggf. weitere Partnerinnen/Partner	Mögliche Fragen (IvO S. 133) »Auf wen können wir auf keinen Fall verzichten (Führungsebenen, ...)?« »Wer kann das Anliegen unterstützen (Stakeholder)?« »Wer ist motiviert mitzuarbeiten?« »Wen brauchen wir, um verschiedene Sichtweisen einzubeziehen?« »Auf welche Strukturen in unserer Organisation können wir zurückgreifen? Welche sollten wir noch etablieren?«
Inklusionsverständnis und Erfahrungen mit den Varianten des Index für Inklusion	
Mögliche/gewünschte Arbeitsschwerpunkte und Ziele der Zusammenarbeit	
Ressourcen der Prozessbegleiterinnen und -begleiter	
Ressourcen der Organisation, sowohl der Mitarbeiterinnen und Mitarbeiter als auch der Organisation als Ganzes	

M 3.11

Simulation: Das erste Gespräch vor Ort

Aspekte für die Formulierung eines Kontraktes und Vereinbarungen für die Zusammenarbeit

Aspekte für den Kontrakt	Anmerkungen – Beispiele
Partnerinnen und Partner des Kontraktes (Auftraggeberin/Auftraggeber und Prozessbegleiterinnen und -begleiter)	In Bildungseinrichtungen: Leitung und Steuergruppe, Lenkungsteam, evtl. Eltern, Schülerinnen und Schüler, Mitarbeiterinnen und Mitarbeiter, weitere Personen, Teams, … In Kommunen: Kommunalverwaltung, kommunale Einrichtung XY, … Prozessbegleiterinnen und -begleiter (Namen)
Ansprechpartnerinnen/Ansprechpartner: — für die Prozessbegleitung — für die Organisation	Kontaktdaten
Umfang der Entwicklungsvorhaben	
Erwartungen	
Arbeitsschwerpunkte und Ziele	
Kriterien für den Erfolg, Indikatoren	

INKLUSION AUF DEM WEG
MONTAG STIFTUNG JUGEND UND GESELLSCHAFT

M 3.11

Aspekte für den Kontrakt	Anmerkungen – Beispiele
Vereinbarungen für die Zusammenarbeit:	(einige Optionen)
— Häufigkeit und Dauer und Ort der Treffen — Räumlichkeiten — Einladung und Leitung — Verantwortung des jeweiligen Vertragspartners	— z. B. 2 Jahre — Wenn nichts Abweichendes vereinbart wird, finden die Arbeitssitzungen im Abstand von … in … statt. — Die Zeitdauer einer Arbeitssitzung liegt bei etwa … Stunden
Welche Ressourcen bringen die Prozessbegleiterinnen und -begleiter in den Prozess ein? (siehe auch M 3.10)	Die Prozessbegleiterinnen und -begleiter unterstützen die Organisation XY in allen Fragestellungen und Schritten, die im Kontext inklusiver Entwicklung stehen. Sie nutzen dabei den Index für Inklusion als Planungs-, Reflexions- und Entwicklungsinstrument.
Was bringt die Organisation in den Prozess ein?	Als Organisation sind Sie verantwortlich für die Art und Qualität der Ergebnisse, mitverantwortlich für die Zielverfolgung und die Einhaltung der getroffenen Vereinbarungen.
— Transparenz (Kommunikation, Dokumentation, Protokolle, …) und Vertraulichkeit	Die Steuergruppe ist für die Dokumentation (Kurzprotokolle) und Kommunikation des Prozesses, dessen Ergebnisse, ggf. einzelner Schritte, verantwortlich. Für alle Zusammenkünfte wird Vertraulichkeit vereinbart.
— Index als Evaluations- und Entwicklungsinstrument	Der Index für Inklusion/das Praxishandbuch Inklusion vor Ort/… dient als Referenz- und Orientierungsrahmen.
Beendigung des Kontraktes und Evaluation	Im Rahmen einer gemeinsamen Abschlusssitzung (M 9) werden Inhalte, Ergebnisse und Wirkung des Prozesses reflektiert. D. h. auch, dass immer wieder durch Feedback-Runden Zwischenbilanzen gezogen werden.
Sonstiges	Z. B. das Recht auf Break innerhalb der Sitzungen und beiderseitiges Recht auf Kündigung des Kontrakts bzw. den Wunsch nach Veränderung unter folgenden Bedingungen: … Hier ist auch die Honorarfrage zu klären.

INKLUSION AUF DEM WEG
MONTAG STIFTUNG JUGEND UND GESELLSCHAFT

M 3.12

Reflexion: Ein Brief an mich

Aufgabe

Schreiben Sie einen Brief an sich selbst **(ca. 15 Min)**.
Werfen Sie dazu noch einmal einen Blick auf Ihre Antworten zu den drei Fragen, die Sie sich zu Beginn des heutigen Tages gestellt haben.

— Habe ich mich wohlgefühlt? Wann war ich besonders an der Sache interessiert, wann weniger?
— Habe ich mich einbringen können? In welchen Situationen hätte ich mutiger sein können, wo zurückhaltender?
— Was war für mich neu?
— Wie habe ich mich in den Trainingsphasen erlebt? Wie war das Miteinander in den Gruppen, den Plenumsphasen, als Gesamtgruppe, den Pausen?
— Für die kommenden Module nehme ich mir vor …
— In meinem nächsten/meinen künftigen Begleitprozessen achte ich besonders auf …/setze ich mich ein für …

Stecken Sie bitte Ihre Zeilen anschließend in ein Kuvert und adressieren es an sich selbst. Notieren Sie auf dem Umschlag auch, wann Sie Ihren Brief gern zurückgeschickt bekommen möchten, und tauschen Sie Ihre Briefe anschließend untereinander aus.

(Idee »Ein Brief an mich«: Brauneck/Urbanek/Zimmermann 1997, Karte 11)

INKLUSION AUF DEM WEG
MONTAG STIFTUNG JUGEND UND GESELLSCHAFT

Haltung, Standpunkt, Zielorientierung

→ Begleitprozesse mit einem klaren Selbst- und Rollenverständnis führen

→ Die Moderation sprachlich, gestisch und mimisch unterstützen

→ Sprache und Körperhaltung als moderative Kompetenz einsetzen

→ Die eigenen Fertigkeiten für eine gelingende Prozessbegleitung erweitern – und bereit sein, sie weiter zu üben und auszubauen

→ Den Zusammenhang zwischen Körperhaltung und Haltung erfahren und erkennen

→ Den Nutzen tragfähiger Ziele in Organisationsentwicklungsprozessen kennen

→ Zielgespräche kommunikativ überzeugend, konstruktiv und lösungsorientiert führen

Das Modul behandelt weitere wichtige Voraussetzungen für eine gelingende Prozessbegleitung. Im ersten Teil steht noch einmal das Selbst- und Rollenverständnis (siehe Modul 2) im Mittelpunkt. Es wird klar, welche Bedeutung die eigene Haltung und der persönliche Standpunkt zur Inklusion für die Prozessbegleitung haben.
Der Aspekt der Selbstwahrnehmung stärkt die personale, die kommunikative und die Präsentationskompetenz.
Im zweiten Teil wird dieses Wissen auf die Moderation der Zielfindung und -klärung angewendet und gezeigt, wie aus einer klaren Haltung und einem klaren Rollenverständnis kommunikativ und partizipativ tragfähige Ziele für den inklusiven Prozess definiert werden können.

Hintergrund: Warum ist dieses Modul wichtig?

Haltung und nonverbale Kommunikation

Die Begleitung inklusiver Veränderungsprozesse erfordert – noch stärker als jede andere Moderationstätigkeit – ein klares eigenes Persönlichkeitsbild. Ausgangspunkt für Schritte zu einer gezielten Persönlichkeitsentwicklung ist die Kenntnis seiner selbst. Dabei geht es nicht um das Verändern von Eigenheiten oder gar der Persönlichkeit, sondern darum, sich zu vergegenwärtigen, welchen Einfluss die nonverbale Ebene auf den Prozessverlauf haben kann.

Es gilt daher zu überprüfen, wie ich in der Prozessbegleitung vor einer Gruppe stehe, sitze oder spreche. In der Reflexion werden verbale und nonverbale Aspekte der Moderation deutlich. Die nach außen hin gezeigte und gelebte klare innere Haltung spiegelt in weiten Bereichen das Selbstkonzept und Rollenverständnis der Prozessbegleiterinnen und Prozessbegleiter und wird in jedem Schritt eines inklusiven Begleitprozesses bewusst oder unbewusst wirksam.

Die einzelnen Schritte in diesem Modul zeigen die Bedeutung sprachlicher Anteile und nonverbaler Signale wie Mimik, Gestik und Körperhaltung in der Begleitung (auch) inklusiver Veränderungsprozesse. Dabei sind Eigenwahrnehmung und Fremdwahrnehmung berücksichtigt.

Zunächst geht es um die Wirkung der Person in der Prozessbegleitung mit dem Versuch einer Antwort auf die Frage: »Wie kann ich meine persönliche Haltung in Sprache, Gestik und Mimik sichtbar und für den Prozess bereichernd wirksam werden lassen?«

Die eigene Persönlichkeit und die Professionalität in der Prozessbegleitung stehen also im Mittelpunkt. Fragen, die hier auftauchen, können sein: »Was ist mir wichtig? Woran glaube ich? Was und wer beeinflusst mich? Was kann ich? Wie bewege ich mich vor einer Gruppe? Wie ist meine Sprache? Wie wirke ich? Was bewirke ich?«

Ziele in Veränderungsprozessen

Ziele geben allen Beteiligten Klarheit über die gemeinsame Richtung und helfen, Kurs zu halten. In der Verbindlichkeit gleichen sie einer Selbstverpflichtung. Sie unterstützen Orientierung, Erfolg und Überprüfbarkeit des Prozessverlaufs.

Ziele setzen Maßstäbe für die Qualität eines Veränderungsprozesses und bilden die Grundlage für die Evaluation. Klarheit in der Zielsetzung und kontinuierliche Schritte generieren Energie, Effizienz, Freude am Tun und Zufriedenheit bei den Beteiligten.

Zielvereinbarungen dienen nicht zuletzt der Selbstvergewisserung. Das impliziert die Offenheit, die Ziele zu überprüfen und während des Veränderungsprozesses an möglichen neuen Erkenntnissen zu spiegeln. »Wenn Ziele zu starr und unflexibel sind, wenn sie zum Dogma werden (›wir haben das beschlossen und jetzt ziehen wir das auch durch‹) oder veränderte Bedingungen nicht berücksichtigen, dann sind sie keine Hilfe, sondern wirken als Barriere« (IvO, S. 137).

Diese Widersprüche gilt es auszuhalten: konkrete Zieldefinitionen als Orientierung und gleichzeitig die Bewahrung des offenen Ausgangs, den Mut, sich konkreten aktuellen Umständen, den Zufällen und dem Ungeplanten zu stellen (vgl. auch aktuelle Diskussionen zum »Effectuation«-Ansatz, u.a. Faschingbauer (2013), S. 25 ff.).

Bezogen auf den Prozess der Zielfindung und Zieldefinition steht im Vordergrund, die Machbarkeit von Zielvorhaben nicht aus den Augen zu verlieren, sie an den vorhandenen Ressourcen zu orientieren und in einem respektvollen Miteinander gemeinsam (partizipativ) mit den Beteiligten zu entwickeln. Letzteres mündet in den Fragen, wie der partizipative Prozess der Zielentwicklung gestaltet werden kann, z.B., wer zu welchem Zeitpunkt wie einbezogen wird, wie mit Zieldifferenz oder Zielkonflikten umgegangen werden kann und in welcher Form, an wen und zu welchem Zeitpunkt die Ziele kommuniziert werden.

Die Definition von konkreten, machbaren Zielen kann jedoch in großen, längerfristigen, offenen Veränderungsprozessen schwirig und sogar hinderlich sein. Dann ist eine grobe Zielformulierung sinnvoll, die lediglich den Rahmen für die Entwicklung setzt und damit die Möglichkeit für eine partizipative, erfahrungs- und erkenntnisorientierte Weiterentwicklung der Prozesse gibt. Die Ziele werden in der Reflexion der Prozesse und im Blick auf den Handlungsrahmen konkretisiert, wenn die Zeit reif ist, also die Erkenntnisse zur Definition der Ziele gewonnen sind. Das ist eine wichtige Erfahrung aus unseren Projekten vor Ort.

Zielorientierung und Standpunkt

Das bedeutet für die Prozessbegleiterinnen und -begleiter, den Diskurs, ausgerichtet an einer inklusiven Leitidee und inklusiven Werten, konstruktiv und lösungsorientiert zu unterstützen. Dabei geben sie den subjektiven Sichtweisen, Werten und Überzeugungen der Beteiligten Raum, beziehen aber auch bezüglich der inklusiven Entwicklung des Systems einen klaren Standpunkt. Die Herausforderung besteht darin, die eigene Haltung nicht zum Dogma zu machen, sondern die grundlegende Orientierung an inklusiven Werten durch die verbalen und nonverbalen Anteile in der Kommunikation sichtbar werden zu lassen.

Schritte

	Ablauf	Organisationsform	Dauer (Richtwerte)	Arbeits-blätter
1	Ankommen	Plenum/Stehcafé	ca. 30 Min	
2	Einstieg	Plenum	ca. 10 Min	
3	Index-Frage	Kann variieren	ca. 20 Min	
4	Übung: Kommunikation erfolgreich gestalten 1	Plenum Einzeln 2er-Gruppen Plenum	ca. 25 Min	M 4.1
5	Reflexion: Was habe ich über die Sache und über mich gelernt?	Plenum	ca. 15 Min	
6	Übung: Kommunikation erfolgreich gestalten 2	Zwei Gruppen	ca. 45 Min	M 4.2 M 4.3
7	Input: Ziele in inklusiven Veränderungsprozessen	Plenum	ca. 30 Min	
8	Übung: Zielbeschreibungen	Einzeln 2er-Gruppen Plenum	ca. 45 Min	M 4.4
9	Simulation: Ziele gemeinsam entwickeln	8er-10er-Gruppen Plenum	ca. 90 Min	M 4.5 bis M 4.7
10	Rückbindung an die Ziele – Feedback – Ausblick – Abschluss	Plenum	ca. 30 Min	

Schritte 1–3

Diese Schritte kehren in allen Modulen wieder. Infos dazu → S. 32 f.

Schritt 4

→ **Übung: Kommunikation erfolgreich gestalten 1**

Plenum; Einzeln; 2er-Gruppen; Plenum   **ca. 25 Min**   M 4.1

In drei Übungen reflektieren und überprüfen die Teilnehmenden ihre eigene Körpersprache, ihre Sitzhaltung und den Zusammenhang von Sprache und Haltung.

Ablauf/Methode

Plenum: Informationen zum Ablauf der Übungen **(ca. 5 Min)**
Einzeln: Übung 1 – Die eigene Körpersprache reflektieren: Teilnehmende sammeln Beobachtungen zu einer unguten und einer förderlichen Körperhaltung **(ca. 5 Min)**.
2er-Gruppen: Übung 2 – Körpersignale gemeinsam ausprobieren und überprüfen: Teilnehmende überprüfen gegenseitig verschiedene Sitzhaltungen **(ca. 5 Min)**.
Plenum: Übung 3 – kongruent in Sprache und Haltung sein: Teilnehmende gehen im »Bienenschwarm« durcheinander durch den Raum, bleiben auf ein Signal hin stehen und formulieren gegenüber dem/der zufälligen Partner/Partnerin ihre Aussagen **(ca. 10 Min)**.

Info: Körperhaltung
— Rücken: macht uns gerade und klar
— Schultern: sie machen uns aufrecht und selbstbewusst
— Hals und Kopf: zeigen Sicherheit und Aufrichtigkeit
— Hände: zeigen Kommunikationsfähigkeit und Offenheit

Raum/Ausstattung

Stühle für Einzelarbeit – z.B. Lehnen zum Tisch drehen (Übung 1), die dann zur Partnerarbeit umgedreht werden können (Übung 2), Platz für Bewegung (Übung 3)

Vorbereitung

Arbeitsblätter, Sprecherkarten

Hinweise für Trainerinnen und Trainer

— Das Trainerteam gibt kurze Erläuterungen zu den Übungen – die Teilnehmenden arbeiten selbstgesteuert nach den Impulsen auf den Arbeitsblättern.
— In Übung 3 (Bienenschwarm) geht es darum, Sprache und Bewegung in Einklang zu bringen. Dazu gehen die Teilnehmenden im Raum wie ein Bienenschwarm umher, begrüßen einander; beim Signal des Trainerteams stoppen sie und geben gegenüber dem/der nächsten Entgegenkommende/n ein Statement ab, warten auf die Reaktion des Gegenübers und wiederholen dies einige Male.
Mögliche Statements können sein:
Ich bin selbstsicher und vertrete den Index.
Ich stehe zum Thema »Inklusion«.
Ich kann mit heterogenen Situationen gut umgehen.
Ich wertschätze alle Mitarbeiterinnen und Mitarbeiter der Einrichtung gleichermaßen.
Ich befinde mich bei Begleitung von Inklusionsprozessen durch den Index auf einer guten Basis.
— Anregungen für die Fragen an die Teilnehmenden bei der Auswertung:
Denken Sie an die ersten Übungen: Was geht in Ihrem Körper vor?
Was geht in meiner (Aus-)Sprache vor?
Wie stehen Sie (automatisch), wenn Sie die Redewendungen ernst meinen?
Wie bestätigen Sie Ihre Aussage durch die innere Haltung und durch Bewegung und Körperhaltung?
Was bemerken Sie beim Gegenüber?
Wie kann Ihr Gegenüber das Feedback annehmen?

Info: Interaktive Distanzzonen [6]

In jeder Kultur gibt es bestimmte Konventionen, mit welchen »Sicherheitsabständen« sich Menschen in verschiedenen Situationen begegnen. Bei uns werden in der Regel die folgenden Abstände als gewohnt empfunden.

— Intime Distanzzone (ca. 40–50 cm): gilt in der Regel für Familienmitglieder oder sehr gute Freunde; wenn Unbekannte, geschäftliche Kontakte, d.h. nicht (sehr) vertraute Personen sich in diese Distanzzone begeben, kann dies als Grenzverletzung empfunden werden, auf die man je nach Naturell und Situation mit Abwehr, Ärger, Aggression, auch Angst und Rückzug reagiert.

— Persönliche Distanzzone (ca. 100 cm): z.B. für die klassische Begrüßung mit Handschlag, Small-Talk-Gespräche und Unterhaltungen. In dieser Zone akzeptiert man fremde Personen, ohne sofort einen Abwehrmechanismus zu entwickeln. Der Wechsel zwischen den Distanzzonen kann jedoch fließend sein. Wird ein Gespräch vertraulich, verringert sich oft auch die körperliche Distanz.

— Gesellschaftliche Distanz (ca. 150–250 cm, in bestimmten Situationen noch großzügiger): Hier findet in der Regel der klassische Tagesgruß ohne Körperkontakt statt. Menschen reagieren eher abwartend. Mit einem freundlichen Blick oder einem Lächeln kann der Schritt für den weiteren Verlauf der Kommunikation gestellt werden. In Moderationsprozessen können Sie auch mit allen drei Zonen arbeiten, wodurch Sie Situationen und/oder motivationale Prozesse steuern können.

6 Vgl. Rosenbusch 2000, S. 37 ff.

Schritt 5

→ **Reflexion: Was habe ich über die Sache und über mich gelernt?**

Plenum   ca. 15 Min

Im Plenum reflektieren und diskutieren die Teilnehmenden ihre persönlichen Eindrücke, Erfolge und Gedanken aus den Übungen in Schritt 4.

Ablauf/Methode
Plenum: Rundgespräch

Raum/Ausstattung
Direkt im Anschluss/gleicher Raum wie Übung 4

Vorbereitung
Evtl. Blitzlichtball

Hinweise für Trainerinnen und Trainer
Als eine mögliche Form des Feedbacks lässt sich Rückmeldung durch folgende Sätze anregen:
Auf mich hat gewirkt …
Mir ist bei diesen Übungen aufgefallen, …
Ich habe bei mir/bei anderen wahrgenommen, …
Ich bin mir bewusst geworden, …
Ich werde bei mir daran arbeiten, …

Schritt 6

→ Übung: Kommunikation erfolgreich gestalten 2

Zwei Gruppen   ca. 45 Min   M 4.2/M 4.3

In zwei Gruppen bereiten die Teilnehmenden kurze Stegreifreden vor, halten sie und geben anschließend gegenseitig Rückmeldung.

Ablauf/Methode

Zwei Gruppen (nicht mehr als 12–13 Teilnehmende, begleitet durch jeweils eine/n Trainerin/Trainer): Einführung in die Stegreifrede anhand eines Arbeitsblattes; jede/r Teilnehmende zieht eine der Themenkarten und bereitet sich kurz auf das Thema vor **(ca. 1–2 Min)**.
Stegreifrede: Alle halten eine kurze Stegreifrede (max. 2 Min je Teilnehmende/r).
Feedback: Im Anschluss wird in beiden Gruppen wertschätzend und konstruktiv Rückmeldung gegeben.

Raum/Ausstattung

Je nach Gruppengröße

Vorbereitung

Arbeitsblätter, Themenkarten, Hinweise für das Feedback

Hinweise für Trainerinnen und Trainer

— Die Stegreifrede ist freiwillig. Das Trainerteam kann durchaus zu der »Selbsterfahrung« ermuntern. Die Erfahrung zeigt, dass meist alle Teilnehmenden gerne bereit sind, sich im geschützten Raum der Gruppe auszuprobieren.
— Die Teilnehmenden werden nicht über die Themen der anderen Teilnehmenden informiert.
— Bei der Übung helfen Bezüge zu den vorangegangenen Übungen.
— Je größer die Gruppe ist, desto mehr Zeit muss eingeplant werden.
— Wenn es mehr als 2 × 12–13 Personen sind, sollte eine dritte Gruppe gebildet werden.
— Feedback-Regeln (5 Ks) : kurz, konkret, konstruktiv, klar, kurzfristig

Schritt 7

→ **Input: Ziele in inklusiven Veränderungsprozessen**

Plenum   ca. 30 Min

Die Teilnehmenden bekommen eine kurze Einführung zur Bedeutung von Zielen für die Qualität, den Verlauf und das Ergebnis eines inklusiven Veränderungsprozesses sowie zu den Kriterien und Hilfen für die Formulierung von Zielen.

Ablauf/Methode

Input mit interaktiven Elementen

Raum/Ausstattung

Stuhlkreis oder Gruppentische, Beamer und Leinwand; alternativ Flipchart

Vorbereitung

Arbeitsblatt, Präsentation und/oder Flipchart

Hinweise für Trainerinnen und Trainer

— Dieser kurze theoretische Teil kann ganz unterschiedlich gestaltet werden.
— Wichtig ist es, Antworten auf die Frage nach dem Warum, dem Nutzen und der Wirkung von Zielen zu geben.
— Schaubilder/interaktive Elemente unterstützen und nehmen Bezug auf die inklusive Werteorientierung.
— Wir haben gute Erfahrung damit gemacht, eine kurze Präsentation zu zeigen, die gezielt auf die Gruppe der jeweiligen Teilnehmenden angepasst wird. Anregungen dazu liefern die umfangreiche Literatur zur Organisationsentwicklung und der IvO. Kernelemente sind: Warum Ziele – Nutzen und Wirkung von Zielen, Smart-Kriterien/Indikatoren zur Zielerreichung – Überprüfung der Ziele.
— Wenn genügend Zeit ist: Eine »Murmelphase« und/oder eine »Szene-Stopp-Übung« (in Anlehnung an Wahl 2006) können den Vortrag auflockern. Z.B.: Haben Sie in Ihrem System schon einmal Ziele entwickelt bzw. definiert? Wenn nein, warum nicht? Wenn ja, welche Erfahrungen haben Sie damit gemacht?

Info: Nutzen und Wirkung guter Zielformulierungen[7]

Klarheit gewinnen – Effektivität sichern – Effizienz steigern –
Orientierung geben – Ressourcen bündeln –
Evaluation, Selbstevaluation und Qualitätsentwicklung ermöglichen –
»Kreative Spannung« erzeugen

Info: Ziele definieren – Was wollen wir erreichen?[8]

Ziele können definiert werden als Zustand, den wir erreichen möchten, oder als wichtige Stationen innerhalb eines Veränderungsprozesses. Zu enge Ziele können Veränderung aber auch behindern: Wenn Ziele zu starr und unflexibel sind, wenn sie zum Dogma werden oder veränderte Bedingungen nicht berücksichtigen, dann sind sie keine Hilfe, sondern wirken kontraproduktiv als Barrieren.

Ein respektvolles und ehrliches Umgehen miteinander hilft, ein starres und zu lineares Vorgehen zu vermeiden. Je mehr sich die Beteiligten als gleichberechtigte und geschätzte Mitglieder der Gruppe fühlen, desto offener wird der Austausch. Das erleichtert es, im Prozess Veränderungen von Zielsetzungen besser zu erkennen und flexibel darauf zu reagieren.

Gut durchdachte und formulierte Ziele helfen, im Prozess zu überprüfen, ob wir realistisch sind, ob wir die vorhandenen Ressourcen und Energien wirkungsvoll nutzen, ob wir etwas erreichen, ob wir Frustrationen vermeiden etc.

Riskant ist es, Ziele über einen zu langen Zeitraum zu planen. Dauert der Zeitraum länger als ein Jahr, ist es sinnvoll, erreichbare Ziele oder Teilziele zu formulieren.

Auch wenn Ziele für einzelne Personengruppen definiert werden, bleibt der inklusive Maßstab bestehen: Letztlich nützen Veränderungsprozesse allen und keiner soll Nachteile durch sie erfahren. Jede kleinste Veränderung, die sich an inklusiven Leitideen orientiert, wird Wirkungen auf die Kultur der Gemeinde oder Kommune haben.

Folgende Überlegungen können helfen:
Was wollen wir konkret erreichen?
Wie soll die Situation in Zukunft aussehen, wenn wir das Ziel erreicht haben?
Wem soll das Ergebnis nutzen?
Bis wann wollen wir das Ziel erreicht haben?
Woran erkennen wir, dass wir das Ziel erreicht haben?
Wann und wie wollen wir Zwischenergebnisse messen?

---

7 **Nach Beywl/Schepp-Winter 1999, S. 28.**
8 **Aus: IvO 2011, S. 137 f.**

Schritt 8
→ Übung: Zielbeschreibungen

Einzeln; 2er-Gruppen; Plenum   ca. 45 Min   M 4.4

Am Beispiel der eigenen Organisation wird ein Prozessziel formuliert und dabei eine Methode zur Entwicklung tragfähiger Ziele erprobt.

Ablauf/Methode
Einzeln (Think): Arbeit mit den Schritten 1–6 zur Zielbeschreibung **(ca. 20 Min)**
2er-Gruppen (Pair): Reflexion **(ca. 15 Min)**
Plenum (Share): Individuelle Erfahrungen während der Übung, ihre Wirkung und Relevanz für die Prozessbegleitung **(ca. 10 Min)**

Raum/Ausstattung
Mehrere Räume/Bereiche, in denen die Teilnehmenden in der Phase der Einzelarbeit die Übung ungestört durchführen können.

Vorbereitung
Arbeitsblätter

Hinweise für Trainerinnen und Trainer
Die Arbeitsschritte dieser Arbeitsphase sind selbsterklärend und bedürfen nur einer kurzen Einführung. Auf Zeitansage für die Übung achten!

Schritt 9
→ Simulation: Ziele gemeinsam entwickeln

8er-10er-Gruppen; Plenum   ca. 90 Min   M 4.5 bis M 4.7

Die Arbeitsschwerpunkte des Tages werden in eine konkrete Anwendung überführt: In Gruppen wird ein Zielformulierungsprozess erprobt und anschließend gemeinsam reflektiert.

Ablauf/Methode
Gruppenbildung: 8–10 Teilnehmende mit folgender Rollenverteilung:
— 2 Prozessbegleiterinnen/-begleiter (Couple)
— 4–6 Mitglieder der Steuergruppe des Auftraggebers
— 2 Beobachterinnen/Beobachter

Gruppenarbeit I: Jede Gruppe handelt eine Zielformulierung aus, verständigt sich auf Indikatoren zur Zielerreichung und visualisiert beides auf einem Flipchart.
Plenum: Kurze gemeinsame Metareflexion zu Prozess, Inhalten, nonverbaler und verbaler Kommunikation, Lernwirksamkeit

Gruppenarbeit II: Die Gruppen tauschen ihre Flipcharts mit Ergebnissen der Zielformulierung und den dazugehörigen Indikatoren in der Steuergruppe aus, überprüfen gegenseitig ihre Arbeitsergebnisse und geben Rückmeldung an die abgebende Gruppe.
Plenum: Metareflexion der gesamten Gruppenarbeitsphase »Ziele gemeinsam entwickeln«

Raum/Ausstattung

Mehrere Räume/Bereiche, in denen die Teams vorbereiten und die Simulation durchführen können.

Vorbereitung

Arbeitsblätter, Rollenkarten, mindestens ein Exemplar der für die Teilnehmenden relevanten Ausgaben des Index für Inklusion pro Gruppe

Hinweise für Trainerinnen und Trainer

— Das Trainerteam sollte als »Stütze im Hintergrund« möglichst oft präsent sein. Gerade die Teilnehmenden in der Rolle der Prozessbegleiterinnen und -begleiter stehen vor der komplexen Aufgabe, Prozess und Zeitfenster im Griff zu haben und gleichzeitig Ergebnisse herauszuarbeiten und dabei inklusive Werte im Blick zu behalten.
— Auf Flipchart/Karten etc. sollten während der Simulation die wesentlichen Gesprächsinhalte des Entscheidungsprozesses visualisiert und die erarbeiteten Absprachen schriftlich fixiert werden.
— Wir empfehlen klare Zeitabsprachen. Die Beobachterinnen und Beobachter können auf die Zeit achten und der Gruppe ca. 5 Minuten vor Ende der Simulationszeit einen Hinweis geben.
— Der Prozess der Zielentwicklung ist komplex und kann in diesem Zeitrahmen nur in Ansätzen erprobt werden. Aspekte wie partizipative Gestaltung dieses Prozesses, Umgang mit Zieldifferenzen etc. bekommen auf der Metaebene Raum.
— Zum Abschluss und Übergang in die Feedback-Runde eignet sich eine Geschichte von Paul Maar, die auf humorvolle Art zeigt, wie schwierig es ist, sich klare Ziele zu setzen. (Paul Maar (2012), S. 47 ff.; Anregung aus: Beywl/Schepp-Winter 1999, S. 21).

Schritt 10
→ Rückbindung an die Ziele – Feedback – Ausblick – Abschluss

Dieser Schritt kehrt in allen Modulen wieder. Infos dazu → S. 33.

Arbeitsblätter

M 4.1

Übung: Kommunikation erfolgreich gestalten 1 – Körpersignale reflektieren

Aufgabe 1: Die eigene Körpersprache reflektieren
Einzeln: Überlegen Sie, welche Signale Ihr Körper durch »Körpersprache« abgibt. Denken Sie an allgemeine Merkmale und Ihre eigene Haltung und schreiben Sie Ihre Gedanken auf.

Was sind Merkmale einer unguten, was Merkmale einer guten Körperhaltung?

_____

_____

_____

Welche Körperteile spielen eine besondere Rolle?

_____

_____

_____

Was sagen Sie mit bestimmten Haltungen aus?

_____

_____

_____

Aufgabe 2: Körpersignale gemeinsam ausprobieren und überprüfen
2er-Gruppen: Versuchen Sie, bewusst eine »gute« Körperhaltung im Sitzen und im Stehen einzunehmen. Was beobachten Sie dabei bei sich selbst und bei Ihrer Partnerin/Ihrem Partner? Helfen Sie sich gegenseitig, eine Haltung mit »guter« Körpersprache einzunehmen. Welche Körperhaltung gibt Ihnen ein gutes Gefühl und Sicherheit? Worauf werden Sie in Zukunft achten?

(vgl. Hohenadl 2000, S. 27)

INKLUSION AUF DEM WEG
MONTAG STIFTUNG JUGEND UND GESELLSCHAFT

M 4.2

Übung: Kommunikation erfolgreich gestalten 2 – Die Stegreifrede – Einführung

Aufgabe
Anhand von Themenkarten entwerfen Sie eine zweiminütige Stegreifrede. Dabei geht es darum, sich spontan und selbstbewusst zu äußern, den persönlichen Standpunkt und die eigene Haltung zu transportieren und sich vor einer Gruppe zu präsentieren. Sprache und Körpersprache unterstützen dabei.

1. Exposition
Sagen Sie, was Sie mitteilen wollen, worüber Sie reden wollen (Exposition: Einstieg/Einstimmung). Sie sollten nicht unbedingt den Titel nennen, es muss aber klar werden, warum Sie über ein bestimmtes Thema reden wollen und was Sie und die Zuhörenden damit zu tun haben.

2. Redekern (ca. Dreiviertel der Redezeit)
Über alles lässt sich etwas sagen, sind Überlegungen möglich. Halten Sie keinen wissenschaftlichen Vortrag, der Redner ist kein Lexikon, reden Sie von Ihren Ab- und Ansichten. Lassen Sie sich auch hier vom Publikum helfen, die richtigen Gedanken und dessen Ausdruck zu finden und auszusprechen, indem Sie beobachten, ob Ihre Aussage auch so verstanden wurde, wie sie sie gemeint haben.

3. Conclusio
Fassen Sie die einzelnen Ergebnisse knapp zusammen. Haben Sie keine Angst vor Wiederholungen, Wiederholungen vertiefen. Gestalten Sie den allerletzten Satz prägnant, der »Applaus« gilt dem Schlusssatz!

Zeigen Sie den nötigen Mut, offenbaren Sie sich: Wählen Sie bitte ein Thema aus Ihrem Erfahrungsbereich mit Inklusion oder wählen Sie aus den unten stehenden Vorschlägen. Sprechen Sie aus Ihrem Herzen – nicht aus Büchern. Es gehört viel Mut dazu, zu sich selbst zu stehen, so zu erscheinen, wie man tatsächlich ist, das zu vertreten, was man wirklich denkt. Letzten Endes ist alle Kunst Selbstdarstellung, auch die Redekunst. Ob Sie singen, malen, schreiben oder reden, überall tun Sie es selbst. Sich selbst darzustellen ist nicht so leicht, wie es aussieht und aussehen muss. Doch nur wer wagt, gewinnt.

M 4.3

Übung: Kommunikation erfolgreich gestalten II – Die Stegreifrede – Themenkarten (Beispiele)

Disziplin in einer (Lern-)Gruppe basiert auf gegenseitigem Respekt	Vielfalt in sozialen Institutionen fördern
Als Prozessbegleiterin/-begleiter würde ich mir folgende Bedingungen wünschen	Inklusion – eine Perspektive für die Gesellschaft
Ein Bewusstsein für den Index wecken	Inklusion – was ist das eigentlich?
Was ist eigentlich der Index?	Was sind Barrieren für Lernen und Teilhabe?
Eine wirksame Prozessbegleitung bedarf einer teilnehmerorientierten Vorbereitung	Eine wirksame Moderation bedarf eines strukturierten Prozessverlaufes
Die Fragen der Varianten des Index ermöglichen es, Organisationen inklusiv weiterzuentwickeln	

INKLUSION AUF DEM WEG
MONTAG STIFTUNG JUGEND UND GESELLSCHAFT

M 4.4.1

Übung: Zielbeschreibungen – 1. Ziel formulieren

Aufgabe
Schreiben Sie mit Blick auf Inklusion ein Ziel auf, das Sie im nächsten Jahr in Ihrer Organisation gern erreichen wollen:

Was möchte ich erreichen? Was ist mein Ziel?

_____

_____

_____

_____

Wenn es sich um ein größeres, komplexeres Ziel handelt, benennen Sie bitte Teilziele.

_____

_____

_____

_____

(Übung von Klaus-Dieter Poelke – mit freundlicher Genehmigung)

INKLUSION AUF DEM WEG
MONTAG STIFTUNG JUGEND UND GESELLSCHAFT

M 4.4.2

Übung: Zielbeschreibungen – 2. Ziel überprüfen

Aufgabe

Überprüfen Sie das Ziel anhand der **SMART-Kriterien:**

Spezifisch   Ist das Ziel konkret, eindeutig und ausreichend präzise?

Messbar   Ist es möglich, zu überprüfen, ob das Ziel erreicht wurde?
Woran werden Sie dies feststellen?

Akzeptiert   Erfährt das Ziel Akzeptanz und Resonanz? Ist es durch Ihr aktives Handeln erreichbar?

Realistisch   Ist das Ziel mit den vorhandenen Ressourcen und Kompetenzen zu realisieren?

Terminiert   In welchem überschaubaren Zeitraum ist das Ziel oder sind ggf. Teilziele erreichbar?

(Übung von Klaus-Dieter Poelke – mit freundlicher Genehmigung)

INKLUSION AUF DEM WEG
MONTAG STIFTUNG JUGEND UND GESELLSCHAFT

M 4.4.3

Übung: Zielbeschreibungen – 3. Ziel positiv formulieren

Aufgabe
Formulieren Sie, soweit erforderlich, Ihr Ziel nach den folgenden Kriterien um: Das Ziel soll keine Verneinungen enthalten, d. h. beschreiben Sie nicht, was Sie vielleicht nicht (mehr) wollen, sondern was Sie erreichen möchten.

_____

_____

_____

_____

_____

Verwenden Sie keine Vergleiche (schneller, besser, leichter). Beschreiben Sie stattdessen Zielvorstellungen, die auf Ihren Kontext zugeschnitten sind.

_____

_____

_____

_____

(Übung von Klaus-Dieter Poelke – mit freundlicher Genehmigung)

INKLUSION AUF DEM WEG
MONTAG STIFTUNG JUGEND UND GESELLSCHAFT

M 4.4.4

Übung: Zielbeschreibungen – 4. Indikatoren definieren

Aufgabe
Halten Sie so konkret wie möglich fest, woran Sie in der entsprechenden Zielsituation erkennen werden, dass Sie das Ziel erreicht haben: Woran kann ich feststellen, dass das Ziel (Teilziel) erreicht ist? An welchen Indikatoren messe ich es?

_____

_____

_____

_____

_____

_____

_____

(Übung von Klaus-Dieter Poelke – mit freundlicher Genehmigung)

INKLUSION AUF DEM WEG
MONTAG STIFTUNG JUGEND UND GESELLSCHAFT

M 4.4.5

Übung: Zielbeschreibungen – 5. Ressourcen prüfen

Aufgabe

Prüfen Sie nun, ob die Fähigkeiten, Kontakte, materiellen Möglichkeiten, Qualifikationen usw., die zur Zielerreichung notwendig sind, auch vorhanden sind. Fehlen wichtige Voraussetzungen? Prüfen Sie, wie diese geschaffen werden können.

_____

_____

_____

_____

_____

_____

_____

(Übung von Klaus-Dieter Poelke – mit freundlicher Genehmigung)

M 4.4.6

Übung: Zielbeschreibungen – 6. Bilanz ziehen

Aufgabe
Stellen Sie sich zum Schluss die Frage nach den Wirkungen Ihres Zieles:
Angenommen, ich hätte dieses Ziel bereits erreicht, was hätte sich dadurch geändert?

Vorteile, Positives, Angenehmes

_____

_____

_____

Nachteile, negative Wirkung

_____

_____

_____

Überprüfen Sie, ob nach Abwägung der Vor- und Nachteile dieses Ziel in der bisherigen Formulierung aufrechterhalten werden kann/soll. Wenn nicht, dann formulieren Sie Ihr Ziel neu.

_____

_____

_____

Gehen Sie nun in den Austausch mit einer Partnerin oder einem Partner: Stellen Sie sich zunächst Ihren gerade durchlaufenen Zielformulierungsprozess vor. Halten Sie anschließend in Stichworten fest, welche Ideen, Anregungen oder Erkenntnisse Sie aus dem Prozess mit in Ihre Arbeit als Prozessbegleiterin/-begleiter nehmen.

_____

_____

_____

(Übung von Klaus-Dieter Poelke – mit freundlicher Genehmigung)

M 4.5.1

Simulation: Ziele gemeinsam entwickeln – Gruppenarbeit I

A. Mitglieder der Steuergruppe

Ausgangssituation
In einer vorangegangenen Teambesprechung und der Abstimmung mit den relevanten Partnern/Gremien Ihrer Organisation haben Sie sich grundsätzlich darauf geeinigt, die Entwicklung unter den Leitgedanken der INKLUSION zu stellen. Ergebnis dieser Teambesprechung war, zunächst mit dem Aspekt »Unterstützung von Vielfalt organisieren« zu beginnen. Welche Ziele haben Sie als Mitglieder der Steuergruppe zu dem Vorhaben?
Heute werden zwei Prozessbegleiterinnen und -begleiter bei Ihnen sein, die Sie in diesem Anliegen unterstützen.

Aufgabe

Vorbereitung (15 Min)
Bereiten Sie sich auf die Sitzung vor. Verteilen Sie dabei eigenverantwortlich die Rollen, die in der Gruppe zu besetzen sind, und schreiben Sie diese auf Tischschilder (Karteikarten).
Durchführung (25 Min)
Setzen Sie sich mit den anderen »Rollen« aus Ihrer Gruppe zusammen und simulieren Sie die Sitzung.

Leitfragen
Welche Vorstellungen haben Sie zu dem o. g. Ziel?
Wie sehen Ihre Erwartungen an die Prozessbegleitung aus?
Was möchten Sie mit den Prozessbegleiterinnen und -begleitern besprechen?

INKLUSION AUF DEM WEG
MONTAG STIFTUNG JUGEND UND GESELLSCHAFT

M 4.5.2

Simulation: Ziele gemeinsam entwickeln – Gruppenarbeit I

B. Prozessbegleiterinnen und -begleiter

Ausgangssituation
In einer vorangegangenen Teambesprechung und bei der Abstimmung mit den relevanten Partnern/Gremien hat die einladende Organisation sich grundsätzlich darauf geeinigt, die Entwicklung unter den Leitgedanken der Inklusion zu stellen. Ergebnis dieser Besprechung war, zunächst den Aspekt »Unterstützung von Vielfalt organisieren« in den Blick zu nehmen.
Heute werden Sie erneut mit der Steuergruppe zusammentreffen. Befähigen Sie diese Gruppe, aus dem allgemeinen Vorhaben konkrete (Alltags-)Ziele für ihr Vorhaben zu formulieren.

Aufgabe

Vorbereitung (15 Min)
Bereiten Sie sich auf die Sitzung vor. Klären Sie dabei, wer welche Rolle (Gesprächsführung, Visualisierung) in dem Beratungsprozess übernimmt.

Durchführung (25 Min)
Setzen Sie sich mit den anderen »Rollen« aus Ihrer Gruppe zusammen und simulieren Sie die Sitzung. Visualisieren Sie während der Sitzung wesentliche Gesprächsinhalte und die Zielformulierungen der Steuergruppe auf einem Flipchart oder auf Moderationskarten.

Vier erste Hilfen für die Formulierung von Zielen
— Zum Umfang der Ziele: Das/die Ziel/e sollten die richtige Größe haben. Es sollte nicht zu groß und damit vielleicht unerreichbar sein, aber auch nicht zu klein und damit zu unbedeutend.
— Die Ziele sollten nicht von anderen Personen(-gruppen) abhängen: Es nützt nichts, sich Ziele zu setzen, bei denen andere Menschen der bestimmende Faktor über den Erfolg sind. Meist hat man darauf keinerlei Einfluss.
— Machen Sie Ihr Ziel messbar: Die Messbarkeit eines Zieles ist wesentlich dafür, dass Sie überprüfen können, ob und wann Sie ein Ziel tatsächlich erreichen.
— Die ersten Schritte: Schreiben Sie zu jedem Ziel immer auch die ersten Schritte auf, die Sie unternehmen wollen, um es zu erreichen. Erst durch konkrete Handlungen in Richtung auf Ihr Ziel bekommt Ihr Ziel ein eigenes Leben.

M 4.5.3

Simulation: Ziele gemeinsam entwickeln – Gruppenarbeit I

C. Beobachterinnen und Beobachter

Ausgangssituation
Eine Organisation sich grundsätzlich darauf geeinigt, ihre Entwicklung unter den Leitgedanken der Inklusion zu stellen. Dabei soll zunächst der Aspekt »Unterstützung von Vielfalt organisieren« in den Blick genommen werden. Bei einer gemeinsamen Sitzung wollen die Steuergruppe der Organisation und das beauftragte Prozessbegleitungs-Couple gemeinsam ihre Ziele formulieren.

Aufgabe

— Beobachten Sie den Prozess und geben Sie Feedback zu Inhalten, Aktionen und Prozess.
— Helfen Sie der Gruppe, auf die Einhaltung der Zeit zu achten
 (Vorbereitungszeit: ca. 15 Min/Simulationszeit: ca. 25 Min).
— Moderieren Sie die Reflexion der Teilgruppen und berichten Sie im Plenum.

Beobachten Sie auch die Akteurinnen und Akteure und schreiben Sie Ihre Wahrnehmungen auf.
Dabei können u. a. folgende Aspekte eine Rolle spielen:
— Erster spontaner Eindruck
— »Standing« der Prozessbegleiterinnen und Prozessbegleiter
— Sprache
— Mimik
— Gestik
— Körperspannung
— Empathie

INKLUSION AUF DEM WEG
MONTAG STIFTUNG JUGEND UND GESELLSCHAFT

M 4.6

Simulation: Ziele gemeinsam entwickeln – Gruppenarbeit II

Aufgabe
Tauschen Sie Ihre Ergebnissen aus der Zielformulierung und den dazugehörigen Indikatoren in der Steuergruppe mit denen einer anderen Gruppe aus, überprüfen Sie gegenseitig Ihre Arbeitsergebnisse und geben Sie Rückmeldung an die andere Gruppe.

— Untersuchen Sie anhand der SMART-Kriterien die Stärken und Schwächen der Zielformulierungen, die Ihnen vorliegen.
— Entwickeln Sie ggf. Formulierungsalternativen und dokumentieren Sie diese auf einem Flipchart.
— Bieten Sie der Gruppe, mit deren Zielformulierung Sie gearbeitet haben, Ihre Modifikationen an und begründen Sie diese.

M 4.7

Simulation: Ziele gemeinsam entwickeln – Metareflexion

INKLUSION AUF DEM WEG
MONTAG STIFTUNG JUGEND UND GESELLSCHAFT

Mit Vielfalt und Widerständen umgehen

→ Mit heterogenem Verhalten in Veränderungsprozessen rechnen und differenziert damit umgehen

→ Perspektiven, Meinungen, Wissen, Bereitschaften, Tempi in ihren jeweiligen Unterschieden während einer Prozessbegleitung wahrnehmen, akzeptieren, sichtbar machen und wertschätzen

→ Skepsis herausfordern und wertschätzen, Stakeholderinnen und Stakeholder erkennen und einbinden

→ Durch den professionellen Umgang mit kritischen Situationen Widerstände in konstruktive Mitwirkung wandeln

→ Die eigene Haltung, Rollenklarheit und Prozessverantwortung transparent kommunizieren

*Menschen in Veränderungsprozessen geraten häufig in Zielkonflikte oder in Werte- und Kompetenzwidersprüche. Deshalb kann es innerhalb von Prozessbegleitungen zu Widerständen kommen, die von ungeübten Prozessbegleiterinnen und -begleitern als störend, lästig und auch angstmachend empfunden werden. Dabei sind Widerstände in Veränderungsprozessen ein normales Phänomen und treten regelmäßig auf. Auch haben sie eine durchaus sinnvolle Funktion und können im Entwicklungsprozess sogar produktiv genutzt werden.
Auf Widerstände einzugehen, sie im Vorfeld zu berücksichtigen, mit ihnen umzugehen, aber auch mit ihnen zu arbeiten, ist Gegenstand des Moduls.*

Hintergrund:
Warum ist dieses Modul wichtig?

Über den Umgang mit Widerständen

Das Wort »Widerstand« entsteht aus der Präposition »wider« – als Synonym für die Präposition »gegen« – und dem Verb »stehen«. Als Synonyme für unterschiedliche Verwendungen des Wortes »Widerstand« können gelten: Resistenz, Resilienz und Robustheit (positive Widerstandskraft), Trägheit, Gegenwehr, Opposition, Renitenz (Aufmüpfigkeit). Als Antonym können entsprechend genutzt werden: Förderung, Billigung, Einverständnis, Unterstützung, Zustimmung, Einklang und Koalition.

Widerstand bedeutet, dass vorgesehene Maßnahmen oder getroffene Entscheidungen bei einzelnen Personen, einzelnen Gruppen oder in der ganzen Organisation aus zunächst unterschiedlichen Gründen auf Skepsis und Ablehnung stoßen, Bedenken erzeugen oder durch passives Verhalten unterlaufen werden.

Widerstände haben unterschiedliche Funktionen. Widerstand kann Systeme oder Gruppen vor vorschneller Vereinnahmung schützen und der Überlebensfähigkeit des Systems dienen. Die Phase des Widerstands könnte somit ein Vorstadium zum Eintauchen in einen anstehenden Veränderungsschritt sein. Widerstand braucht und verbraucht Energie. Wer Widerstand zeigt, dokumentiert zumindest Interesse oder Betroffenheit in der bestehenden Situation. Auch ist Widerstand als Informationsquelle nutzbar. Er gibt den Prozessbegleiterinnen und -begleitern Auskunft über die wahren Bedürfnisse der hier Beteiligten. Insofern ist Widerstand auch als offene und/ oder versteckte Botschaft zu verstehen. Widerstände beeinflussen den Entwicklungsprozess.

Widerstände treten häufig in ähnlichen Grundmustern auf
— Scheinbare Zustimmung ohne Engagement für die Umsetzung
(»Ok, so können wir das ja mal machen.«)
— Schuldzuschreibung auf andere, ohne den eigenen Anteil an der
Situation zu sehen (»Dann müssen die anderen aber auch ...«)
— Diskutieren von Methoden statt Inhalten (»Ich finde, wir sollten erst
einmal eine Umfrage machen.«)
— Herunterspielen oder Negieren einer Veränderungsnotwendigkeit
(»Wir haben doch augenblicklich so viele gute Ergebnisse!«)
— Nicht-Befolgen oder Boykottieren von Arbeitsanweisungen oder Vereinbarungen
(»Leider habe ich dafür keine Zeit gefunden!«)
— Konzentration auf Nebensächliches (»Die Toilette ist auch nicht mehr
so sauber wie früher.«)
— »Projektion« auf die Prozessbegleiterinnen und -begleiter
(»Können Sie das Ganze nicht mal beschleunigen?«)
— Beharren auf dem Bestehenden (»Wir erzielen doch gute Ergebnisse«,
»Wir schaffen das, was wir schaffen, und mehr ist nicht möglich!«)

Im Prozess einer Moderation können verschiedene Ebenen gewählt werden, um mit Widerstand umzugehen – was für den jeweiligen Prozess brauchbar ist, wird der weitere Prozessverlauf zeigen.

Ebene	Verfahrensmöglichkeit
Personen	Verbündete und Stakeholder suchen, Skeptikerinnen und Skeptiker wertschätzen und verstehen lernen
Perspektiven	Vielfalt zulassen und zu Perspektivwechsel ermutigen
subjektive Deutungen	Verständnis zeigen, informieren, »Sinn« ermöglichen, Kommunikation ermöglichen
Regeln	Regeln thematisieren, etwas anderes tun, als erwartet wird, Regeln oder Muster durchbrechen
Entwicklung	Zeit lassen: Übergänge brauchen Zeit, Ziele und Prozesse sichtbar machen
Kommunikation	Anreize schaffen sich auszutauschen, Probleme hinter den Problemen sichtbar machen
Meilensteine	Kleine Schritte kommen auch ans Ziel, Teilerfolge sichtbar machen

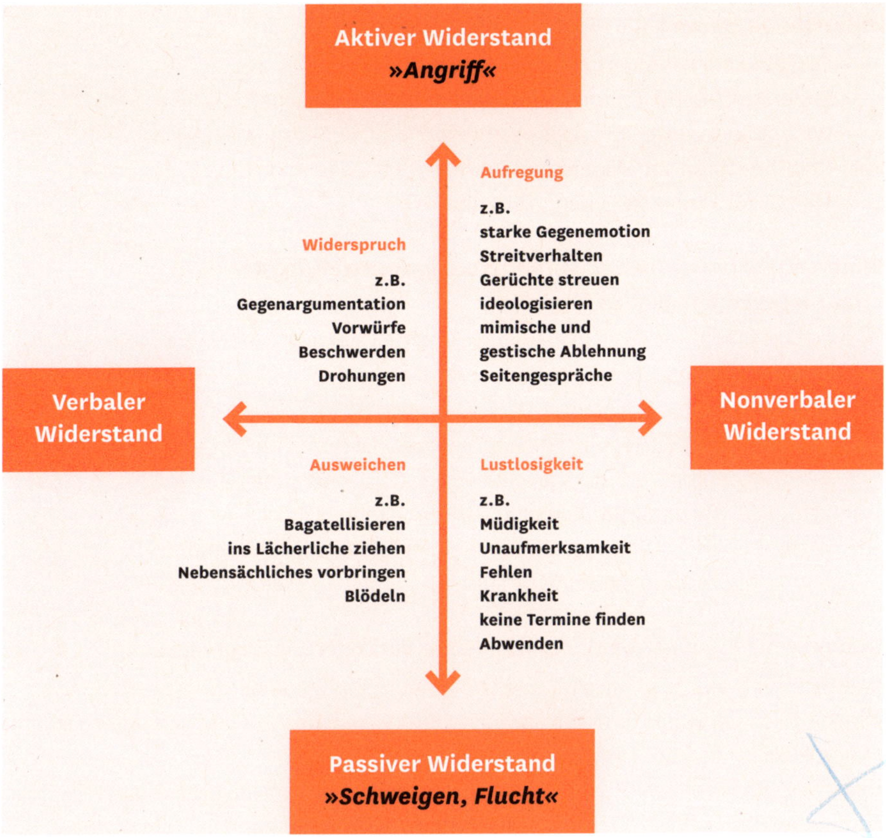

```
                    Aktiver Widerstand
                        »Angriff«

                              ↑
                          Aufregung
                            z.B.
          Widerspruch   starke Gegenemotion
                        Streitverhalten
             z.B.       Gerüchte streuen
       Gegenargumentation  ideologisieren
             Vorwürfe   mimische und
           Beschwerden  gestische Ablehnung
            Drohungen   Seitengespräche

Verbaler  ←─────────────────┼─────────────────→  Nonverbaler
Widerstand                                        Widerstand

          Ausweichen    Lustlosigkeit
             z.B.         z.B.
        Bagatellisieren   Müdigkeit
     ins Lächerliche ziehen  Unaufmerksamkeit
    Nebensächliches vorbringen Fehlen
             Blödeln      Krankheit
                          keine Termine finden
                          Abwenden
                              ↓

                    Passiver Widerstand
                    »Schweigen, Flucht«
```

Abb. 3 Analyse von Widerständen

INKLUSION AUF DEM WEG   153

Hilfreiche Haltungen
— Es gibt keine Veränderung ohne Widerstände.
— Widerstand enthält immer eine »verschlüsselte Botschaft«.
— Widerstände zeigen an, dass es unterschiedliche Perspektiven gibt.
— Nichtbeachten von Widerstand führt zu Blockaden im Veränderungsprozess.
— Mit dem Widerstand gehen, nicht gegen ihn.

Widerstände bei inklusiven Veränderungsprozessen werden erfahrungsgemäß umso geringer
— je mehr alle Beteiligten in gemeinsame Situationsanalysen einbezogen werden,
— je mehr Konsens bei der Zielbeschreibung und den operativen Entscheidungen angestrebt wird,
— je mehr Verständnis und Artikulationsraum für Opposition möglich ist,
— je mehr unterschiedliche Vorschläge zur Geltung kommen,
— je mehr Schritte zum Abbau unnötiger Ängste unternommen werden,
— je mehr Missverständnisse und Unklarheiten einkalkuliert werden und versucht wird, diese auszuräumen.

Systemische Analyse von Widerständen in Veränderungsprozessen
Widerstand ist nicht nur als eine Eigenschaft einzelner Personen zu bewerten, sondern resultiert auch aus dem sozialen System, seinen aktuellen und potenziellen Möglichkeiten, seinen Überzeugungen, seinen Grenzen und Interaktionen. In der Begleitung von inklusiven Veränderungsprozessen ist es für eine professionelle Moderation daher wichtig, die Aspekte Person, System, Prozess und Interaktion zu beachten und zu begleiten.
Person: Akteurin/Akteur im Veränderungsprozess, die Ideen und Visionen oder Befürchtungen und Hemmungen entwickeln, die einen Prozess beschleunigen, verzögern oder zu verhindern suchen, die persönliche Interessen mit institutionellen Bedarfen verknüpfen.
System: Die zu begleitende Organisation mit ihren beteiligten Personen, ihrer Geschichte, ihren Leitbildern und Werten, ihren Regeln und Ritualen, ihren Grenzen und ihren Umwelten.
Prozess: Die typischen Prozessabläufe einer Organisation, wie Arbeitsprozesse, Kommunikationsprozesse, Sanktionsprozesse, Lern- und Veränderungsprozesse.
Interaktion: Die kleinste Einheit eines Systems ist die Interaktion. Sie ermöglicht es den Personen im System, in Beziehung zu treten, sich über Werte zu verständigen, Vereinbarungen zu treffen, sich wertzuschätzen, sich kritisch zu begleiten, sich zu unterstützen, voneinander zu lernen oder sich zu blockieren.

Prozessbegleiterinnen und -begleiter können diese systemische Sichtweise nutzen, um mit der Vielschichtigkeit der Aspekte in der Begleitung von Veränderungsprozessen umzugehen (→ Modul 7).

Beobachtung erster und zweiter Ordnung

Beobachtungen sind abhängig von der Perspektive und der beobachtenden Person. Durch die Beobachtung erster Ordnung wird Wirklichkeit konstruiert, kontrolliert durch die Beobachtung zweiter Ordnung.

Beobachtung I. Ordnung
direkte Ebene
Ich beobachte als Prozessbegleiterin/ Prozessbegleiter den Entwicklungsprozess.

Beobachtung II. Ordnung
Metaebene
Ich beobachte mich als Beobachtende/ Beobachtender in meiner Art und Weise der Beobachtung des Entwicklungsprozesses (z.B. meine Rolle oder meine Zufriedenheit im Moderationsprozess).

Abb. 4 Beobachtung erster und zweiter Ordnung

Metaebene und Beobachtung

Menschen benötigen »Räume«, in denen sie sich sicher fühlen, in denen sie ihre Identität erleben und ihre Fähigkeiten einsetzen können. Von diesen »sicheren Räumen« aus lassen sie sich motivieren, sich in Prozesse der Unsicherheit zu begeben. Hierzu sind äußere Rahmenbedingungen zu schaffen, die ein verändertes Tun ermöglichen. Dieses veränderte Tun (z.B. inklusive Praxis) schafft die Erfahrung von Kompetenzentwicklung. Veränderte Kompetenzerfahrung (Selbstwirksamkeitserfahrungen) führt zu einem Prozess der Identitätsentwicklung, der dann neue Ideen, Ideale, Leitziele ermöglicht (vgl. Dilts, 2006).

Veränderungsprozesse sind moderativ so zu begleiten, dass jede Person im Rahmen der organisationalen Bedingungen tatsächlich in seinen Entwicklungsmöglichkeiten wahrgenommen und wertgeschätzt wird. Die Vielfalt der Perspektiven ist eine Bereicherung für den Prozess und die Beachtung der systemischen Aspekte eine Chance zur nachhaltigen Entwicklung. Bewusster Umgang mit Widerständen unterstützt die Vielfalt der Perspektiven, Haltungen, Erfahrungen, Bedenken, Befürchtungen, Hoffnungen und macht sie sichtbar und mitteilbar.

In der Beobachtung der Prozesse sollte daher immer wieder die Metaebene angeboten werden, um Entwicklungsprozesse aus der Helikopterperspektive zu beachten. So können Probleme hinter den Problemen wahrgenommen und Widerstände als Indikator für Geschwindigkeit und Richtung der Veränderung berücksichtigt werden. Die Metaebene wird möglich, wenn die Beobachtenden eines Prozesses nicht nur den Prozess sehen, sondern auch sich selbst als Beobachtende des Prozesses.

In der Moderation eines Veränderungsprozesses kann nicht alles beobachtet werden. Beobachtung hat einen exklusiven Charakter: Das, was beobachtet wird, schließt das aus, was nicht beobachtet wird. Beobachtungen von Prozessen lassen sich vervollständigen, wenn möglichst viele Beteiligte eines Prozesses zu Beobachtungen zweiter Ordnung eingeladen werden. Die Vielfalt der verschiedenen Beobachtungen regt neue oder zusätzliche Deutungen von Wirklichkeit an und erschließt damit auch neue Möglichkeiten der Entwicklung.

Es geht in der Beobachtung von Widerständen im Moderationsprozess nicht um wahre oder falsche Beobachtungen (Einschätzungen). Vielmehr ist es für den Veränderungsprozess hilfreich, auf die Subjektivität von Beobachtung hinzuweisen und sie zum Thema werden zu lassen.

Die Reflexion der eigenen Beobachtungen ist Voraussetzung für professionelles Handeln in zu begleitenden Prozessen. Hierfür ist Supervision oder kollegiale Beratung hilfreich.

Schritte

	Ablauf	Organisationsform	Dauer (Richtwerte)	Arbeitsblätter
1	Ankommen: »Es beginnt, bevor es beginnt!«	Plenum/Stehcafé	ca. 30 Min	M 5.1
2	Einstieg	Plenum	ca. 10 Min	
3	Index-Frage	Kann variieren	ca. 15 Min	
4	Reflexion und Austausch: »Täter-Opfer-Beobachter«	Einzeln 3er-Gruppen Plenum	ca. 45 Min	M 5.2
5	Input/Übung: Widerstände(n) vorbeugen, bewältigen, bearbeiten	Plenum	ca. 60 Min	M 5.3
6	Reflexion: Erkenntnisse aus dem Input-Vortrag	2er-Gruppen Plenum	ca. 45 Min	M 5.4
7	Simulation: Widerstände und Störungen in Begleitprozessen	Zwei Gruppen Plenum	ca. 70 Min	M 5.5 bis M 5.11
8	Simulation: Nachbesprechung – Couple im Auto	Reflecting Team	ca. 20 Min	M 5.12
9	Rückbindung an die Ziele – Feedback – Ausblick – Abschluss	Plenum	ca. 30 Min	

Schritt 1
→ Ankommen: »Es beginnt, bevor es beginnt!«

Plenum/Stehcafé **ca. 30 Min** M 5.1

Beim Ankommen füllen die Teilnehmenden Karten zum Thema des Moduls aus.

Ablauf/Methode
Plenum: Beim Ankommen füllen alle Teilnehmenden Karten zu den Themen Akzeptanz (grüne Karten) und Widerstand (rote Karten) in Moderationen aus und platzieren sie auf dem Eingangsplakat.

Raum/Ausstattung
Plakatwand zum Anheften, Karten, Stifte

Vorbereitung
Arbeitsblatt (Eingangsplakat)

Hinweise für Trainerinnen und Trainer
— Die Teilnehmenden können ihre ausgefüllten Karten auf einem »Inklusions-Teppich« (ausgerollte Tapete o. ä. auf dem Boden) auslegen, die Karten werden wie ein Teppichmuster gelegt.
— In der anschließenden Begrüßungsrunde werden die Karten wieder aufgegriffen.

Schritte 2–3
Diese Schritte kehren in allen Modulen wieder. Infos dazu → S. 32 f.

Schritt 4
→ Reflexion und Austausch: »Täter-Opfer-Beobachter«

Einzeln; 3er-Gruppen; Plenum **ca. 45 Min** M 5.2

Die Teilnehmenden reflektieren über den subjektiven Sinn und die Wirkung von Widerstand und kommen im Austausch mit anderen zu Erklärungen.

Ablauf/Methode
Einzeln: Selbstreflexion zu eigenen Erfahrungen mit Widerständen unter dem Aspekt »Täter-Opfer-Beobachter« **(ca. 10 Min)**
3er-Gruppen: Austausch und Sammeln von Erfahrungen **(ca. 15 Min)**
Plenum: Vorstellen der gesammelten Aspekte **(ca. 20 Min)**

Raum/Ausstattung
Plakatwand zum Anheften, Karten, Stifte

Vorbereitung
Arbeitsblatt

Hinweise für Trainerinnen und Trainer
— Die Übung bietet einen analytischen Zugang zu subjektiven Erfahrungen mit Störungen in Moderationsprozessen.
— Es ist hilfreich, wenn die Teilnehmenden bei dieser Übung genügend Raum und Zeit haben (z.B. für einen kurzen Dialog-Spaziergang).

Schritt 5

→ Input/Übung:
Widerstände(n) vorbeugen, bewältigen, bearbeiten

Plenum   ca. 60 Min   M 5.3

In einem Input-Vortrag mit Übungen erhalten die Teilnehmenden Einblicke in grundlegende organisationssoziologische und systemische Aspekte von Widerständen und Störungen in Begleitprozessen.

Ablauf/Methode
Input: Widerstände in inklusiven Veränderungsprozessen
Austausch: Typische Erfahrungen in einem moderativen Prozess
Selbstreflexion: Prüfen des eigenen Moderationsverständnisses
Austausch: Eigene erlebte kritische Situationen und deren Lösungen bzw. Auseinandersetzung mit Fragen aus dem Index für Inklusion

Raum/Ausstattung
Ggf. Beamer, Leinwand

Vorbereitung
Präsentation und/oder Arbeitsblätter

Hinweise für Trainerinnen und Trainer

— Vortrag in dialogischer Moderation
— Die Übungen ergänzen den Input und bieten kurze Reflexions- und Aneignungsphasen.
— Zeit für »Murmelrunden« einplanen – während des Vortrags Raum zum Austausch geben
— Nicht der Inhalt ist das Wichtige, sondern die persönliche Aneignung neuer Kenntnisse und neuer Möglichkeiten im Umgang mit Widerstand.

Schritt 6

→ ## Reflexion:
Erkenntnisse aus dem Input-Vortrag

2er-Gruppen; Plenum   **ca. 45 Min**   M 5.4

Anhand von Arbeitsblättern reflektieren und vertiefen die Teilnehmenden den Input-Vortrag.

Ablauf/Methode

2er-Gruppen: Die Teilnehmenden sammeln anhand von Fragen wichtige Aspekte zum Vortrag auf Karten.
Plenum: Die Karten werden an einer vorbereiteten Pinnwand geclustert und gemeinsam wahrgenommen (Sharing/Marktplatz).

Raum/Ausstattung

Pinnwand, Karten, Pins

Vorbereitung

Arbeitsblatt

Hinweise für Trainerinnen und Trainer

Wenn die Teilnehmenden Zeit und Gelegenheit haben, untereinander ausreichend zu kommunizieren, können die Impulse aus dem Vortrag weiter angeeignet und durch Impulse aus der Gruppe ergänzt werden.

Schritt 7
→ Simulation: Widerstände und Störungen in Begleitprozessen

Zwei Gruppen; Plenum   **ca. 70 Min**   M 5.5 bis M 5.11

In einer Simulation treffen zwei Prozessbegleiterinnen bzw. Prozessbegleiter auf eine Gruppe mit verschiedenen »Widerstands-/Vermeidungstypen«. Die exemplarische Moderation wird von zwei Teilnehmenden beobachtet und hinterher durch die Methode »konstruktives Feedback« gemeinsam reflektiert.

Ablauf/Methode
Vorbereitung (ca. 15 Min)
— Selbstgewählte Aufteilung der Gruppe auf zwei Gruppen und Rollenverteilung
  (→ Arbeitsblatt M 5.5) **(ca. 5 Min)**
  2 Teilnehmende je Gruppe = Prozessbegleitungs-Couple
  2 Teilnehmende je Gruppe = Beobachterin/Beobachter
  8 Teilnehmende je Gruppe = Steuergruppe des Auftraggebers, davon nehmen
  4 Teilnehmende die Rolle von verschiedenen »Widerstandstypen« ein.
— Alle bereiten sich anhand der Arbeitsblätter auf ihre Rolle in der Simulation einer 15-minütigen Sitzung vor (Couple: Arbeitsblatt M 5.6; Beobachterinnen und Beobachter: Arbeitsblatt M 5.7; Widerstandstypen der Steuergruppe: Arbeitsblatt M 5.8); die restlichen Mitglieder der Steuergruppe kümmern sich um das Setting und den Raum.

Durchführung (ca. 15 Min)
Die Couples führen mit der Steuergruppe und der gewählten Frage eine Moderation durch; dabei reagieren sie auf die Störungen der vier Widerstandstypen; die Beobachterinnen und Beobachter halten ihre Beobachtungen fest.

Auswertung (ca. 15 Min)
Das Trainerteam (oder: die Beobachterinnen und Beobachter) moderieren die Auswertung im Round-Table-Gespräch. Zunächst berichten die Teilnehmenden aus ihren Rollen heraus.

Ggf. Austausch (weitere ca. 15 Min)
In einem zweiten Auswertungsschritt können die Erfahrungen im Plenum ausgetauscht werden.

Raum/Ausstattung

Zwei getrennte Räume, die beide mit Moderationsmaterial ausgestattet sind;
zwei kleine Räume, in denen sich die Couples auf die Moderation vorbereiten können.

Vorbereitung

Arbeitsblätter

Hinweise für Trainerinnen und Trainer

— Beobachtete und erlebte Widerstände können sprachlich, mimisch, gestisch und systemisch bewältigt werden. Der Beobachtungsbogen knüpft dabei auch an Modul 3 an.
— Wenn die Teilnehmenden nicht selbst wählen wollen, können zur Auswahl der Rollen z.B. Karten gezogen werden.
— Bereits bei der Durchführung (und vor der expliziten Auswertung) kann es eine kurze Rückmeldung der Gruppe/der Beobachterinnen und Beobachter geben; evtl. zum Ende zwei positive Rückmeldungen und zwei Empfehlungen.
— Es ist wichtig, die Teilnehmenden zum Abschluss aus ihren Rollen zu entlassen (evtl. auch Sitzplatzwechsel etc.).
— Die Simulation kann durch die Arbeitsblätter M 5.9 bis M 5.11 unterstützt werden.

Schritt 8
→ Simulation: Nachbesprechung – Couple im Auto

Reflecting Team   ca. 20 Min   M 5.12

Es wird eine Nachbesprechungssituation auf der Rückfahrt von einer Moderation nachgestellt, bei der das Prozessbegleitungs-Couple den gerade durchlaufenen Prozess miteinander reflektiert.

Ablauf/Methode

Plenum/Reflecting Team: Ein Prozessbegleitungs-Couple sitzt auf zwei Stühlen nebeneinander und spielt eine Nachbesprechung im Auto (→ Arbeitsblatt).

Raum/Ausstattung

Zwei Stühle nebeneinander im Plenum

Vorbereitung

Arbeitsblatt

Hinweise für Trainerinnen und Trainer

— Die Übung kann von den Prozessbegleitungs-Couples aus den Simulationen durchgeführt oder beispielhaft vom Trainerteam gezeigt werden.
— Die Übung zeigt noch einmal, wie hilfreich es ist, Begleitungen von Veränderungs- oder Entwicklungsprozessen zu zweit durchzuführen. Insbesondere im Umgang mit Verschiedenheit, Vielfalt und den sich daraus ergebenden Konflikten kann die wechselseitige Wahrnehmung und kritische Reflexion sehr brauchbar für die Prozessgestaltung sein.

Info: Reflecting Team

Die Methode des »Reflecting Teams« kommt aus der systemischen Therapie und wird zunehmend im Ausbildungs- und Evaluationszusammenhang angewandt. Ziel ist es, einen Freiraum für die Entwicklung vielfältiger Perspektiven und angemessener Ideen und Lösungsmöglichkeiten zu schaffen, in dem die Integrität der Teilnehmenden gewahrt bleibt und das Annehmen von Vorschlägen erleichtert wird. Dazu begeben sich die beteiligten Systeme (Ratsuchende und Beratende, Beobachtende) in ein gemeinsames Gespräch über das Erlebte und kommunizieren in Ich-Form über ihre Erfahrungen und Empfindungen.

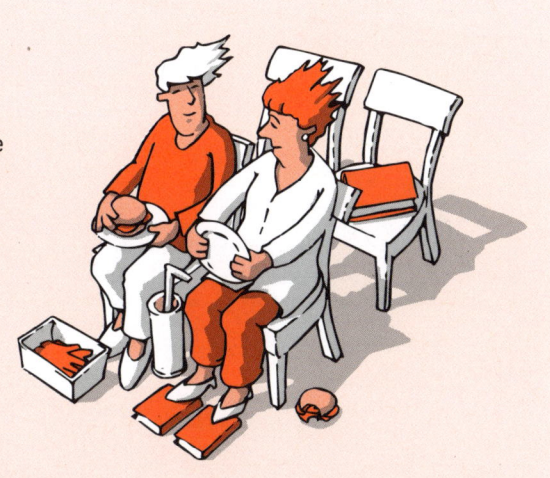

Schritt 9

→ Rückbindung an die Ziele – Feedback – Ausblick – Abschluss

Dieser Schritt kehrt in allen Modulen wieder. Infos dazu → S. 33.

Arbeitsblätter

M 5.1

Ankommen – Eingangsplakat

Es beginnt, bevor es beginnt.

Schreiben Sie jeweils 1–2 Karten zu den Aspekten »Akzeptanz« (grüne Karten) und »Widerstand« (rote Karten) in der Begleitung inklusiver Veränderungsprozesse.

Legen Sie Ihre Karten auf dem »Inklusions-Teppich« aus.

Akzeptanz in der Begleitung inklusiver Veränderungsprozesse ist für mich ...

_____
_____
_____
_____

Widerstand in der Begleitung inklusiver Veränderungsprozesse ist für mich ...

_____
_____
_____
_____

INKLUSION AUF DEM WEG
MONTAG STIFTUNG JUGEND UND GESELLSCHAFT

M 5.2

Reflexion und Austausch: »Täter-Opfer-Beobachter«

Aufgabe

1. Sammeln Sie biografische Eindrücke, Erlebnisse aus unterschiedlichen Rollen in Moderationssituationen. Notieren Sie sich dazu einige zentrale, selbsterlebte Erfahrungen **(ca. 10 Min)**.
2. Finden Sie eine Partnerin/einen Partner und tauschen Sie sich über die Erlebnisse und Erfahrungen aus (Ich war »Opfer«, Ich war »Täterin/Täter«, Ich war »Beobachterin/Beobachter«). Schreiben Sie für das Plenum zentrale Punkte auf 2–3 Karten **(ca. 15 Min)**.
3. Austausch im Plenum **(ca. 20 Min)**

Ich war **»Opfer«** einer Moderation (z. B. Erlebnisse aus Konferenzen, Teamsitzungen: Wo bin ich in Widerstand gegangen?).

_____

_____

_____

_____

Ich habe als **»Täterin/Täter«** eine Moderation durchgeführt
(Erlebnisse aus eigenen Moderationen: Wo habe ich Widerstand erlebt, erzeugt, provoziert?).

_____

_____

_____

_____

Ich habe als **»Beobachterin/Beobachter«** in einem Gruppenprozess Widerstände erlebt
(z. B. bei Teilnehmenden, im Moderationsteam: Was konnte ich beobachten? Wie ist es mir dabei ergangen?).

_____

_____

_____

_____

INKLUSION AUF DEM WEG
MONTAG STIFTUNG JUGEND UND GESELLSCHAFT

M 5.3

Input/Übung: Widerstände(n) vorbeugen, bewältigen, bearbeiten

Widerstände in der Begleitung inklusiver Veränderungsprozesse

Vorbeugen   Bewältigen   Bearbeiten

Widerstand – Grundsätze zum Umgang
— Es gibt keine Veränderungen ohne Widerstand.
— Widerstand enthält immer eine »verschlüsselte Botschaft«.
— Nichtbeachtung von Widerstand führt zu Blockaden.
— Mit dem Widerstand gehen, nicht gegen ihn.

Diagnose von Widerstand
— Wird der Widerstand durch »verdeckte Regeln« hervorgerufen? (Z. B. »Erst mal abwarten!«)
— Gibt es typische Muster für Widerstand?
— Wer »treibt die Preise hoch«?
— Welche Einflüsse hat die Systemumwelt?
— Wie war die bisherige Entwicklung? (Geht es vorwärts – oder haben wir uns festgefahren?)

Vorbeugen
— Systemische Analyse der Organisation
  (Personen, Strukturen, Traditionen, Werte)
— Aufbau einer gemeinsamen inklusiven Wertekultur
— Klare Vereinbarungen zu Rahmenbedingungen, Zielen, Abläufen
— Vorbereitete Arbeitsumgebung
— Partizipation aller am Prozess Beteiligten

Bewältigen
— Moderationstempo verändern
— Verbindlichkeiten herstellen
— Nonverbale Signale wahrnehmen und konstruktiv ansprechen
— Entspannungspause einschieben
— Eigene Befindlichkeiten deutlich machen
— »Killerphasen« nicht zulassen (Stopp-Schild)

Bearbeiten
— Bearbeiten heißt gemeinsam daran arbeiten.
— Bearbeitung braucht Zeit und Ruhe.
— Bearbeitung erfordert systematisches Handeln.
— Bei der Lösung sind auch systemische Bedingungen zu beachten.
— Bearbeiten bedeutet auch: sich Hilfe holen ist professionell.

Aufgabe
— Denken Sie über Ihre Haltung zu der folgenden Frage nach (ca. 2 Min) und tauschen Sie sich dazu aus (ca. 3 Min): Können alle Mitarbeiterinnen und Mitarbeiter davon überzeugt sein, dass Konflikte auf allen Ebenen fair geregelt werden?
— Erinnern Sie sich an eine kritische Situation und überlegen Sie (eine) Lösung(en) aufgrund der hier besprochenen Möglichkeiten.

INKLUSION AUF DEM WEG
MONTAG STIFTUNG JUGEND UND GESELLSCHAFT

M 5.4

Reflexion: Erkenntnisse aus dem Input-Vortrag

Aufgabe
Klären Sie für sich und mit Ihrer Nachbarin/Ihrem Nachbarn nach dem interaktiven Vortrag folgende Fragen zum konstruktiven Umgang mit Widerstand. Bitte notieren Sie Erkenntnisse, Gedanken, Erfahrungen auf Karten.

Was steckt eigentlich hinter einem Widerstand im Veränderungsprozess einer Organisation?
Welche Annahmen könnten dem Widerstand zugrunde liegen
(Abwertungen, Bedrohungen, Grenzverletzungen)?
Wie könnten diese Vermutungen überprüft werden?

Was ist das Positive daran?
Gefühle und Interesse zeigen
Zuhören (Analysegespräch)
Verdeckte Gefühle thematisieren

Wie können wir Eskalation vermeiden?
Rollen klären
Entlasten (z. B. durch Verlagerung auf anerkannte Gremien)
Benachteiligungen thematisieren und entschärfen

Wie können wir Brücken bauen?
Direkte Kritik vermeiden
»Gegnerinnen/Gegnern« Anerkennung für Leistungen geben
Aufschaukeln zu Extrempositionen bei der Einschätzung von Vorhaben vermeiden

Wie können wir Druck herausnehmen?
Vorhaben zeitlich beschränken
Prüfprozess und Entscheidungen zeitlich festlegen

Wie können wir »Gegnerinnen und Gegner« einbinden?
Der Kritik Raum geben – Analysegespräch führen

M 5.5

Simulation: Widerstände und Störungen in Begleitprozessen

Ausgangssituation
Die Steuergruppe hat im laufenden Veränderungsprozess ein Prozessbegleitungs-Couple eingeladen, um sich auf den weiteren Entwicklungsprozess zu begeben. Man kennt sich bereits aus zwei vorherigen Treffen. Eine direkte Vorgabe hat das Couple nicht bekommen, sodass die Steuergruppe gespannt ist, was auf sie zukommt. Entscheiden Sie sich vorab für eine Organisationsform, in der die Simulation stattfinden soll: z. B. Schule, Kindertagesstätte, Verein, Kommune etc.

Aufgabe

1. **Vorbereitung (ca. 15 Min)**
   — Selbstgewählte Aufteilung der Gruppe auf zwei Gruppen und Rollenverteilung
   — In jeder Teilgruppe übernehmen zwei Personen die Rolle des Prozessbegleitungs-Couples, das gemeinsam die Sitzung der Steuergruppe moderieren wird.
   — In jeder Teilgruppe übernehmen zwei weitere Personen die Rolle von Beobachterinnen und Beobachtern, die die Steuergruppensitzung beobachten werden.
   — In jeder Teilgruppe simulieren die restlichen Gruppenmitglieder die Steuergruppe, vier von ihnen übernehmen die Rollen von verschiedenen Widerstandstypen.
   — Alle bereiten sich anhand der Arbeitsblätter auf ihre Rolle in der Simulation einer 15-minütigen Sitzung vor (Couple: Arbeitsblatt M 5-6; Beobachterinnen und Beobachter: Arbeitsblatt M 5-7; Widerstandstypen der Steuergruppe: Arbeitsblatt M 5-8); die restlichen Mitglieder der Steuergruppe kümmern sich um das Setting und den Raum.

2. **Durchführung der Sitzung (ca. 15 Min)**
   — Die Couples führen mit der Steuergruppe und der gewählten Frage eine Moderation durch.
   — Dabei reagieren sie auf die Störungen der vier Widerstandstypen (entsprechend der verteilten Rollen).
   — Die Beobachterinnen und Beobachter halten ihre Beobachtungen fest.

INKLUSION AUF DEM WEG
MONTAG STIFTUNG JUGEND UND GESELLSCHAFT

M 5.6

Simulation: Widerstände und Störungen in Begleitprozessen

A. Prozessbegleitungs-Couple

Aufgabe
Wählen Sie für Ihre Moderation eine Index-Frage aus. Führen Sie anschließend mit der Steuergruppe der auftraggebenden Organisation eine Moderation durch. Reagieren Sie dabei auf die Störungen der vier »Widerstandstypen«.

Beispielfragen:
IfI – Index für Inklusion für Schulen
— Wird in der Öffentlichkeitsarbeit der Schule unmissverständlich deutlich, dass es ihr Grundprinzip ist, auf die Vielfalt der Schülerinnen und Schüler und deren Hintergründe einzugehen?
— Spiegelt sich das Prinzip der Vielfalt der Schulgemeinschaft im Eingangsbereich der Schule wider?
— Fühlen sich Schülerinnen und Schüler, Eltern, Mitarbeiterinnen und Mitarbeiter, Mitglieder der schulischen Gremien und die der örtlichen Umgebung als gemeinsame Besitzerinnen und Besitzer der Schule?

(aus: IfI 2007, Inklusive Kulturen schaffen, A. 1 I Gemeinschaft bilden)

IvO – Kommunaler Index für Inklusion
— Fördert die Organisation ein kritisches und selbstkritisches Hinterfragen von Haltungen, die einer inklusiven Kultur widersprechen? (Gemeinsame Ziele und Leitideen, IvO S. 62)
— Können alle Mitarbeiter/innen davon überzeugt sein, dass Konflikte auf allen Ebenen fair geregelt werden? (Zusammenarbeit und Unterstützung, IvO S. 88)
— Werden Konflikte zwischen Akteur/innen mit unterschiedlich großen Einflussmöglichkeiten konstruktiv und wertschätzend gelöst? (Verständigung und Entscheidungen, IvO S. 112)

M 5.7

Simulation: Widerstände und Störungen in Begleitprozessen

B. Beobachterinnen und Beobachter

Aufgabe
— Beobachten Sie alle Akteurinnen und Akteure während der Simulation und notieren Sie Ihre Wahrnehmungen für die anschließende Nachbesprechung.
— Helfen Sie der Gruppe, auf die Einhaltung der Zeit zu achten.
— Geben Sie ggf. zum Ende zwei positive Rückmeldungen und zwei Empfehlungen ab.

Erster spontaner Eindruck zum Setting:
___

Auftauchen von Differenzen und Verschiedenheit, Umgang mit Widerständen:
___

Sprache:
___

Mimik:
___

Gestik:
___

Körperspannung – Körperhaltung:
___

Ausgedrückte Empathie:
___

Systemische Interventionen:
___

Sonstiges:
___

INKLUSION AUF DEM WEG
MONTAG STIFTUNG JUGEND UND GESELLSCHAFT

M 5.8

Simulation: Widerstände und Störungen in Begleitprozessen

C. Steuergruppe des Auftraggebers – Widerstandstypen

Aufgabe
Übernehmen Sie in der Sitzung die Rolle eines der hier beschriebenen »Widerstandstypen« und fordern Sie das Prozessbegleitungs-Couple mit typischen Reaktionen heraus. (Anregungen und Beispiele siehe Infoblatt M 5.10)

Sitting Bull
Die Organisation und die beteiligten Personen betonen, dass Stabilität das Wichtigste ist; die eigene Stärke wird hervorgehoben – sie liegt besonders in der gemeinsamen Ablehnung aller »modischen« Veränderungsimpulse. Das Erfolgsrezept lautet: »Gemeinsam sind wir stark und für die Zukunft gewappnet!«

Crazy Horse
In manchen Organisationen zeigen einzelne Personen oder Personengruppen Überaktivitäten in Form von Projektfeuerwerk, Ideenhektik und permanenten Strategiewechseln. Die einen sind überaktiv – die anderen kommen nicht mehr mit. Das Verhalten der »Überaktiven« erzeugt Angst, Misstrauen und Ablehnung und ist das Gegenmodell zum »Sitting Bull«.

Lame Duck
Die Organisation mit ihren Personen reagiert eingeschüchtert, blind für ihre Möglichkeiten und ohne Ideen für Veränderung. Viele Beschlüsse und deren Umsetzung werden verschoben. Es findet Wahrnehmungsverdrängung und Selbstabwertung statt. Die Organisation pendelt zwischen Veränderungsdruck und Negierung der Notwendigkeit.

Pecking Hen
In der Organisation findet heftiges Klagen statt. Es wird immer ein/eine Schuldige/r gesucht und auch gefunden. Kritik und Anklage gegenüber anderen beteiligten Gruppierungen absorbieren den größten Teil der Redebeiträge. Die Grundstimmung ist aggressiv – Fehler werden angeprangert, aber nie als Lernchancen gesehen.

(Text: Rabenstein, Reinhold/Reichel, Rene (2012): Kreativ beraten. Methoden und Strategien für kreative Beratungsarbeit, Coaching und Supervision. 5. Auflage. Münster: Ökotopia Verlag. www.oekotopia-verlag.de. Mit freundlicher Genehmigung.)

INKLUSION AUF DEM WEG
MONTAG STIFTUNG JUGEND UND GESELLSCHAFT

M 5.9

Simulation: Widerstände und Störungen in Begleitprozessen – Infoblatt 1

Infoblatt: Persönliche Gelingensbedingungen für den Umgang mit Widerständen
Die Sichtbarmachung der Person- und Systemumwelten und deren Beziehungen (»Helikopterview«) schafft Klarheit über den Grad und die Art der Komplexität von Störungen und gibt Orientierung für die Entwicklungs- und Moderationsstrategie.

— Widerstandsenergie aufnehmen und positiv einspannen (Aikido-Prinzip)
— sachlich bleiben
— zum Perspektivwechsel auffordern (Standogramm)
— Widerständler aktiv einbeziehen
— Wertschätzung
— empathische Haltung
— systemische Fragen stellen
— aktives Zuhören
— offenes, authentisches, gepflegtes Auftreten (Professionalität)
— Widerstände handhabbar machen
— konkret bleiben
— Frage nach dem Wozu/Woraufhin eines Widerstandes stellen
— positive Ko-Moderation
— Setting klären
— Fragen, Argumente visualisieren
— Adressatin/Adressat klarhaben
— Widerstand verorten, was (oder wer) motiviert den Widerstand?
— Was will der Widerstand bewahren?
— Blickfeld erweitern, Perspektiven wechseln
— mit Widerstand überraschend umgehen
— Widerstände begrenzen, hierfür aber Raum und Zeit schaffen

INKLUSION AUF DEM WEG
MONTAG STIFTUNG JUGEND UND GESELLSCHAFT

M 5.10

Simulation: Widerstände und Störungen in Begleitprozessen – Infoblatt 2

Infoblatt: Beispiele für Widerstände
Die folgenden Zitate können als Beispiele für die Simulation genutzt und jederzeit durch eigene Erfahrungen ergänzt werden.

— Das wird mir alles zu viel.
— Das schaffen wir doch alles gar nicht!
— Das habe ich bei Herrn Prof. XYZ aber ganz anders gehört.
— Das ist doch Zeitverschwendung!
— Das sitzen wir auch noch aus.
— Da wird schon wieder eine neue Sau durchs Dorf gejagt.
— Ich werde ohnehin bald pensioniert.
— Wir arbeiten immer tolle Konzepte aus, aber es hält sich sowieso niemand daran.
— Ständig gibt es neue Aufgaben, und alles sollen wir zusätzlich leisten – bei unserer ohnehin schon hohen Arbeitsbelastung.
— Wen sollen wir denn noch alles an unseren Sitzungen beteiligen? Wie stellen Sie sich das vor? Da kommen wir ja nie zu Ergebnissen.
— Können Sie nicht mal lauter sprechen – ich verstehe schon die ganze Zeit kein Wort.
— Bloß nicht wieder Gruppenarbeit und Clustern.
— Das bringt mir hier gar nichts – das machen wir doch fast alles schon!
— Ich hätte da noch eine Frage: Können wir mal eine Pause machen?
— Du immer mit deinen spleenigen Ideen – hat noch nie was gebracht!

M 5.11

Simulation: Widerstände und Störungen in Begleitprozessen – Infoblatt 3

Infoblatt: Konstruktives Feedback geben

Regeln für das Geben von Feedback
— Ich beschreibe zunächst mit einer Ich-Botschaft nachvollziehbar und wertneutral, was ich gesehen und gehört habe. Im zweiten Schritt (und erst dann) beschreibe ich, wie diese Beobachtungen auf mich wirken und was ich hierzu fühle.
— Meine Aussage bezieht sich nur auf das aktuelle situative Verhalten, nicht auf die Person (Identität) und nicht auf länger Zurückliegendes.
— Meine Aussage erfolgt in kurzen Sätzen mit wenig Gestik und ist spezifiziert.
— Ich vermeide Wertungen und formuliere stattdessen Wünsche/Bedürfnisse/Befürchtungen.
— Ich versuche, die gute Absicht oder den positiven Anteil des beobachteten Verhaltens zu würdigen.

Regeln für das Empfangen von Feedback
— Ich begreife Feedbacks als Chance, die Wirkung meines Handelns und meiner Sprache zu erfahren.
— Ich höre nur zu und weiß, dass ich mich nicht zu rechtfertigen brauche.
— Ich frage nur beim Nichtverstehen nach.
— Ich weiß, dass ich (wie alle anderen Menschen auch) blinde Flecken in meiner Wahrnehmung habe und dass die Perspektiven anderer mir helfen können, diese Flecken zu entdecken.
— Ich beziehe Feedback nur auf mein momentanes Verhalten und nicht auf meine Person.
— Ich entscheide, was ich annehme und was nicht. Ich kann das Feedback jederzeit beenden.
— Ich bedanke mich für das Feedback.
— Mir ist bewusst, dass meine Reaktion auf Feedback darüber entscheidet, ob und wie ich in Zukunft welches bekomme.

Feedbackregeln klingen so einfach, sind jedoch besonders dann schwierig einzuhalten, wenn kontroverse Sachverhalte vorliegen und verdeckte Konflikte eine lösungsorientierte Kommunikation erschweren.

INKLUSION AUF DEM WEG
MONTAG STIFTUNG JUGEND UND GESELLSCHAFT

M 5.12

Simulation: Nachbesprechung – Couple im Auto

Aufgabe
Stellen Sie zwei Stühle nebeneinander, um die Situation »Rückfahrt im Auto« zu simulieren.
Als Prozessbegleitungs-Couple sitzen Sie als Fahrer/Fahrerin und Beifahrer/Beifahrerin nebeneinander und reflektieren anhand der Methode des »Reflecting Teams« (s. S. 163) gemeinsam die letzte Sitzung. Unterhalten Sie sich dabei in der Ich-Form über die gemachten Erfahrungen und Empfindungen.

Mögliche situative Vorgaben – Anregungen zur Reflexion
— Mich bringt es leicht aus dem Konzept, wenn du mich unterbrichst.
— Warum haben wir der Teilnehmerin Marietta nicht gesagt, dass sie sich mehr zurückhalten soll?
— Mein Vortrag ist wieder viel zu lang gewesen – wir hatten uns ja auf 12 Minuten geeinigt.
— Wie kommt es, dass wir zu wenig Kopien von den Arbeitsblättern hatten?
— Hätte ich dich mehr unterstützen müssen, als der Teilnehmer Fritz dich wegen der Methode angemacht hat?
— Ich war total froh, als du auf den Widerstand von Pepe so konstruktiv eingegangen bist, ich konnte da nicht so cool bleiben.

Selbstreflexion und Methodenrepertoire

- → Methoden für den Einsatz des Index für Inklusion auswählen, entwickeln und für spezifische Anlässe variieren
- → Methoden anleiten und moderieren und mit dem Index für Inklusion verbinden
- → Reflexionsprozesse anregen und begleiten
- → Die Durchführung und Anleitung der Methoden kritisch begleiten und unterstützen
- → Inhaltliche und selbstreflexive Auseinandersetzungen anregen und begleiten
- → Partizipation in Gruppenprozessen, Methoden und Diskussionen realisieren

In diesem Modul dreht sich alles um die Arbeit mit dem Index für Inklusion. Ziel ist es, die inklusive Qualität von Prozessen und die eigene inklusive Haltung durch einen vielfältigen Umgang mit dem Index zu reflektieren. Anhand verschiedener Methoden werden moderative Impulse gesetzt, um sich bewusst zu den Werten einer inklusiven Entwicklungslogik in systemischen Veränderungsprozessen zu positionieren. Gleichzeitig wird auf der Praxisebene die Auswahl und Anwendung verschiedener Methoden für eine sichere und vielseitige Arbeit mit dem Index für Inklusion geübt.

Hintergrund:
Warum ist dieses Modul wichtig?

Inklusion als wegweisende Orientierung des eigenen Handelns

Inklusive Veränderungsprozesse sind geprägt von der Haltung der beteiligten Personen, die als Akteurinnen und Akteure auf den Ebenen der Steuerung, der konzeptionellen Ausrichtung und der Umsetzung verantwortlich tätig sind. Haltungen bilden sich heraus in persönlich bedeutsamen, biografischen Erfahrungszyklen, in der Auseinandersetzung mit personalen Vorbildern und gesellschaftlich gelebten Modellen sowie aus einem individuell angeeigneten Ideenspektrum über die Beschaffenheit der Welt und des Menschen. Solche Haltungen zu hinterfragen und Veränderungsprozesse anzuregen, ist vielleicht eine der anspruchsvollsten Aufgaben, mit der sich ein Prozessbegleiter oder eine Prozessbegleiterin in Moderationssituationen konfrontiert sehen. Flexibilität und Offenheit sowie eine hohe Veränderungsbereitschaft sind in diesem Zusammenhang wichtige Voraussetzungen, um die eingeschlagenen Veränderungsschritte nachhaltig zu gestalten.

Die Rolle des Index für Inklusion

Der »Index für Inklusion« spielt dabei eine wichtige Rolle. Er gibt keine konkreten Handlungsanweisungen oder fest definierten Schritte vor, sondern er initiiert, oder besser: provoziert mit seinen Fragen eine Reflexion gerade dieser hintergründigen Aspekte von Haltung und Einstellung sowie einen Diskurs über Werte und Menschenbild. Gewohnte Sichtweisen werden hinterfragt, die eigene Organisation in ihren häufig selbstverständlich erscheinenden Gewohnheiten aus anderer Perspektive betrachtet.

Die in diesem Modul vertiefte Arbeit mit den Fragen aus dem Index für Inklusion lädt dazu ein, sich »neben den Prozess« zu stellen, innezuhalten, eine neue Perspektive einzunehmen. Die zukünftigen Prozessbegleiterinnen und Prozessbegleiter können den Raum nutzen, die Auseinandersetzung mit den Fragen selbst und in der Gruppe intensiv zu führen, und lernen dabei zugleich Methoden kennen und erproben, die wiederum in der Praxis ihren Einsatz finden werden.

Reflexion und Selbstreflexion

An vielen Orten haben Prozessbegleiterinnen und Prozessbegleiter in den vergangenen Jahren Erfahrungen im Umgang mit dem Index für Inklusion gesammelt und Methoden entwickelt, ihn in unterschiedlichen Prozessphasen adäquat einzusetzen. Dazu gehört immer auch die ehrliche persönliche Reflexion der eigenen Wertehaltung im Kontext der zu moderierenden Entwicklungsphasen einer Organisation. Deswegen erfordert die Arbeit mit dem Index für Inklusion nicht einfach ein breit gefächertes Methodenrepertoire, sondern auch die bewusste Abwägung der Wirkung ihrer inklusiven Orientierung und deren Abwehr.

Dieses Modul gibt ausführlich Gelegenheit, den methodischen Einsatz von Index-Fragen beispielhaft zu erproben und ihre Wirkung auf der Metaebene zu reflektieren. Der große Selbsterfahrungsanteil soll die Teilnehmenden ermutigen, in ihren eigenen Organisationen und im Rahmen ihrer Moderationsaufträge selbstbewusst und variabel mit dem Index zu arbeiten.

Einen eigenen Standpunkt finden

Die Einbeziehung verschiedener Akteurinnen und Akteure in ein partizipatives Setting von Entwicklungsprozessen ist bei der Planung von institutionellen Veränderungen und konzeptioneller Profilierung immer noch nicht selbstverständlich. Partizipative Gestaltung von Veränderungsprozessen erfordert Mut und Kreativität der beteiligten Personen und der beauftragten Prozessbegleiterinnen und Prozessbegleiter.

Innerhalb der polarisierend und bisweilen auch polemisch geführten Diskussion um die Einführung von Inklusion brauchen Prozessbegleiterinnen und Prozessbegleiter eine klare Position. Sie tragen – gerade vor dem Hintergrund einer von Unschärfe und Widersprüchlichkeiten geprägten öffentlichen Debatte – Verantwortung dafür, den qualitätvollen Anspruch der Leitidee Inklusion deutlich zu machen und aufrechtzuerhalten. Dementsprechend geht es in diesem Modul auch darum, die hinter dem Wissen über Qualitätsentwicklung, Moderationen und Prozessbegleitung liegende inklusive Haltung zu finden, sichtbar zu machen, zu verbalisieren oder – mit anderen Worten – Inklusion als Wertehaltung spürbar zu machen.

Es ist ein explizites Anliegen des Moduls, diese eigene Haltung, die zu begleitenden Prozesse sowie den Prozess der Qualifikation mit der Leitidee Inklusion und durch die Arbeit mit dem Index für Inklusion bewusst zu machen und zu reflektieren: Was unterscheidet inklusive Prozesse von anderen Prozessen der Qualitätsentwicklung und Veränderung? Welches Selbstverständnis, welche inneren Vereinbarungen braucht eine inklusive Prozessbegleitung, gibt es nicht hintergehbare Mindeststandards, gemeinsame Nenner für eine inklusive Orientierung?

Methodenrepertoire

Es gibt zahlreiche Methoden, die sich für die Arbeit mit dem Index für Inklusion eignen. Infrage kommen alle Methoden, die zu Dialog und Reflexion anregen, die Assoziationen und Bilder auslösen, Ideen und Ressourcen hervorbringen, Perspektiven und neue Horizonte öffnen, Austausch und Partizipation anstoßen. Wichtig ist, für jede Prozessbegleitung genau die Methoden auszuwählen, die zur Gruppe und zum Kontext (Ziel, Zeit, Raum, Inhalt) genauso passen wie zu den Persönlichkeiten der beiden Prozessbegleiterinnen und -begleiter, die im Couple zusammenarbeiten.

Deshalb bietet dieses Modul ganz bewusst keine feste Auswahl von Methoden an, sondern will dazu auffordern, situationsbedingt für jeden konkreten Anlass selbst eine Auswahl zu treffen. In einer Fortbildung bietet es sich übrigens auch an, die Teilnehmenden in die Auswahl mit einzubeziehen oder sie sogar eigene Methoden entwickeln zu lassen. Mit der Zeit entwickelt jeder Prozessbegleiter und jede Prozessbegleiterin ein immer größer werdendes Repertoire und entdeckt, in welchen Konstellationen sie mit welchen Methoden besonders gut und gerne arbeiten können.

Das Modul ist nicht in einen vorgesehenen Ablauf im Rahmen der Qualifikation eingebettet. Da es sich als »quer zum Prozess liegend« versteht, kann es jederzeit angeboten oder auch anteilig in andere Module integriert werden. Erfahrungsgemäß bietet es sich zum Beispiel in der Mitte einer Fortbildung an, wenn bereits Wissen über Veränderungsprozesse und Hintergrundinformationen zu Entstehungsgeschichte und Einsatz des Index für Inklusion vorhanden sind. Um die Zeit effektiv für Reflexions- und Austauschprozesse in der Beschäftigung mit den Fragen nutzen zu können, sollten Grundlagen (Entstehungsgeschichte des Index für Inklusion, Kenntnis der verschiedenen Versionen) vorhanden sein.

Schritte

	Ablauf	Organisationsform	Dauer (Richtwerte)	Arbeitsblätter
1	Ankommen – Stehcafé	Plenum/Stehcafé	ca. 30 Min	
2	Einstieg	Plenum	ca. 10 Min	
3	Index-Frage: Skala	Plenum	Variabel	
	Vertiefung der Arbeit mit dem Index für Inklusion	Verschiedene		
4	Rückbindung an die Ziele – Feedback – Ausblick – Abschluss	Plenum	ca. 30 Min	

Schritte 1–2
Diese Schritte kehren in allen Modulen wieder. Infos dazu → S. 32 f.

Schritt 3

→ Index-Frage: Skala
Plenum   Variabel

→ Vertiefung der Arbeit mit dem Index für Inklusion
Verschiedene

Anhand verschiedener Methoden wird die Arbeit mit den Fragen aus dem Index für Inklusion vertieft. Beispielhaft wird hier die Anwendung der Methode »Skala« vorgestellt.

Ablauf/Methode
— Durch eine Linie wird eine Skala von 1–10 auf dem Boden skizziert (z.B. mit einem Band).
— Auf dem Flipchart wird eine Frage aus dem Index für Inklusion vorgestellt, z.B.: »Werden Menschen beim ersten Kontakt mit unserer Einrichtung freundlich empfangen?« (IfI, S. 53) oder: »Gibt es feste Formen, neue Mitarbeiter/innen willkommen zu heißen?« (IvO, S. 85).
— Alle Teilnehmenden positionieren sich auf der skizzierten Linie (Skala) bei einem Wert, mit dem sie für sich die Frage beantworten: 10 bedeutet »Wir handeln sehr inklusiv«, 1 bedeutet »Wir handeln gar nicht inklusiv«.
— Die Gruppe lässt das Gesamtbild auf sich wirken – danach befragt das Trainerteam einzelne oder alle Teilnehmenden (je nach Gruppengröße) zu ihren Gedanken.
— Gemeinsam werden die Ergebnisse reflektiert.

Raum/Ausstattung
Ausreichend großer Raum, in dem die Aufstellung mit der entsprechenden Anzahl Menschen durchgeführt werden kann.

Vorbereitung
Karten, Flipchart

Hinweise für Trainerinnen und Trainer
Zur Arbeit mit der Methode »Skala«
— Die Formulierung der Frage sollte so sein, dass man mit einem Skalawert darauf antworten kann.
— Die Skala kann je nach gewählter Frage beliebig abgewandelt werden: Schulnoten, Prozentzahlen, immer/nie etc.

— Niemand muss auf die anschließende Befragung antworten – das entscheidet jede/r selbst.
— Die Teilnehmenden können auch anhand verschiedener Fragen üben, eine Skala durchzuführen. Es ist nicht immer einfach, wenn es um sehr persönliche Fragen geht, wenn Widerstände auftreten oder wenn Einzelne anfangen zu vergleichen. Hier ist die Metaebene sehr wichtig.

Zur weiteren Auswahl von Methoden
— Es ist wichtig, die Auswahl der Methoden gut an die Gruppe der Teilnehmenden und ihr zukünftiges Einsatzgebiet anzupassen und immer auch inklusive Werte im Blick zu behalten.
— Es ist wichtig, Methoden mit unterschiedlichen Formaten zu wählen (je nach Zielen, Anzahl der Personen, »Tiefe der Diskussion«, Ansprache welcher Ebene des IvO etc.).
— Die Teilnehmenden können die Auswahl und Anwendung von Methoden sowie die Formulierung und Umformulierung von Fragen mitgestalten.
— Je nach Zeit und Umfang bietet es sich auch an, auf »verwandte« Konzeptionen und Methoden hinzuweisen, sie vorzustellen und/oder zu erproben: z.B. Kooperatives Lernen, Kunst aufräumen, den Einsatz von Bilderbüchern für jüngere Kinder und Jugendliche, Material in einfacher Sprache/Adaption von Texten in einfacher Sprache, Arbeitsmaterial zur Kinderrechtskonvention, Demokratisches Lernen, Übungen aus Anti-Bias und Vorurteilsbewusster Bildung, das Konzept der »Alliances« aus dem englischsprachigen Index für Inklusion für Schulen etc.

Schritt 4
→ **Rückbindung an die Ziele – Feedback – Ausblick – Abschluss**

Dieser Schritt kehrt in allen Modulen wieder. Infos dazu → S. 33.

Info: Methodenauswahl

Es gibt unendlich viele Methoden, die sich für eine Arbeit mit den Fragen aus dem Index für Inklusion eignen. Wir wollen keine Methoden »vorgeben« – es ist wichtig, dass die gewählten Methoden zu den Menschen im Prozess und in der Prozessbegleitung passen. Wir haben bereits mit diesen Methoden gute Erfahrungen gemacht:

ABCDarium, Brainstorming, Brief an mich, Buddybook, Bushaltestelle, Denkzettel, Drei-Schritt-Interview, Ein-Punkt-Frage, Entscheidungstorte, Erfahrungskreis, Eulen der Weisheit, Fishbowl, Galerie, Herzen und Kleeblätter, Ideenstern, Jigsaw, Karusselldiskussion, Kartenabfrage, Klotzen, Kommunikative Hand, Konflikecken, KUS-Matrix (Klar-unklar-strittig), Logbuch, Marktmethode, Mein persönlicher Schnappschuss, Open Space, Placemat, Punktesammlung, Querdenken, Schatzkiste, Schreibkonferenz, Skala-Aufstellung, Spaziergang, Stegreifentscheidung, Sternstunden-Interview, Stolpersteine, Think-pair-share, Volltreffer, Vom Ist zum Soll, Wetterkarte, World-Café, Zugspiel.

Eine Übersicht und Beschreibung verschiedener Methoden findet sich z.B. hier: IvO 2011, Methodenpool.

Für die Auswahl einer Methode können folgende Anhaltspunkte Orientierung geben:
— Entsprechen die Methoden dem inklusiven Werteverständnis?
— Passen die Methoden zu den Beteiligten und der Situation?
— Passen die gewählten Methoden zu mir als Moderator/in?
— Ermöglichen die Methoden konkretes Handeln?
— Sind die gewählten Methoden nachvollziehbar und begründbar und erlauben sie Anpassungen und Wechsel?
— Gibt es ausreichend Zeit für die Methoden (Auswertung, vor allem bei offenen Formen, mit einplanen)?
— Erlauben die Methoden den Beteiligten, selbst mit auszuwerten, zu bündeln, zu clustern, zu präsentieren?
— Bieten die Methoden geeignete Feedbackformen?
— Sind die Methoden ökologisch vertretbar?

(aus: IvO 2011, S. 147)

Systemische Beratung inklusiv gestalten

→ Mit systemischer Vielfalt in der Prozessbegleitung umgehen

→ Die Interdependenzen in einem sozialen System benennen und sie in Beratungs- und Begleitprozessen angemessen berücksichtigen

→ Den systemischen Blick mit der Werteorientierung und dem Index als Entwicklungsinstrument verknüpfen

→ Verfahren und Instrumente, um Einrichtungen bei ihren systemischen inklusiven Entwicklungsprozessen zu unterstützen

→ Die eigene Handlungskompetenz zur Begleitung inklusiver Entwicklungsprozesse durch den »systemischen Blick« erweitern

Inklusion ist ein lebendiger, systemisch angelegter Veränderungsprozess in einem sozialen System. Aber was meinen wir, wenn wir von einem sozialen System sprechen? Was ist unser Verständnis von systemischer Beratung? Welche Aspekte erwachsen daraus für die Begleitung inklusiver Prozesse? Welche für das Rollenverständnis der Prozessbegleiterinnen und Prozessbegleiter? Das Modul trägt dazu bei, über diese Fragen nachzudenken und Handlungsoptionen zu entwickeln. Analoge Verfahren zur Wahrnehmung von Systemeigenschaften leiten über zu Basisinformationen über Systemtheorien und systemische Beratung und der Bedeutung der Arbeit mit dem Index in diesem Kontext. Visualisierungstechniken zur Systemdarstellung schließen sich an und werden ergänzt von einem Modell zur Verdeutlichung der Dynamik in einem System in Veränderungsprozessen.

Hintergrund:
Warum ist dieses Modul wichtig?

Inklusion ist keine lineare Entwicklung, sondern ein evolutionärer, nachhaltiger Veränderungsprozess in vielen kleinen (auch Quer-) Schritten und manchmal auch großen Quer-Sprüngen. Systeme, die sich entscheiden, ihre Entwicklung an der Leitidee Inklusion auszurichten, begeben sich (bewusst oder unbewusst) in die Risikozone der Instabilität mit dem Ziel, neue, stabile Ordnungen in ihrer Kultur, ihren Strukturen und Praktiken zu implementieren.

Dabei ist nicht das System das handelnde Subjekt, sondern die in dem System interagierenden Menschen.

»Ich habe immer darauf gewartet, dass ich ein System beraten kann, aber es kamen Menschen« (Gunther Schmidt).[9]

---

[9] **Gunther Schmidt, Mitbegründer des Heidelberger Instituts für systemische Forschung und Beratung. Das Zitat stammt aus einem seiner Seminare. Vgl. auch Schmidt 2006.**

Sie fühlen sich möglicherweise einem starken Veränderungsdruck ausgesetzt, denn Inklusion verlangt Neuorientierung und einen Musterwechsel. Inklusion braucht Mut, sich von alten kognitiven Mustern zu verabschieden und etwas Neues zu wagen. Organisationen auf dem Weg zur Inklusion werden als Systeme betrachtet, die bestimmte strukturelle Merkmale aufweisen und deren Veränderungen im Ablauf bestimmter, voneinander abgrenzbarer Phasen beschrieben werden können. Prozessbegleiterinnen und -begleiter inklusiver Veränderungsprozesse müssen sich daher mit Systemen unter den Aspekten Kultur, Struktur und Prozess auseinandersetzen.

Um ein soziales System zu verstehen, ist es wichtig, es in seinen Kulturen und Strukturen wahrnehmen zu können und die Interaktionsmuster, die in einem System vorherrschen und wirksam sind, mit der eigenen »Beobachterbrille« zu erkennen und zu spiegeln. Nur so können Prozessbegleiterinnen und -begleiter die inklusiven Entwicklungsprozesse, an die jeweiligen Systemvoraussetzungen anknüpfend, begleiten. Sie müssen hierzu die Schritte von Veränderungsprozessen (→ Modul 3 und Modul 8) kennen, um auf dieser Basis mit geeigneten Interventionen Veränderungsschritte unterstützen zu können.

Schritte

	Ablauf	Organisationsform	Dauer (Richtwerte)	Arbeitsblätter
1	Ankommen – Stehcafé	Plenum/Stehcafé	ca. 30 Min	
2	Einstieg	Plenum	ca. 10 Min	
3	Index-Frage	Kann variieren	ca. 20 Min	
4	Übung: Ein System nachstellen	Plenum	ca. 15 Min	
5	Reflexion: Bilder als Beispiele für Systemzustände	Einzeln Plenum	ca. 30 Min	M 7.1
6	Input: Ein Systemmodell und die systemische Sicht	Plenum	ca. 30 Min	
7	Übung: Regeln in Systemen	2er-/3er-Gruppen Plenum	ca. 30 Min	M 7.2
8	Übung: Inklusive Werte und Fragen mit den Merkmalen sozialer Systeme verbinden	Einzeln 3er-Gruppen Plenum	ca. 60 Min	M 7.3 M 7.4
9	Übung: Systemische Beratung in inklusiven Begleitprozessen	6er-Gruppen Plenum 6er-Gruppen Plenum	ca. 120 Min	M 7.5
10	Input und Übung: Menschen in Veränderungsprozessen	Plenum 6er-Gruppen Plenum	ca. 60 Min	M 7.6 M 7.7
11	Rückbindung an die Ziele – Feedback – Ausblick – Abschluss	Plenum	ca. 30 Min	

Schritte 1–3

Diese Schritte kehren in allen Modulen wieder. Infos dazu → S. 32 f.

Schritt 4

→ Übung: Ein System nachstellen

Plenum ca. 15 Min

Mithilfe eines Seiles gestaltet eine Gruppe eine symbolische Vernetzung.

Ablauf/Methode

— 10–12 Teilnehmende bilden die Vernetzungsgruppe, darunter nach Möglichkeit zwei Personen in Leitungspositionen; alle übrigen Teilnehmenden sind Beobachterinnen und Beobachter.
— Die Teilnehmenden der Vernetzungsgruppe stellen sich im Kreis auf und werfen sich das Seil so lange untereinander zu, bis jede/r mindestens einmal, besser aber mehrfach »vernetzt« ist.
— Das Trainerteam provoziert und gibt Anweisungen.
— Plenum: Analyse mit Hilfe der Beobachterinnen und Beobachter
 Metareflexion: Übertragen der Metapher auf die Eigenschaften von Systemen
 Kurzer Ausflug in die Theorie: »Was ist ein System?«

Raum/Ausstattung

Ausreichend großer Raum
Seil, das so lang sein muss, dass alle Teilnehmenden in das Spiel einbezogen werden können, und so dick, dass es nicht einschneidet.

Vorbereitung

Grafik auf Flipchart oder in einer Präsentation

Hinweise für Trainerinnen und Trainer

— Über die Seilmetaphorik werden Systemmerkmale, Verhaltensweisen von Mitgliedern des Systems und die Regeln der Vernetzung anschaulich und die Auswirkungen bestimmter Systemzustände erfahrbar gemacht. Die Mitglieder des Systems »hängen zusammen«, aber wer nicht dabei ist, gehört nicht zum System (Systemgrenze wird sichtbar).
— Die Anweisungen des Trainerteams tragen dazu bei, dass sich das System verändert und immer wieder neu konfiguriert. Beispiele: Nehmen Sie mal die Zügel in die Hand! Üben Sie mal richtig Druck aus! Schauen Sie mal genau, wer jetzt am Zug ist! Ziehen Sie jetzt alle an einem Strang, bilden Sie Seilschaften!

Es könnte mal jemand locker lassen! Schauen Sie, da vorne hängt jemand richtig in den Seilen! Gegen Ende des Spiels: Versuchen Sie nun einmal, sich abzuseilen!

— Fragen an die Beobachterinnen und Beobachter: Was ist Ihnen aufgefallen? Was würden Sie gerne wissen wollen? Was glauben Sie, braucht das System? Was würden Sie raten?

— Bei schönem Wetter und entsprechenden Gegebenheiten lässt sich diese Übung ins Freie verlegen.

Info: Was ist ein System?

Unsere Definition als Grundlage für dieses Modul und das Verständnis der Prozessbegleitung bezieht sich auf soziale, also von Menschen geschaffene Systeme. Als soziales System sehen wir eine Anzahl von Individuen (Elementen), die in einer dynamischen Beziehung nach bestimmten Regeln und Mustern interagieren. Das System grenzt sich gegenüber seinen Umwelten ab, steht aber gleichzeitig mit ihnen in Beziehung.

Das Vernetzungsspiel verdeutlicht die Wechselbeziehung und veranschaulicht gleichzeitig zwei weitere Merkmale lebender Systeme, den Mobile-Effekt und das Streben des Systems, im Gleichgewicht zu bleiben (Homöostase). Alle einzelnen Teile eines Mobiles sind miteinander vernetzt. Setzt man, selbst durch einen geringen Anstoß, eines in Bewegung, hat das, wenn auch unterschiedlich stark, Auswirkungen auf alle anderen Teile. Beobachtet man das Mobile eine Weile, so kann man sehen, dass sein ganzes Streben ist, die Balance wiederherzustellen.

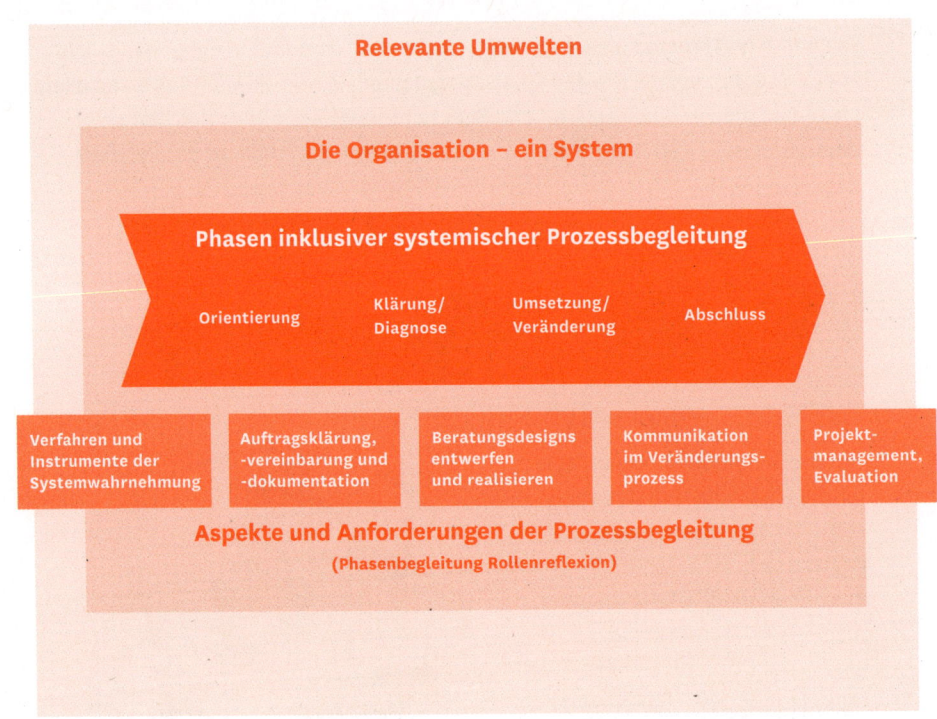

Abb. 5 Phasen systemischer Prozessbegleitung

Schritt 5
→ Reflexion: Bilder als Beispiele für Systemzustände

Einzeln; Plenum   ca. 30 Min   M 7.1

Anhand von Bildern beschreiben die Teilnehmenden unterschiedliche Systemmerkmale und Systemzustände.´

Ablauf/Methode
Einzeln: Die Teilnehmenden betrachten das ausgewählte Bild und halten ihre Gedanken dazu auf dem Arbeitsblatt fest.
Plenum: Auswertung

Raum/Ausstattung
Ggf. Beamer/Leinwand

Vorbereitung
Auswahl eines bzw. verschiedener Bilder, Arbeitsblätter

Hinweise für Trainerinnen und Trainer

— Die Übung trägt zur Wahrnehmung von Systemzuständen bei. Es sollten deshalb Bilder ausgewählt werden, an denen sich unterschiedliche Kompositionsregeln demonstrieren lassen.
— Gut geeignet sind Bilder, die abstrakte Strukturen und Zusammenhänge zeigen – z.B. im Stil von Wassily Kandinsky, Jackson Pollock, Piet Mondrian und vielen anderen.
— Die Auswertung orientiert sich an den Fragen auf dem Arbeitsblatt. Herausgearbeitet wird, dass in einem System Elemente, deren Wechselwirkungen, Regeln und Grenzen definiert sind.

Schritt 6

→ Input: Ein Systemmodell und die systemische Sicht

Plenum   ca. 30 Min

Kurzer Exkurs in die Theorie sozialer Systeme und die systemische Sicht

Ablauf/Methode
Input: Ein Systemmodell wird als kurzer Input dargestellt und diskutiert.

Raum/Ausstattung
Ggf. Beamer/Leinwand

Vorbereitung
Input/ggf. Präsentation

Hinweise für Trainerinnen und Trainer
— Das Systemmodell nach König/Volmer spezifiziert und erweitert den Systembegriff durch die Dimension des »Sozialen Systems«. Der Input ist u.a. die Basis, um zu einem späteren Zeitpunkt den Begriff der systemischen Beratung in inklusiven Entwicklungsprozessen abzuleiten.
— Der theoretische Input kann ergänzt oder aufgelockert werden – z.B. durch: Vexierbilder, Kanizsa-Dreieck. Die optischen Irritationen veranschaulichen die konstruktivistische Sichtweise als eine systemische Prämisse: Erlebte »Wirklichkeit« als Konstrukt einer Wahrnehmung geprägt durch mentale Modelle und eingefahrene Denkstrukturen. Anhand des Kanizsa-Dreiecks lässt sich zusätzlich verdeutlichen, dass oft, und gerade bezogen auf Inklusion, Grenzen gesehen werden, die nicht zwangsläufig gegeben sind.

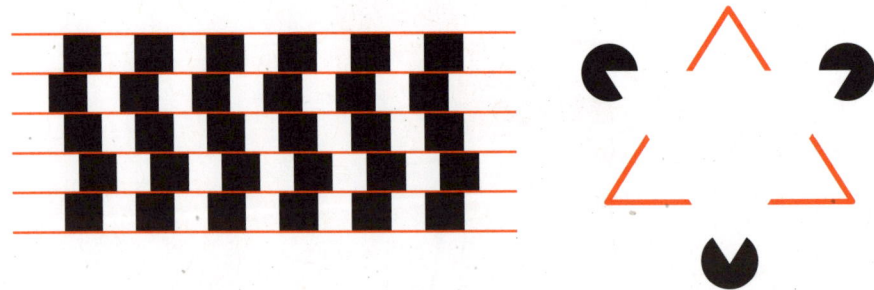

Abb. 6 Optische Täuschungen – Wirklichkeit als Konstrukt vorhandener Denkmuster

Info: Systemtheorien

Systemtheorien sind Erklärungsmodelle für das komplexe Geflecht innerhalb einer Organisation, einer Einrichtung oder eines Teams. Auf der Grundlage des Systemverständnisses lassen sich im Kontext der Prozessbegleitung Ansätze für Interventionen und Unterstützungsstrategien entwickeln.

Ansatz dieses Moduls ist nicht, Systemtheorien theoretisch zu vermitteln, sondern die Dynamik der Wechselwirkungen einzelner Elemente anhand eines Modells aufzuzeigen und dieses Wissen für die Prozessbegleitung nutzbar zu machen.

Je nach Vorliebe und Kenntnissen können auch andere Systemtheorien als Grundlage für systemisches Handeln genommen werden.

Merkmale sozialer Systeme

Bateson, in der Tradition der Konstruktivisten, geht davon aus, dass das Verhalten sozialer Systeme nicht dem Prinzip des Ursache-Wirkung-Denkens folgt, sondern aus dem Zusammenwirken verschiedener Elemente resultiert. Auf dieser Grundlage entwickelten König/Volmer sechs Merkmale sozialer Systeme:

Die Elemente des Systems sind miteinander vernetzt und stehen in Wechselwirkung. Vergleichbar einem Mobile (s.o.) löst die Veränderung eines Elementes eine Dynamik aus und hat Auswirkungen auf weitere Elemente. Mögliche Veränderungen sollten daher auf ihre Auswirkungen, Rückwirkungen und Reichweiten überprüft werden.

Es sind die handelnden Personen eines sozialen Systems, die inklusive Veränderungsprozesse gestalten. Jede/r Einzelne interagiert und reagiert in Übereinstimmung mit dem eigenen tief verwurzelten »mentalen Modell« (P. Senge 1998). Die Sichtweisen und subjektiven Deutungen sind geprägt durch Erfahrungen, Überzeugungen und Glaubenssätze.

Abb. 7 **Merkmale sozialer Systeme**

Die Personen eines Systems gestalten das Miteinander nach bestimmten sozialen Regeln, die teils offen, teils verdeckt sind. Sie haben normativen Charakter und definieren, was erlaubt ist und was nicht, was erwartet oder negativ konnotiert, was sanktioniert wird usw. Häufig treten in bestimmten Situationen bestimmte Verhaltensmuster immer wieder auf. Solche Regelkreise nehmen oft unbewusst Einfluss auf die Kommunikation und das Verhalten der Systemmitglieder.

Jedes System tritt in Wechselwirkung mit relevanten Umwelten. Nach der Systemtheorie ist die Unterscheidung zwischen »innen« und »außen« wichtig. Innersystemisch werden die Beziehungen Einzelner und interner Teilsysteme zueinander ebenso betrachtet wie die materiellen Gegebenheiten des Systems. So sind z.B. ein Kollegium, die Schülerinnen und Schüler, Raumausstattungen, im kommunalen Zusammenhang politische Fraktionen und beteiligte Menschen vor Ort relevante Umwelten für ein Steuerungsgremium. Die Außenwelt umfasst alle Einfluss nehmenden Beziehungen außerhalb des Systems, z.B. Eltern, die Schulbehörde usw; im kommunalen Zusammenhang Bürgerinnen und Bürger, Gesetzgebung u.a.m.

Tradition, Entwicklungsgeschichte, Entwicklungsrichtung und Entwicklungsgeschwindigkeit des Systems und jeder einzelnen Person zählen ebenfalls zu den Einflussfaktoren (König/Volmer 2005, S. 21 ff., und König/Volmer 2008, S. 44 ff.).

Schritt 7
→ **Übung: Regeln in Systemen**

2er-/3er-Gruppen; Plenum   ca. 30 Min   M 7.2

Die Teilnehmenden reflektieren die offenen und verdeckten Regeln von Systemen. Dabei trainieren sie ihre Wahrnehmungsfähigkeit und lernen gleichzeitig ein Verfahren kennen, das sie in der Prozessbegleitung als diagnostisches Instrument oder in der Zusammenarbeit mit den Beteiligten nutzen können.

Ablauf/Methode

2er-/3er-Gruppen: Die Teilnehmenden reflektieren und notieren die Regeln ihres eigenen Systems **(ca. 20 Min)**.
Plenum: Austausch über ihre »Top Drei«-Regeln **(ca. 10 Min)**

Raum/Ausstattung

Mehrere Räume/Bereiche, in denen die Teilnehmenden sich zurückziehen können. Ggf. lässt sich die Übung auch mit einem Spaziergang verbinden.

Vorbereitung

Arbeitsblätter

Hinweise für Trainerinnen und Trainer

— Jedes System hat seine eigene Logik. Explizite und implizite Regeln sind eine Facette der Kultur des Systems. Sie in der Prozessbegleitung wahrzunehmen und sich ihrer Wirkung bewusst zu sein, ist Intention dieser Übung.
— Die Auswertung im Plenum kann unter den Fragestellungen erfolgen: Woran erkenne ich/ erkennen wir verdeckte und offene Regeln eines Systems in der Prozessbegleitung? Wie nehme ich ihre Wirkung wahr? Spreche ich/sprechen wir es an? Wenn ja, wann und wie? Was hat das für Auswirkungen auf die Beteiligten, auf den Prozess?

Schritt 8

→ Übung: Inklusive Werte und Fragen mit den Merkmalen sozialer Systeme verbinden

Einzeln; 3er-Gruppen; Plenum **ca. 60 Min** M 7.3/M 7.4

Die sechs Merkmale eines Systems werden mit Fragen und Werten aus dem Index in Beziehung gesetzt.

Ablauf/Methode

Einzeln (Think): Sammeln eigener Gedanken anhand des Arbeitsblattes **(ca. 15 Min)**
3er-Gruppen (Pair): »Transfer-Trio« **(ca. 20 Min)**
Plenum (Share): Ein Statement **(ca. 15 Min)**

Raum/Ausstattung

Mehrere Räume/Bereiche für die Gruppenarbeitsphase
Ausstellungsfläche (Flipcharts, Moderationswände oder Wandfläche)
Moderationsstifte und Karten, Klebeband und/oder Pinnadeln

Vorbereitung

Arbeitsblätter, unterschiedliche Ausgaben des Index für Inklusion, Flipcharts oder Stellwände, jeweils einem Merkmal des Systems (→ S. 197) zugeordnet

Hinweise für Trainerinnen und Trainer

— Mit der Bearbeitung von Index-Fragen und inklusiven Werten im Kontext der »Sechs Merkmale sozialer Systeme« ergänzen die Teilnehmenden ihren »Handwerkskoffer« für die Begleitung inklusiver Prozesse; es bietet sich an, diese Ergebnisse zu dokumentieren und allen per Fotoprotokoll zugänglich zu machen.
— Die Struktur kann auch als Diagnoseinstrument in der Prozessbegleitung genutzt werden. Die Fragestellung lautet dann: Welche inklusiven Werte nehme ich wahr? Wie kann ich sie für den inklusiven Prozess nutzen?

Beispiele: Index-Fragen zu den sechs Merkmalen eines Systems [10]

Die folgenden Fragen aus dem Index für Inklusion und dem kommunalen Index für Inklusion lassen sich sowohl auf Bildungseinrichtungen als auch auf kommunale Einrichtungen beziehen. Sie sind beliebig durch andere Fragen erweiterbar. Auch können die Fragen verändert werden.

Personen des sozialen Systems

1. (Aner-)Kennen alle Mitarbeiterinnen und Mitarbeiter die Rolle, Aufgaben und Arbeitsschwerpunkte der jeweils anderen Gruppen/Kooperationspartner des Familienzentrums und arbeiten sie mit ihnen zusammen?
2. Werden alle Mitglieder der Gemeinschaft zugleich als Lernende und Lehrende angesehen? (IfI, Indikator A2.4-3)
3. Sind Mitarbeiterinnen und Mitarbeiter verschiedener Abteilungen und Bereiche gemeinsam und gleichberechtigt an der Planung beteiligt? (IvO, S. 96)

Ihre subjektiven Deutungen – Gedanken, Empfindungen

1. Wird Vielfalt von allen Mitarbeiterinnen und Mitarbeitern als reiche Ressource für die Umsetzung ihres Alltags angesehen und nicht als Problem?
2. Ist der Organisation ein Klima für einen offenen und wertschätzenden Austausch wichtig? (IvO, S. 63)
3. Ist den Mitarbeiterinnen und Mitarbeitern bewusst, dass sie selbst Hindernisse für das Lernen und die Teilhabe aller verändern können? (IfI, Indikator A2.5-3)

[10] Auswahl der Fragen: Babette Koch und Albrecht Gaiser, z.T. leicht angepasst. Alle Angaben beziehen sich auf IfI 2003 und IvO 2011.

Soziale Regeln, die das Handeln in einem System leiten

1. Besteht für Mitarbeiterinnen und Mitarbeiter die Möglichkeit, Probleme am Arbeitsplatz mit Kolleginnen/Kollegen und/oder mit ihren Vorgesetzten zu besprechen?
2. Sehen alle Mitglieder der Gemeinschaft, dass die Wurzeln der Diskriminierung in der Intoleranz gegenüber Unterschieden liegen? (IfI, Indikator A2.6-2)
3. Wird Mitarbeiterinnen und Mitarbeitern gestattet, sich ihrer Kultur und ihrer Aufgabe entsprechend zu kleiden? (IvO, S. 65)

Immer wiederkehrende Verhaltensmuster – soziale Regelkreise

1. Gibt es Erfahrungen, wie konstruktiv mit Misserfolgen umgegangen werden kann, und werden sie als positive Lernerfahrung von allen Beteiligten genutzt?
2. Hat die Schule ein Einführungsprogramm für Schülerinnen und Schüler? Funktioniert das Einführungsprogramm für Schülerinnen und Schüler und ihre Familien gut, egal, ob sie am Anfang oder im Laufe des Schuljahres kommen? (IfI, Indikator B1.5-1 und 2)
3. Gibt es ein gemeinsames Verständnis darüber, wie man in Konfliktsituationen zu einer Lösung kommt? (IvO, S. 112)

Entwicklung des sozialen Systems

1. Mitarbeiterinnen und Mitarbeiter, Eltern und Kooperationspartner haben eine gemeinsame Philosophie der Inklusion. Werden Ziele zur Weiterentwicklung für alle Bereiche gemeinsam formuliert?
2. Fühlt sich die gesamte Schulgemeinschaft dafür verantwortlich, die Schule inklusiv zu gestalten? (IfI, Indikator A 2.2-10)
3. Gibt es Austausch von Erkenntnissen und Erfahrungen und gemeinsames Lernen zu nachhaltigem Handeln? (IvO, S. 93)

Relevante Systemumwelt

1. Wird eine Kooperation mit verschiedenen Gruppen und Partnern des Stadtteils angestrebt/gelebt, um sicherzustellen, dass alle Interessen repräsentiert sind?
2. Bestärkt die Schule Bestrebungen von Mitgliedern lokaler Gruppierungen, in der Schule mitzuarbeiten? (IfI, Indikator A1.7-9)
3. Werden die möglichen Partnerorganisationen angesprochen, die bei der Umsetzung geplanter Vorhaben unterstützen können? (IvO, S. 107)

Schritt 9

→ Übung: Systemische Beratung in inklusiven Begleitprozessen

6er-Gruppen; Plenum; 6er-Gruppen; Plenum   **ca. 120 Min**   M 7.5

Die Teilnehmenden stellen das eigene Verständnis von systemischer Beratung anschaulich und kreativ dar, bevor sie ein gemeinsames Verständnis orientiert an inklusiven Werten entwickeln. In einem weiteren Schritt erarbeiten die Teilnehmenden diagnostische Fragen und Interventionen.

Ablauf/Methode

6er-Gruppen: Das konsensfähige Verständnis von systemischer Beratung anschaulich und kreativ auf einem Flipchart darstellen **(ca. 20 Min)**
Plenum: Betrachten der Ergebnisse im Museumsgang **(ca. 10 Min)**;
ein gemeinsames Verständnis orientiert an inklusiven Werten entwickeln **(ca. 15 Min)**
6er-Gruppen: »Gruppenpuzzle« oder »Stammgruppen-Experten-Methode« zu den Merkmalen sozialer Systeme und diagnostischen Fragen und Interventionen **(ca. 70 Min)**
Plenum: Ergebnisvorstellung, Auswertung mit zirkulären Fragen **(ca. 5 Min)**

Raum/Ausstattung

Flipcharts und Moderationskarten, Stifte, Stellwände

Vorbereitung

— Ein Flipchartblatt pro Gruppe beschriftet mit der Frage: »Was verstehen Sie unter systemischer Beratung?«
— Schaubild für die Methode auf Flipchart oder Plakat
— Texte zur Diagnose sozialer Systeme und Interventionen (z.B. nach König/Volmer) für jeweils ein Merkmal zusammenstellen und auf unterschiedlich farbige Blätter kopieren. Dazu eine oder zwei Methoden zu zirkulären Fragetechniken (z.B. nach von Schlippe) – z.B.: Was glauben Sie, denkt Ihr Nachbar über die Arbeitsphase?

Hinweise für Trainerinnen und Trainer

— Bitte die Erfahrungen und Expertise der Teilnehmenden nutzen. Das Beratungsverständnis der einzelnen Gruppen, Ergebnis der ersten Arbeitsphase, wird im darauffolgenden Schritt unter der Fragestellung betrachtet, welche inklusiven Werte dem Beratungsverständnis zugrunde liegen.
— Zum »Gruppenpuzzle« werden sechs gleich starke Teams gebildet. Jedem Team wird ein Element des Modells der »Merkmale sozialer Systeme« zugeordnet. Wir orientieren uns bei der Zusammenstellung der Texte z.B. an König/Volmer 2005, S. 44 ff.; von Schlippe/Schweitzer 2010, S. 47 ff.

— Die Ergebnisse werden evtl. per Fotodokumentation allen Teilnehmenden zugänglich gemacht.
— Das Gruppenpuzzle (engl. »jigsaw«) oder die Stammgruppen-Experten-Methode ist eine Methode zur Gruppenarbeit aus dem kooperativen Lernen nach Kathy und Norm Green, in: Weidner 2005, S. 152.

Info: Was ist systemische Prozessbegleitung?

»Systemische Organisationsberatung ist Beratung im Sinne einer Unterstützung beim Lösen von Problemen (…), ohne dass der Berater oder die Beraterin dem Klienten die Entscheidung abnimmt« (König/Volmer 2005, S. 158). Systemische Prozessbegleitung verzichtet auf Ratschläge, sie lädt ein zum Perspektivwechsel und berücksichtigt die Wirklichkeitskonstruktionen und die Ressourcen der Akteurinnen und Akteure.

Ziel der Prozessbegleitung ist es, »einer Person, Gruppe, Organisation oder einem größeren System zu helfen, die für diese Auseinandersetzung mit Problemen und Veränderungsbemühungen erforderlichen inneren und äußeren Kräfte zu mobilisieren« (ebd.).

Dieses Verständnis von Prozessbegleitung und das dahinter sichtbare Menschenbild haben eine hohe Kompatibilität mit der Werteorientierung und der Haltung unseres Verständnisses von Inklusion und mit dem dialogischen Prinzip des Index. Ihnen allen liegen anthropologische Kernannahmen zugrunde, die den Menschen »die Fähigkeit zur (Gestaltungs-)Autonomie, zur Reflexivität, zur Rationalität und zur Kommunikation« zubilligen (Schlee/Mutzek 1996, S. 149 ff.).

Orientierungspunkte für die systemische Prozessbegleitung in Veränderungsprozessen, die auch inklusiven Wertvorstellungen entsprechen, sind:
— die Wertschätzung der Personen und der Vielfalt der Sichtweisen
— die Würdigung der positiven Absicht des/der Einzelnen
— der Respekt vor den Entscheidungen des/der Einzelnen in einem System
— das Teilen von Verantwortung
— das Unterstützen einer Kultur der Vereinbarungen
— eine Orientierung geben durch Transparenz und Klarheit in Zielen und Vorgehensweise
— Freude, Empathie und Authentizität

Schritt 10
→ Input und Übung: Menschen in Veränderungsprozessen

Plenum; 6er-Gruppen; Plenum   **ca. 60 Min**   M 7.6/M 7.7

Die Teilnehmenden reflektieren die Wirkung von Instabilitäten auf die Menschen in einem sozialen System und Voraussetzungen für deren Bereitschaft, sich auf Veränderungsprozesse einzulassen.

Ablauf/Methode

Plenum: Kurze gedankliche Rückbindung an die Module 2 und 4:
Meine eigenen und die Reaktionen anderer auf Veränderungsdruck **(ca. 10 Min)**
Input: Was bewegt Menschen, sich auf Veränderungsprozesse einzulassen? **(ca. 20 Min)**
6er-Gruppen: Das »Komfortzonenmodell« **(ca. 20 Min)**
Plenum: Auswertung **(ca. 10 Min)**

Raum/Ausstattung

Schaubilder auf Plakaten oder in einer Präsentation, Beamer, Projektionsfläche

Vorbereitung

Arbeitsblätter, ggf. Schaubilder

Hinweise für Trainerinnen und Trainer

— Schwerpunkt der Betrachtung war im vorangegangenen Schritt die Ebene der Strukturen, also die Abbildung der Systemkomponenten und Regeln. Deshalb ist es sinnvoll, an dieser Stelle noch einmal zu verdeutlichen: Nicht das System ist das handelnde Subjekt, sondern die in dem System interagierenden Menschen.

— Zur weiteren Veranschaulichung der Dynamik eines Systems in Veränderungsprozessen kann hier der Hinweis auf einen Interview-Ausschnitt mit Peter Kruse zum Thema »Change Management« (Kruse 2008) erfolgen. Neben diesem Filmbeitrag demonstrieren seine »Nützlichen Regeln für den völligen Stillstand« (Kruse 2011, S. 109 f.) anschaulich und humorvoll, unter welchen Bedingungen Entwicklungsprozesse – auch inklusive –»garantiert« nicht erfolgreich sind. Wir finden diese »Anti-Regeln« erhellend, erfrischend und lernwirksam. Sie sollten auf jeden Fall in der Qualifizierung ihren Platz haben.

Info: »Nützliche Spielregeln für den völligen Stillstand«[11] **(Kopfstandmethode)**

1. Die Führungskräfte sollten sich raushalten (»macht nur«) oder versuchen, wirklich alles im Griff zu haben.
2. Diskussionen über Ziele und Inhalte möglicher Veränderungen sollten konsequent nur auf der informellen Ebene geführt werden.
3. Möglichst viele Aktivitäten sollten gleichzeitig angezettelt werden. Es ist für ständige Überforderung zu sorgen.
4. Es sollte ein umfassender Wettbewerb ausgerufen werden. Jeder ist darauf hinzuweisen, dass nur der Einsatzbereiteste überlebt.
5. Es sollte stets ausdauernd und umfassend nach den »zentralen Verursachern« von Problemen gesucht werden.
6. Es sollte auf keinen Fall öffentlich über Sinn und Unsinn von bestehenden Regeln diskutiert oder gar neue eingeführt werden.
7. Beschlüsse sollten auf der formellen Ebene schnell konsensfähig sein, um dann informell ausgiebig infrage gestellt zu werden.
8. Die Veränderungsgeschwindigkeit auf der Beschlussebene sollte stets größer sein als auf der Umsetzungsebene.

[11] Nach Kruse 2011, S. 109 f., und www.youtube.com/watch?v=Ug83sF_3_Ec.

Info: Systeme in Veränderungsprozessen

Systeme, die sich entscheiden, ihre Entwicklung an der Leitidee »Inklusion« auszurichten, begeben sich aus einer gefestigten, stabilen Struktur in eine Zone der Instabilität – mit dem Ziel, eine neue, stabile Ordnung aufzubauen. Das verlangt von den Beteiligten die Bereitschaft, sich Veränderungen zu stellen, sich auf sie einzulassen, Bekanntes, Gewohntes, Sicherheiten (Komfortzone) infrage zu stellen und zu verändern. Unbekanntes Terrain zu betreten bedeutet, eine starke Motivation zu haben trotz Ungewissheit, Angst vor dem Unbekannten, nicht selten dem Gefühl der Überforderung (Zone der Turbulenzen). Das gesunde Bestreben jedes/jeder Einzelnen ist darauf gerichtet, wieder einen relativ berechenbaren, stabilen Zustand zurückzugewinnen. Den Rückweg zum Alten, Vertrauten gibt es nicht mehr, ist der Veränderungsprozess erst einmal angestoßen. Es wird anders werden, als wir es gewohnt sind. Neuorientierung vollzieht sich als Weg vom Vertrauten zum Neuen, das dann wieder zum Vertrauten wird.

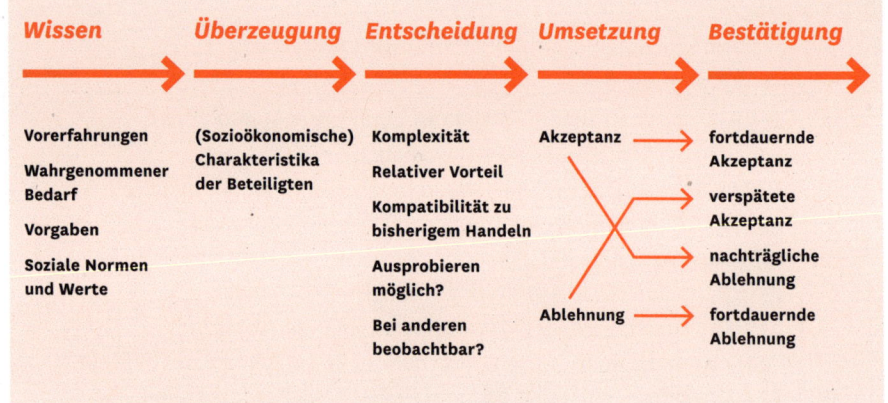

Abb. 8 Gelingensbedingungen für die Akzeptanz von Veränderungsprozessen und Aspekte einer möglichen Veränderung von Akzeptanz und Ablehnung während des Prozesses (nach Dr. Michael Jäger)

Schritt 11
→ **Rückbindung an die Ziele – Feedback – Ausblick – Abschluss**

Dieser Schritt kehrt in allen Modulen wieder. Infos dazu → S. 33.

Literatur:
Brüggemann/Ehret-Ivankovic/Klütmann 2014; Kastner/Gerstenberg 1991; König/Volmer 2005; Kruse 2011; Palmowski 2011; Schlee/Mutzek 1996; Schmidt 2006; Senge 1998; Von Schlippe/Schweitzer 2010

Arbeitsblätter

M 7.1

Reflexion: Bilder als Beispiele für Systemzustände

Ausgewähltes Bild

Nehmen Sie zunächst nur wahr.

Beschreiben Sie im nächsten Schritt:
— Welche Art von Elementen gibt es? Welche Unterschiede und Gemeinsamkeiten gibt es? Welche Elemente gibt es nicht?
— Nach welchen Regeln sind die Elemente angeordnet, welche Kombinationsregeln herrschen vor?

INKLUSION AUF DEM WEG
MONTAG STIFTUNG JUGEND UND GESELLSCHAFT

M 7.2

Übung: Regeln in Systemen

Aufgabe
— Suchen Sie sich bitte eine Partnerin/einen Partner, mit der/dem Sie bislang eher selten zusammengearbeitet haben. Machen Sie gemeinsam einen Spaziergang oder ziehen Sie sich in einen ruhigen Bereich zurück.
— Unterhalten Sie sich darüber, welche offenen oder versteckten Regeln Sie in Ihrem eigenen System wahrgenommen haben und wie Sie diese bemerkt haben. Nutzen Sie die folgende Notierhilfe.
— Bringen Sie anschließend Ihre »Top Drei« mit ins Plenum (ca. 20 Min).

Kultur – offene und verdeckte Regeln
— Was darf man, was darf man nicht?
— Was sollte man tun, um in dem System Erfolg zu haben?
— Was sollte man tunlichst vermeiden?
— Welches Verhalten wird positiv/negativ sanktioniert?
— Welche Regeln sind funktional, bringen das System voran?
— Welche behindern es?
— Welche Entwicklungen und Veränderungen führen immer wieder zu Konflikten?

Gefundene Regeln	So habe ich sie bemerkt

Welche Konsequenzen ergeben sich für die Prozessbegleitung, wenn auf der Ebene der »Diagnose« diese Regeln entdeckt wurden? Wie könnte eine systemische Intervention aussehen?

INKLUSION AUF DEM WEG
MONTAG STIFTUNG JUGEND UND GESELLSCHAFT

M 7.3

Übung: Inklusive Werte und Fragen mit den Merkmalen sozialer Systeme verbinden

Welche inklusiven Werte und welche Fragen aus einem Index können ein System dabei unterstützen, im Sinne der inklusiven Entwicklung handlungsfähig zu bleiben oder zu werden?

Aufgabe
Verknüpfen Sie die Merkmale sozialer Systeme mit dem inklusiven Entwicklungsansatz:

1. **Ordnen Sie sich in relativ gleicher Anzahl einem der sechs Merkmale zu.**

2. **Einzeln (Think):** Wählen Sie eine Index-Frage zu Ihrem »Merkmal« eines sozialen Systems aus. Notieren Sie diese bitte entsprechend der Farbe im Schaubild auf einer Moderationskarte für die Index-Fragen eckige und für die Werte runde Karten **(ca. 15 Min.)**.

3. **3er-Team (Pair):** »Transfer-Trio« – Blick auf die Praxis **(ca. 30 Min)**
   a. Schließen Sie sich zu dritt zusammen.
   b. Stellen Sie sich gegenseitig Ihre Frage vor.
   c. Beleuchten Sie aus der Perspektive der Prozessbegleitung die Auswahl unter folgenden Fragestellungen: Welche Wirkung kann das Sichtbarmachen der Werte und das Angebot dieser Fragen haben im Hinblick auf einzelne Personen im System, auf den Prozess, meine Begleitung inklusiver Prozesse.
   Was bedeutet die Auseinandersetzung mit den Werten und den Fragen in diesem Zusammenhang für mich selbst?

4. **Plenum (Share):** Auswertung **(ca. 15 Min)**
   Bringen Sie bei der Rückkehr ins Plenum ein Statement aus Ihrer Gruppe mit und ordnen Sie Ihre Karten für das Fotoprotokoll den entsprechenden Merkmalen (Flipcharts/Stellwänden) zu.

INKLUSION AUF DEM WEG
MONTAG STIFTUNG JUGEND UND GESELLSCHAFT

M 7.4

Übung: Inklusive Werte und Fragen mit den Merkmalen sozialer Systeme verbinden

Merkmal	Inklusiver Ansatz im Prozess mit Blick auf die Werte	Hilfreiche Fragen aus dem Index
Personen Es sind die Menschen, die Veränderungsprozesse gestalten. *Welche Personen wirken wie an welcher Stelle im System? Wer interagiert mit wem und zu welchem Zweck?*		
Subjektive Deutungen Die mentalen Modelle schaffen die Wirklichkeit. *Versuchen Sie zu verstehen, was die Menschen denken.*		
Regeln »Spielregeln« haben eine wichtige Funktion für die Stabilität eines Systems. *Entdecken Sie die offenen und versteckten Regeln.*		
Verhaltensmuster/Regelkreise Es sind immer die gleichen Interaktionsmuster. *Identifizieren Sie die immer wiederkehrenden Verhaltensmuster.*		
Entwicklung Veränderung erfolgt nie linear. *Erkennen Sie die schwachen und starken Signale für inklusive Veränderungen.*		
Systemumwelt *Klären Sie, welches die relevanten Umwelten sind und welche Faktoren Einfluss haben.*		

INKLUSION AUF DEM WEG
MONTAG STIFTUNG JUGEND UND GESELLSCHAFT

M 7.5

Übung: Systemische Beratung in inklusiven Begleitprozessen

Aufgabe

1. **6er-Gruppen:** Das konsensfähige Verständnis von systemischer Beratung anschaulich und kreativ darstellen **(ca. 20 Min)**
   Veranschaulichen Sie, was Ihre Gruppe unter »systemischer Beratung« versteht.
   Bereiten Sie auf dem Flipchart eine ansprechende Präsentation für den Museumsgang vor.
   Formulieren Sie zusätzlich Ihr Verständnis in maximal zwei Sätzen.
   Schreiben Sie diese(n) auf eine Moderationskarte.

2. **Plenum:** Museumsgang **(ca. 10 Min)**
   Schauen Sie sich die einzelnen Darstellungen an und stellen Sie ggf. Verständnisfragen.

3. **Plenum:** Ein gemeinsames Verständnis orientiert an inklusiven Werten entwickeln **(ca. 15 Min)**
   Welche inklusiven Werte repräsentieren diese Beratungsverständnisse?
   Wie kann ein an inklusiven Werten orientiertes Beratungsverständnis lauten?

4. **6er-Gruppen:** Gruppenpuzzle – das Handlungsspektrum erweitern – diagnostische Fragen und Interventionen **(ca. 75 Min)**
   Arbeiten Sie in Ihren 6er-Gruppen weiter.

   a. **Einzeln:** Jeder hat einen andersfarbigen Text **(ca. 15 Min).**
      Nutzen Sie die vorliegenden Texte zu jeweils einem »Merkmal sozialer Systeme«, zu den Themenbereichen »Diagnose« und »Interventionen« in systemischen Beratungsprozessen und zu jeweils einer Fragetechnik nach König/Volmer und von Schlippe.
      Lesezeit: Lesen Sie den Text bitte so, dass Sie die wichtigsten Inhalte weitergeben können (»Experte«).
      Welche prozessdienlichen Fragen stellen sich in Bezug auf die Diagnose? Welche Interventionen bieten sich an?

   b. **6er-Gruppen:** Gleiche Textfarbe **(ca. 25 Min)**
      Bilden Sie neue 6er-Gruppen, in denen alle die gleiche Textfarbe gelesen haben.
      Tauschen Sie sich über die Inhalte aus. Einigen Sie sich für die anschließende Vermittlung:
      WAS ist wichtig? WIE stellen wir es vor?

   c. **6er-Gruppen:** Verschiedene Textfarben **(ca. 30 Min)**
      Gehen Sie in der nächsten Phase wieder in ihre erste Arbeitsgruppe zurück.
      Stellen Sie einander die wichtigsten Inhalte Ihrer Texte vor und beantworten Sie Fragen.

INKLUSION AUF DEM WEG
MONTAG STIFTUNG JUGEND UND GESELLSCHAFT

M 7.6

Input und Übung: Menschen in Veränderungsprozessen

Einflussfaktoren auf die Motivation in Veränderungsprozessen

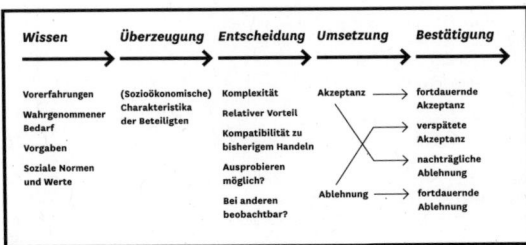

(nach Dr. Michael Jäger)

Aufgabe

1. Überlegen Sie mit einer Partnerin oder einem Partner, wie Sie in der Prozessbegleitung eine Steuer- oder Lenkungsgruppe dabei unterstützen können, die auf dem Schaubild dargestellten Einflussfaktoren auf die Bereitschaft, sich inklusiven Veränderungsprozessen zu öffnen, zu berücksichtigen. Notieren Sie die drei nach Ihrer Ansicht wichtigsten Unterstützungsmöglichkeiten
(ca. 20 Min).

2. Tauschen Sie sich in einer 6er-Gruppe zu den Ergebnissen aus
(ca. 20 Min).

3. Stellen Sie im Plenum dar, welcher Konsens oder Dissens sich bei diesem Austausch ergeben hat
(ca. 20 Min).

M 7.7

Input und Übung: Menschen in Veränderungsprozessen

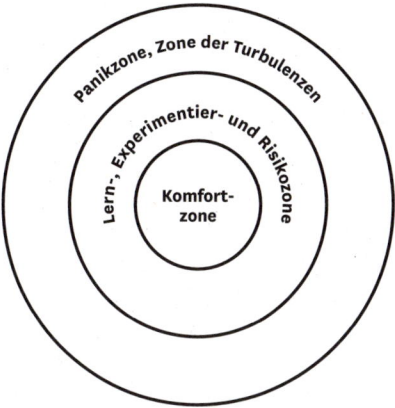

Aufgabe

1. Nennen Sie aus Ihrem eigenen System oder aus der Prozessbegleitung Beispiele für unterschiedliche Systemzustände.

2. Musterwechsel in inklusiven Entwicklungsprozessen.
   Verorten Sie diese in dem »Komfortzonen Modell« und präsentieren Sie diese auf einer Flipchart.

   a. Welche sind Ihrer Meinung nach in der mittleren Zone, welche in der äußeren?
      Schreiben Sie diese auf entsprechende Karten.

   b. Überlegen Sie, welche Konsequenzen sich daraus für die Prozessbegleitung ergeben können.
      Nutzen Sie für die Interventionen den Index.

Die Rolle und Funktion von Steuerungsstrukturen

- → Verfahren zur Wahrnehmung von Steuerungsstrukturen anwenden
- → Die Bedeutung der Kooperationsstrukturen zur Steuerung inklusiver Veränderungsprozesse einschätzen und in der Zusammenarbeit mit der Steuergruppe weitergeben
- → Arbeitskultur und -struktur im Zusammenspiel mit den Steuerungsstrukturen als Gelingensbedingungen für inklusive Veränderung einschätzen
- → Die Aufgaben und Zusammensetzung einer Steuergruppe benennen und im Entwicklungsprozess transparent machen
- → Stolpersteine und Gelingensbedingungen bezogen auf die Akzeptanz und Handlungsfähigkeit des Steuerungsgremiums in den Beratungsprozess integrieren
- → Die genannten Aspekte in Bezug auf inklusive Veränderungsprozesse reflektieren
- → Arbeitsvereinbarungen treffen und einen Kontrakt mit einer Steuergruppe schließen und dokumentieren
- → Die eigene Rolle in der Prozessbegleitung im Blick auf Rollenklarheit reflektieren
- → Steuerungsaufgaben entlang der Schritte des Entwicklungszirkels begleiten

Eine zielgerichtete Veränderung zu einer »inklusiveren« Praxis erfordert Steuerung und Steuerungswissen bei den verantwortlichen Prozessbegleiterinnen und -begleitern: Wissen über die Voraussetzungen für erfolgreiche Steuerung, Wahrnehmungsfähigkeit bezogen auf die im begleiteten System gegebene Führungs-, Steuerungs- und Kooperationskultur und die Fähigkeit, dem System passgenaue Unterstützung bei der Weiterentwicklung einer effizienten Steuerung von inklusiven Veränderungsprozessen anzubieten. Dabei sollte die Steuerung darauf zielen, bei allen Beteiligten ein gemeinsames Verständnis von Verantwortlichkeit, Kooperation und Steuerung zu entwickeln.

Hintergrund: Warum ist dieses Modul wichtig?

Dieses Modul lenkt den Blick auf die Einflüsse der Steuerungsstrukturen in inklusiven Veränderungsprozessen. Kurz: Es geht um die Vermittlung von Steuerungswissen.

Relevanz von Steuerung

Wenn in inklusiven Veränderungsprozessen keine Klarheit darüber herrscht, worauf sich die Entwicklung bezieht und wer mit welchem Mandat in dem Steuerungsprozess Verantwortung übernimmt, bleiben die Vorhaben oft vage und laufen Gefahr, zu »versanden« oder an wenig wirkungsvollen Steuerungsstrategien zu scheitern.
    Deshalb lauten die zentralen Fragestellungen für die Gestaltung solcher Prozesse: Welche Steuerungskulturen bilden sich in Systemen heraus? Wie können inklusive Veränderungsprozesse in Systemen erfolgreich gesteuert werden? Welches sind wichtige Voraussetzungen für eine gelingende Gestaltung inklusiver Veränderungsprozesse?

Die erste Frage ist relevant, um in der Orientierungsphase der Prozessbegleitung die Steuerungskultur eines Systems sensibel wahrnehmen zu können. Durch sie filtert sich der Ist-Zustand der Steuerungskultur, d.h. der bestehenden Steuerungsstrukturen und -routinen in einem System heraus. Die anschließenden Fragestellungen zielen darauf, eine passgenaue Unterstützung zur Weiterentwicklung der Steuerungsstrukturen als eine wichtige Voraussetzung für die erfolgreiche Gestaltung inklusiver Veränderungsprozesse anzubieten.

Führen – Steuern – Leiten – Kooperieren

Als Grundlage ist es wichtig, ein gemeinsames Grundverständnis von Begriffen und Funktionen im Steuerungskontext zu entwickeln. Deshalb beginnt das Modul mit einer Begriffsklärung: Was bedeutet für uns Führen – Steuern – Leiten – Kooperieren im Kontext inklusiver Entwicklungen? Wie können wir mit den Beteiligten im System dieses gemeinsame Grundverständnis herstellen?

Zur Annäherung, Klärung und Abgrenzung dient der Einstieg über Verfremdungen und Metaphern als Assoziationen zu Gegenständen, die auf den ersten Blick nichts mit den Begriffen zu tun zu haben scheinen. Anhand der Schiffsmetapher wird der Begriff »steuern« geschärft und von den anderen Kooperationshandlungen wie leiten, führen und kooperieren abgegrenzt. Darauf aufbauend geht es um Entwicklungsschritte und Phasen entlang des Entwicklungszirkels, unter strukturellem Blickwinkel um Merkmale der Gruppierungen in Systemen, die Veränderungsprozesse steuern werden.

Steuergruppen in Bildungseinrichtungen

Die Bezeichnungen Steuergruppe, Entwicklungsgruppe oder Lenkungsgruppe werden in Bildungseinrichtungen meistens bedeutungsähnlich gebraucht.

Damit sind insbesondere spezifische Gruppierungen gemeint, die Veränderungsprozesse strategisch planen, umsetzen und auswerten. In Kindertageseinrichtungen sind häufig Eltern, Kinder und pädagogische Fachkräfte sowie Träger und Fachberatung vertreten. In Schulen sind sie in der Regel mit Vertreterinnen und Vertretern der Schulleitung, des Kollegiums sowie der Eltern- und Schülerschaft besetzt, um Partizipation und tragfähige Konsense in Veränderungsprozessen zu verbessern.

Das Konzept der Steuergruppe entstand in den 1990er-Jahren in der Absicht, »Change Management« in Schulen erfolgreicher und nachhaltiger zu gestalten. Die Aufgaben, Verfahrensweisen und Instrumente, die das Prozess-Know-how von Steuergruppen ausmachen, sind aber allgemein relevant für die erfolgreiche Steuerung von Entwicklungsprozessen – unabhängig davon, in welchen organisatorischen Kontexten außerhalb von Bildungseinrichtungen sie passieren sollen.

Steuergruppen in kommunalen Zusammenhängen

Eine Steuergruppe setzt sich gezielt für die Steuerung und Koordination des Gesamtprozesses in der Kommune ein. Je nach Größe des Vorhabens ist das eine Gruppe von engagierten Beteiligten, die ihren Auftrag für eine bestimmte Zeit von einer größeren Versammlung aller Beteiligten erhält. Die Zusammensetzung der Steuergruppe sollte die verschiedenen Ebenen Politik, Verwaltung und Zivilgesellschaft widerspiegeln und unterschiedliche Interessengruppen und Anliegen repräsentieren.

Die Steuergruppe agiert als Verantwortungsgemeinschaft. Sie behält den Überblick, bündelt Energien und entscheidet allparteilich. Sie sorgt für Transparenz, indem sie öffentliche Sitzungen durchführt, Ergebnisse dokumentiert und für jede/n zugänglich macht.

Für die nachhaltige Wirkung der Prozesse ist eine enge Zusammenarbeit mit den Entscheidungsträgerinnen und -trägern aus der Kommune wichtig, entweder als Mitglieder der Steuergruppe oder als separates Lenkungsgremium. Die Rollen und Aufgaben zwischen Steuergruppe und Lenkungsgremium müssen dann für alle transparent definiert sein.

Zentrales Steuerungsinstrument: der Auftrag

Die Handlungsplanung für den inklusiven Veränderungsprozess beginnt, nachdem die genauen Ausgangsbedingungen und die Situation geklärt und die Entwicklungsbedarfe identifiziert sind, mit der gemeinsamen Vereinbarung der Entwicklungsziele, die in Entwicklungsmaßnahmen umgesetzt werden. Die Phasen der Zielklärung und der Kontraktierung der Maßnahmen haben eine hohe Relevanz für das Gelingen eines Veränderungsprozesses, sind jedoch oftmals sehr schwierig für die Beteiligten, denn in vielen Systemen ist das Know-how dazu wenig ausgeprägt.

In vorangegangenen Modulen wurden die Instrumente Zielklärung, Auftrag und Kontrakt bereits eingeführt. Ihre Bedeutung als Steuerungsinstrumente im Prozess wird in diesem Modul noch einmal aufgegriffen, weil sie für die Steuerung der Entwicklungsmaßnahmen zentral sind. Im »Auftrag« werden, wenn nach der Phase der Zielklärung klar ist, wohin die Reise gehen soll, die Ziele und die Maßnahmen in einem »Auftragskontrakt« festgehalten. Dabei wird schriftlich fixiert

— wer wen mit der Planung und Umsetzung welcher Maßnahme beauftragt,
— welche Ziele mit welcher Qualität realisiert werden sollen
— und woran man erkennt, ob diese Ziele realisiert worden sind.

Hier spielen dann Qualitätskriterien und Indikatoren eine Rolle.

Dieser Punkt ist unerlässlich für den Erfolg, weil hier ein gemeinsames Qualitätsverständnis geschaffen und dokumentiert wird: Alle Beteiligten haben vorab ein eindeutiges gemeinsames Verständnis vom Ziel und den Maßnahmen zur Zielerreichung. Damit werden gleichzeitig die Voraussetzungen für die Evaluation geschaffen und für eine klare und transparente Kommunikation nach innen und außen. Der Index für Inklusion ist bei diesem Schritt eine wertvolle Hilfe zur Klärung. Er definiert Qualitätskriterien und Indikatoren für die inklusive Entwicklung einer Organisation, Bildungseinrichtung oder Kommune.

Die Aufgaben der Steuergruppe in der Umsetzungs- bzw. Arbeitsphase lassen sich in fünf Schwerpunkten zusammenfassen:

1. die Umsetzung der Maßnahmen in Abgleich mit den geplanten Wirkungen (Zielerreichung) koordinieren,
2. den Status der Umsetzung bezogen auf die Planung im Blick haben, auftretende Fragestellungen und Probleme bei der Umsetzung dialogisch klären, Entscheidungen herbeiführen, Ressourcen/Kompetenzen entdecken; erfahrbar machen, dass jede und jeder Einzelne einen wichtigen Beitrag zum Gelingen leistet, Erfolge würdigen, Planung auf Grundlage der Erfahrungen aus der Umsetzung reflektieren und ggf. anpassen,
3. die Kommunikation nach innen und außen transparent gestalten,
4. den Informationsfluss in der Steuergruppe und zu den beteiligten Interessengruppen organisieren, Berichte und Dokumentation, Erfolge bekannt machen, Öffentlichkeitsarbeit,
5. sich als Lerngemeinschaft erfahren (die Steuergruppe und die Einrichtung/Kommune als Ganzes), Reflexion und Dokumentation der Erfahrungen, Offenheit für neue Erkenntnisse, Erkenntnisse sichern; mögliche Fragen: Was hat die Steuergruppe in den letzten Monaten erfolgreich gelernt? Welche brauchbaren Muster hat sie entwickelt? Wie wird die Steuergruppe im System wahrgenommen, welche Wirksamkeit wird ihr zugeschrieben? Wie geht die Steuergruppe mit Widerstand, Dissens um? (»Lessons Learned«).

Schritte

	Ablauf	Organisationsform	Dauer (Richtwerte)	Arbeitsblätter
1	Ankommen	Plenum/Stehcafé	ca. 30 Min	
2	Einstieg	Plenum	ca. 10 Min	
3	Index-Frage	Kann variieren	ca. 20 Min	
4	Reflexion: Führen, Steuern, Leiten, Kooperieren – Begriffe	Plenum	ca. 10 Min	
5	Reflexion: Führen, Steuern, Leiten, Kooperieren – Kulturen	Plenum	ca. 30 Min	M 8.1
6	Übung: Der Blick auf das eigene System	Einzeln 4er-Gruppen Plenum	ca. 70 Min	M 8.2
7	Input: Steuerung in inklusiven Veränderungsprozessen	Plenum	ca. 60 Min	M 8.3
8	Übung: Organisation der Zusammenarbeit mit Steuergruppen mit Hilfe des Index	3er-Gruppen	ca. 70 Min	M 8.4
9	Input: Der Entwicklungszirkel	Plenum	ca. 30 Min	
10	Reflexion: »Index-Gruppen« und Steuergruppen im inklusiven Veränderungsprozess	5er-Gruppen Plenum	ca. 45 Min	M 8.5
11	Rückbindung an die Ziele – Feedback – Ausblick – Abschluss	Plenum	ca. 30 Min	

Schritte 1–3

Diese Schritte kehren in allen Modulen wieder. Infos dazu → S. 32 f.

Schritt 4

→ **Reflexion: Führen, Steuern, Leiten, Kooperieren – Begriffe**

Plenum ca. 10 Min

Die Teilnehmenden wählen aus einer Sammlung von beliebigen Gegenständen einen Gegenstand aus, setzen ihn in Bezug zum Thema »Führen, Steuern, Leiten, Kooperieren«, reflektieren ihr Begriffsverständnis und tauschen sich aus.

Ablauf/Methode

Die Teilnehmenden suchen sich einen Gegenstand aus, der sich aus ihrer Sicht zum Führen, Steuern, Leiten, Kooperieren eignet. Sie stellen ihren Gegenstand der Gruppe vor und begründen ihre Wahl.

Raum/Ausstattung

Stuhlkreis

Vorbereitung

Beliebige Gegenstände in der Mitte des Stuhlkreises, mindestens in der Anzahl der Teilnehmenden

Hinweise für Trainerinnen und Trainer

— Die Auswahl der Gegenstände kann variieren – wichtig ist, dass es genügend Gegenstände sind, sodass jede/r Teilnehmende einen auswählen kann.
— Schritt 4 und 5 dienen beide dem Verständnis und der Differenzierung der Begriffe »Führen«, »Steuern«, »Leiten«, und »Kooperieren«. In Schritt 4 stehen die Vorstellungen der Teilnehmenden im Mittelpunkt. Es wird symbolisch mit Gegenständen gearbeitet. In Schritt 5 wird der Schritt um verschiedene Kulturen von »Führen«, »Leiten«, »Steuern« und »Kooperieren« erweitert. Hier wird mit Bildern und Metaphern gearbeitet.
— Zum Abschluss kann ein Hinweis auf die Fragen zur »Führungskultur und -praxis« im IvO, S. 94 f. erfolgen.

Schritt 5

→ **Reflexion: Führen, Steuern, Leiten, Kooperieren – Kulturen**

Plenum ca. 30 Min M 8.1

Anhand von Bildern (»Ein Schiff auf der Reise«) reflektieren die Teilnehmenden verschiedene Steuerungskulturen im Zusammenwirken von Führen, Steuern, Leiten und Kooperieren.

Ablauf/Methode

Plenum: Input zur Analogie »Ein System in Veränderung – ein Schiff auf der Reise«
Einzeln/Plenum: Aufgaben zur Reflexion von Führungsaspekten anhand verschiedener Bilder von Schiffsreisen

Raum/Ausstattung

Beamer, Leinwand, alternativ: Flipchart mit Abbildungen und Bildern

Vorbereitung

Arbeitsblätter, »Schiffsbilder« und Grafiken/ggf. Präsentation

Hinweise für Trainerinnen und Trainer

— Wie der vorangegangene Schritt dient auch Schritt 5 dem Verständnis und der Differenzierung der Begriffe »Führen«, »Steuern«, »Leiten« und »Kooperieren«. Schritt 5 geht von der Begriffsreflexion über zur Diskussion verschiedener Rollen, Funktionen und Kulturen. Es wird mit Bildern und Metaphern gearbeitet, das Bild der Schiffsreise steht im Mittelpunkt.
— Grafiken und Bilder können entweder über den Beamer gezeigt oder als Arbeitsblätter verteilt werden.

— Mit den Abbildungen wird ein Zusammenhang zwischen inklusiven Veränderungsprozessen als »Reise von A nach B« und den Dimensionen des Index für Inklusion hergestellt.
— Hier wäre der Hinweis wichtig, dass Steuergruppen »Strategiegruppen« sind, die gemeinsam mit den Beteiligten Entwicklungsstrategien entwickeln, dazu Verfahren und Instrumente kennen, um Veränderungsprozesse zu koordinieren. Sie klären Ziele und organisieren Partizipation. Sie wissen, wie man steuert und kennen die Logistik. Sie arbeiten nicht zwingend auf der Umsetzungsebene im Projektmanagement.
— Hinweis zu Aufgabe 1: Die Vielfalt an Schiffen ist groß – Segelyacht, Ruderboot, U-Boot, Katamaran, Schnellboot, Titanic etc. Regen Sie die Fantasie der Teilnehmenden an, hier wirklich das richtige Bild für »ihr« System zu finden.
— Hinweis zu Aufgabe 2: Auch hier gilt es, möglichst viele Ebenen einzubeziehen. Zum Steuern eines Schiffes braucht man z.B.: Start und Ziel, Zwischenziele, Schiff, Kapitän/Kapitänin, Offiziere und Offizierinnen, Expertinnen und Experten, Steuerleute, Schiffskoch/-köchin, Zimmerleute etc.; Instrumente, Seekarten, Proviant, Material etc.; Wetterkenntnisse, Navigationskenntnisse etc.
— Weitere Fragen können sich auf die begriffliche Abgrenzung von Steuern zu anderen Funktionen der Teilgruppen auf einem Schiff beziehen: Kapitän/Kapitänin (führen, entscheiden, befehlen, Ziel und Kurs bestimmen); Steuermann/-frau (Kurs kennen und halten); Matrosen und Matrosinnen (Kooperation zur Ausführung von Teilaufgaben) etc.

Info: Inklusive Veränderungsprozesse als Reise

Die Metapher »Ein System in Veränderung als Schiff auf der Reise« bietet viele Anknüpfungspunkte, um die Rolle von Führung in inklusiven Veränderungsprozessen zu veranschaulichen. In der gemeinsamen Reflexion über dieses Bild entsteht Klarheit darüber, dass die Führung eine Gesamtverantwortung trägt für ein System sowie seine inklusive Orientierung und deren Implementation. Inklusion braucht eine unterstützende und ermöglichende Leitung.

**Führen, Steuern, Leiten, Kooperieren auf einem Schiff
Wie kommen wir gemeinsam am besten ans Ziel?**

Führen und Steuern allein genügen nicht: Steuernde können dem Schiff eine Richtung geben, aber wenn niemand rudert, bewegt es sich nicht.

Nur Führung und Leitung ohne Steuerung und umsetzender Kooperation – es bewegt sich nichts, die Richtung fehlt.

Es bewegt sich etwas, aber niemand weiß, wohin – und warum.

Zielführendes Zusammenspiel von Führung, Steuerung, Kooperation.

Schritt 6
→ Übung: Der Blick auf das eigene System

Einzeln; 4er-Gruppen; Plenum   **ca. 70 Min**   M 8.2

Von der Theorie zur Praxis: Die Teilnehmenden wenden die in den Schritten 4 und 5 gemachten Beobachtungen auf ihr eigenes System an, um die spezifischen Steuerungsstrukturen zu verstehen.

Ablauf/Methode

Einzeln: Visualisierung der Steuerungsstrukturen im eigenen System **(ca. 15 Min)**
4er-Gruppen: Gegenseitiges Vorstellen und Analysieren der eigenen Beobachtungen **(ca. 40 Min)**
Plenum: Reflexion der Ergebnisse auf der Metaebene **(ca. 15 Min)**

Raum/Ausstattung

Mehrere Räume oder Plätze zur individuellen Vorbereitung und für die Arbeit in Gruppen, Flipchart-Papier, Stifte, Präsentationsflächen

Vorbereitung

Arbeitsblätter

Hinweise für Trainerinnen und Trainer

— Dieser Trainingsschritt macht noch einmal deutlich, dass ein gutes Verständnis von Steuerungsstrukturen die Voraussetzung dafür ist, ein System in der Begleitung inklusiver Veränderungsprozesse (von A nach B) bei der Weiterentwicklung, Umstrukturierung oder Implementation unterstützen zu können.
— Die Visualisierung des eigenen Systems in einem Schaubild ermöglicht eine Gesamtsicht der Steuerungszusammenhänge mit allen Beteiligten (Gruppen), ihren Zuständigkeiten und ihrer spezifischen Vernetzung.
— Als alternative Methode der Systemvisualisierung ist die Aufstellung der Steuerungsstrukturen auf dem Systembrett (Polt/Rimser 2006) denkbar. Dieses Verfahren ist flexibler – auch im Blick auf Soll-Zustände –, aber deutlich aufwendiger.
— Sinnvoll ist ein Hinweis auf die »beschreibende Fragetechnik« mit dem Ziel, Sichtweisen abzugleichen und zu verstehen, d. h. Fragen an die Wahrnehmungen anzuknüpfen, ohne zu deuten (vgl. auch Modul 5).

— Die Reflexionsphase ist in der Regel geprägt von der Frage nach der Praktikabilität der Methode in der Prozessbegleitung und kann von folgenden Fragestellungen geleitet sein: Lässt sich dieses Verfahren in der konkreten Zusammenarbeit mit einem Steuerungsgremium anwenden? Nutzt es das Couple lediglich dazu, sich selbst über die Steuerungsstrukturen des Systems Klarheit zu verschaffen? Spiegelt die Prozessbegleitung der Steuergruppe ihre Abbildungen des Systems als subjektive »Landkarten«? Wenn ja, wie? Was trauen sie sich anzusprechen? Ist diese Art Rückmeldung gewünscht bzw. Teil des Kontraktes, Teil des Selbstverständnisses, Teil der Rückmeldekultur …?

Schritt 7

→ **Input: Steuerung in inklusiven Veränderungsprozessen**

Plenum   ca. 60 Min   M 8.3

Der interaktive Theorieteil zu den Steuerungsansätzen in inklusiven Veränderungsprozessen stellt die Frage in den Mittelpunkt: Was tun Steuergruppen? Teilaspekte von Steuergruppen wie Aufgaben, Einrichtung, Zusammensetzung, Mandatierung und Arbeitskultur werden dabei ebenso angesprochen wie die Frage nach möglichen Auftraggebern.

Ablauf/Methode

Einstieg: zwei » Szene-Stopp«-Übungen
Inputteil
Nachfragen und Diskussion im Plenum

Raum/Ausstattung

Beamer, Leinwand, alternativ: Flipchart

Vorbereitung

Arbeitsblätter, theoretischer Input als Präsentation oder auf Flipchart

Hinweise für Trainerinnen und Trainer
— Der Input kann je nach Gruppe so zusammengestellt werden, dass er zum aktuellen/zukünftigen Einsatzgebiet der Teilnehmenden passt.
— Kommen die Teilnehmenden sowohl in Bildungseinrichtungen als auch im kommunalen Bereich zum Einsatz, ist es sinnvoll, auf Unterschiede in den Systemen hinzuweisen.
— Der hier angebotene Input stellt nur eine Auswahl dar – er ist je nach Gruppe durch das Trainerteam anders auszurichten oder erweiterbar.
— Es wird auf die Bedeutung von Kontrakten hingewiesen, die bestimmten Kriterien entsprechen sollten (Ziele, Indikatoren, Angaben zur Arbeitsweise und Dokumentation etc.).

Info: Rolle und Zusammensetzung von Steuergruppen

Die Rolle und Zusammensetzung von Steuergruppen ist abhängig von der jeweiligen Organisation. Der zentrale Aspekt für die Prozessbegleitung lautet: Sie begleiten eine Einrichtung, eine Kommune o. ä. Es gab eine erste Bestandsaufnahme und jetzt geht es um die Einrichtung einer Steuergruppe. Welche Aufgaben hat sie und wer muss dabei sein? Hier werden einige allgemeine Aspekte zusammengefasst.

Was tun Steuergruppen?
— Sie steuern und koordinieren den »maßgeschneiderten« Veränderungsprozess einer Organisation.
— Sie kontraktieren die Aufträge zu den inklusiven Entwicklungsmaßnahmen, die sie koordinativ begleiten.
— Sie sorgen dafür, dass bereits Vorhandenes wahrgenommen, auf die Zielsetzung hin überprüft und ggf. weitergeführt wird.
— Sie haben die Entwicklungsziele der Organisation im Blick und organisieren ihr Handeln darauf hin.
— Sie beteiligen Stakeholder und vergemeinschaften die Veränderungsprozesse.
— Sie treffen keine eigenmächtigen Entscheidungen, aber sie bereiten Entscheidungen vor.
— Sie setzen Impulse.
— Sie sorgen für Verbindlichkeit, Transparenz und Kontinuität und verankern die Entwicklung nachhaltig.
— Sie geben Rückmeldung und machen (Zwischen-)Ergebnisse sichtbar.
— Sie evaluieren die Ergebnisse, den Prozess und die Wirkung.

Wie sind Steuergruppen zusammengesetzt?

Gremien, die inklusive Entwicklungsprozesse systematisch steuern, sollten nach Möglichkeit die Vielfalt, die Ressourcen und die Veränderungsbereitschaft eines Systems abbilden. Dabei kann die gemeinsame Entscheidung für die Zusammensetzung einer Steuergruppe schon ein inklusiver Prozess sein. Entscheidend für die Akzeptanz ist eine klare Legitimation, ein klar umrissener Auftrag, der auch Transparenz und Kommunikation des Arbeitsstandes und der Entwicklungsprozesse beinhaltet, und eine klare Befristung des Zeitraumes, für den sie nominiert ist.

Die Führungspersonen einer Institution sind »geborene« Mitglieder. Sie tragen die Verantwortung und müssen Veränderungen nach innen (z.B. Mitarbeiterinnen und Mitarbeiter, Nutzerinnen und Nutzer) und außen (z.B. Eltern, Träger, Aufsichtsinstanzen) vertreten.

Die Mitgliederzahl einer Steuergruppe sollte zugunsten der Arbeitsfähigkeit, abhängig von der Größe des Systems, fünf bis neun Personen nicht überschreiten.

Effizienz und Zufriedenheit werden durch Rahmenbedingungen für die Arbeitskultur der Gruppe begünstigt. Das bedeutet, es gibt eine schriftliche Vereinbarung über Auftrag, Ziele und Aufgaben, über Regeln der Zusammenarbeit, über eine effektive Konferenzkultur und eine zielführende Gestaltung der Zusammenkünfte. In diese »Geschäftsgrundlage« können alle Beteiligten einbringen, was sie erwarten, und auf dieser Geschäftsgrundlage wissen alle, was von ihnen erwartet wird.

Damit nicht auf jeder Sitzung andere Personen andere Interessen vertreten, sollte eine Fluktuation in der Zusammensetzung vermieden werden. Es empfiehlt sich, im Sinne der Inklusion und der Transparenz Gäste, auch als »kritische Freunde«, einzuladen oder die Sitzungen öffentlich durchzuführen.

Von wem bekommt eine Steuergruppe die Aufträge?

Da Steuergruppen alle Entwicklungsprozesse einer Organisation koordinieren, können die Aufträge dazu von verschiedenen Seiten kommen:
von innen, also von den Beteiligten, den Mitwirkungsorganen, der Führung und den Vorgesetzten, oder von außen, vom Träger oder von einer vorgesetzten Behörde. Es ist sehr hilfreich, solche Aufträge schriftlich zu dokumentieren und festzuhalten

— wer wen zu welcher Entwicklungsmaßnahme beauftragt hat,
— welche Ziele damit verfolgt werden,
— bis wann sie umgesetzt werden sollen und
— wann und wie sie überprüft werden können.

Schritt 8

→ Übung: Organisation der Zusammenarbeit mit Steuergruppen mit Hilfe des Index

3er-Gruppen; 6er-Gruppen   ca. 70 Min   M 8.4

Die Teilnehmenden erfahren die Bedeutung des Index als Entwicklungsinstrument. Unterstützt durch Index-Fragen entwickeln sie begünstigende Faktoren für die Zusammenarbeit zwischen Prozessbegleitung und Steuergruppen, die ggf. in einem Kontrakt münden.

Ablauf/Methode

3er-Gruppen: Auswahl Index-Frage **(ca. 10 Min)**
Je zwei 3er-Gruppen: Gemeinsame Entscheidung für eine Index-Frage; Reflexion von Prozess, Ergebnis und Wirkung **(ca. 15 Min)**
6er-Gruppen: Erarbeiten von Kriterien für die Zusammenarbeit der Prozessbegleiterinnen und -begleiter mit den Mitgliedern der Steuergruppen **(ca. 20 Min)**
Festhalten der Ergebnisse auf verschiedenfarbigen Karten **(ca. 10 Min)**
Auswertung der Ergebnisse nach »Gruppen-Mix« **(ca. 15 Min)**

Raum/Ausstattung

Mehrere Räume oder Plätze für die Arbeit der Gruppen

Vorbereitung

Arbeitsblätter, verschiedene Ausgaben des Index für Inklusion, Flipcharts und Stifte, Moderationskarten in verschieden Farben, DIN-A4-Bögen (möglichst starkes Papier, damit sie sich als »Reiter« aufstellen lassen)

Hinweise für Trainerinnen und Trainer

— In diesem Trainingsschritt wird deutlich, dass die unterschiedlichen Ausgaben des Index den Teilnehmenden zahlreiche Anregungen bieten, Impulse für die Reflexion der Arbeit mit einer Steuergruppe im Rahmen des Begleitprozesses setzen können.
— Die Karten mit Ergebnissen werden im Anschluss auf Flipcharts, die jeweils thematisch den fünf Aspekten aus dem Arbeitskontext zugeordnet sind, veröffentlicht (Fotodokumentation).
— Sie können in der konkreten Beratungssituation in einem schriftlichen Kontrakt mit der Steuergruppe z.B. als »Vereinbarungen für die Zusammenarbeit«, »Kommunikation der Ergebnisse der Zusammenarbeit« etc. ihren Platz finden.

Schritt 9

→ **Input: Der Entwicklungszirkel**

Plenum   ca. 30 Min

Betrachtung der orientierenden Schritte von Veränderungsprozessen im Hinblick auf die innersystemische Steuerung und die Prozessbegleitung

Ablauf/Methode

Input im Plenum
Reflexion

Raum/Ausstattung

Beamer, Leinwand oder Flipchart zur Visualisierung

Vorbereitung

Ggf. Präsentaton, Flipcharts

Hinweise für Trainerinnen und Trainer

— Inklusive Veränderungsprozesse sind zirkulär, sie lassen sich in Schritten oder Phasen darstellen, ohne allerdings damit einen linearen Prozess zu meinen (vgl. Modul 2). Die Aufgaben der Steuergruppen und die Interventionen oder Unterstützungsangebote der Prozessbegleiterinnen und -begleiter nehmen Bezug auf diese Phasen, die in der Abfolge gut aufeinander abgestimmt, erprobt sind und sich als Grundschema bewährt haben.

— Prozesse in sozialen Systemen verlaufen in der Regel nicht linear – eine Vernachlässigung oder beliebige Vertauschung bestimmter Schritte kann jedoch, wie die Praxis zeigt, zum Stolperstein werden und sich als wenig zielführend erweisen: z.B. die Maßnahmenplanung vor der Ist-Stand-Analyse und der Zielklärung vorzunehmen oder die Evaluation ohne Zielklarheit. Der Entwicklungszirkel kann helfen, sich im Entwicklungsprozess zu verorten und zu klären, welches die nächste Etappe sein kann und wie die Etappen in einem Prozess zusammenhängen. Um im Bild zu bleiben: Der Entwicklungszirkel ist ein Navigationsinstrument.

Info: Der Entwicklungszirkel (Veränderungsprozess)

Die Darstellung eines systematischen Veränderungsprozesses in fünf Schritten wird auch als »Entwicklungszirkel« bezeichnet. Dieser Entwicklungszirkel greift noch einmal zurück auf die in Modul 3 gezeigten Phasen eines Veränderungsprozesses. Der Fokus richtet sich hier auf die einzelnen Phasen der Veränderung, wie sie gesteuert und durch die Prozessbegleitung unterstützt werden.

Eine Veränderung ist nur möglich, wenn ein Veränderungsbedarf besteht. Der Index kann dazu dienen, die eigene Organisation zu befragen, inwieweit es diskriminierende Haltungen, Strukturen und Prozesse gibt, welche Zielsetzung gewünscht wird und welche Bereitschaften bei allen Beteiligten zu wecken sind. Wenn die Antworten der Organisation auf die Index-Fragen zu einer Erfahrung der Distanz zwischen realer Praxis und wünschenswerter Veränderung führen, dann kann aus der Analyse ein inklusiver Veränderungsprozess entworfen werden.

Wichtigster Aspekt dabei ist, dass die verschiedenen Schritte in der Realität nie gleich ablaufen. Neue Erkenntnisse und ungeplante Entwicklungen machen es immer wieder notwendig, im laufenden Prozess die Schrittfolge auf die reale Situation anzupassen.

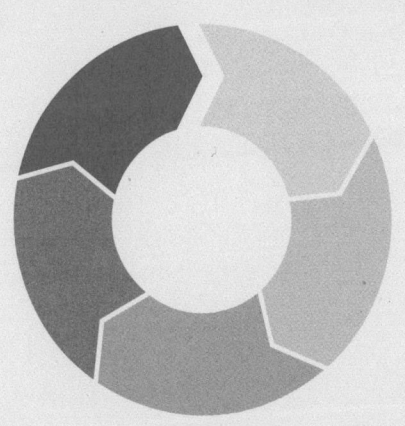

Abb. 9 **Grundschema eines Veränderungsprozesses in fünf Schritten. Alle Schritte sind wichtig und bilden sich in der Regel während eines Prozesses ab – allerdings nie so gleichmäßig wie in diesem Schema. In jedem Prozess gibt es Einflüsse wie die beteiligten Menschen, die Kultur in der Organisation oder Geschehnisse von außen, die den Prozess ständig verändern. Eine schematische Linearität mit fester Abfolge ist deshalb in der Realität nicht gegeben – siehe dazu auch die Abbildungen auf der nächsten Seite.**

Die Situation beleuchten   **Ziele definieren und Vorhaben priorisieren**   **Handlungsschritte planen**   **Die Umsetzung wachsam begleiten**   **Den Prozess auswerten**

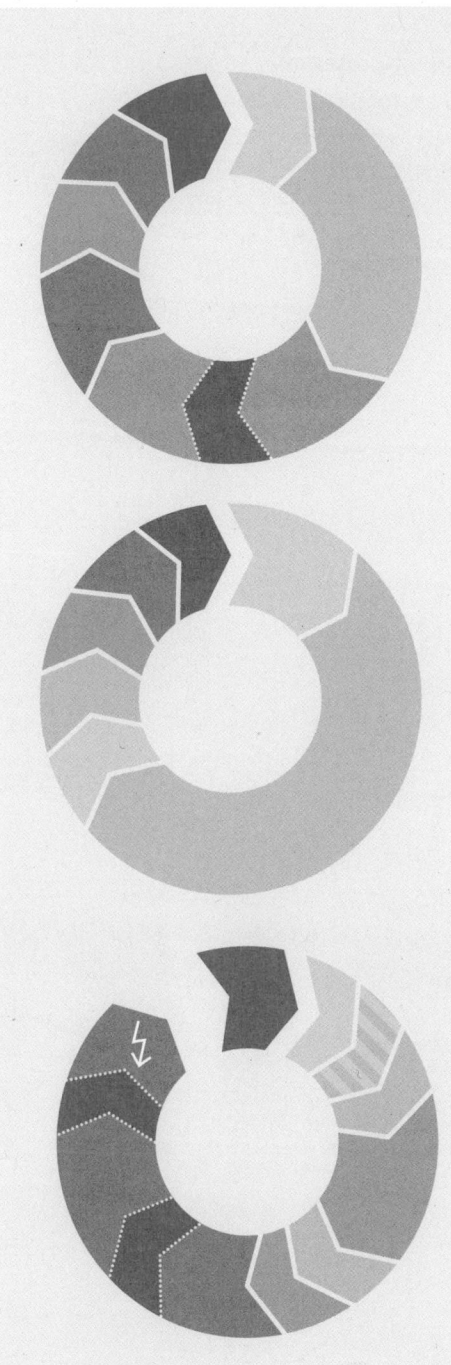

Abb. 10–12 Diese Beispiele zeigen, wie unterschiedlich Prozesse in der Realität verlaufen. Die Situationen und die Menschen im Prozess verändern sich und erfordern ein ständiges Überdenken und Anpassen der Schritte und Maßnahmen. So können Phasen wiederholt werden, mal länger, mal kürzer sein, parallel verlaufen oder übersprungen werden. Manchmal werden Prozesse auch abgebrochen und neu begonnen. Dadurch ändern sich Ausgangsbedingungen und Situationen und führen zu veränderten Verläufen. Auf der nächsten Seite beschreiben wir dazu einige Szenarien, die uns in unseren Prozessbegleitungen begegnet sind.

Dynamische Verläufe von Veränderungsprozessen

Es sind viele Szenarien denkbar, die es erforderlich machen, flexibel umzudisponieren. Dabei sind alle unvorhergesehenen Ereignisse »normal«: Sie bilden menschliches Handeln ab. Wird an einer Stellschraube gedreht, kann es große Änderungen im Gesamtprozess geben. Die Situation ist nicht mehr die gleiche und erfordert ein anderes Vorgehen:

— Bei dem Versuch, sich für ein Vorhaben zu entscheiden, wird deutlich, dass jede Menge Informationen fehlen, um den richtigen Ansatzpunkt zu finden. Es wird erneut die Situation beleuchtet – eine neue Ausgangssituation entsteht.
— Manche kleinen Vorhaben umfassen nur einen Handlungsschritt, der direkt umgesetzt werden kann. Der Schritt »Handlungsschritte planen« kann entfallen.
— Noch bevor es zu Planungen und Umsetzungen kommt, bricht das Team auseinander. Manche Prozesse kommen durch Unachtsamkeit, eine fehlende Steuerung oder große Kommunikationsprobleme auch ganz zum Erliegen. Nun gilt es auszuwerten: Lag es am Vorhaben? Oder ist es ein allgemeines Kommunikationsproblem? Mangelnde Partizipation oder zu geringe Wertschätzung?
— Bei der Maßnahmenplanung wird festgestellt, dass vielleicht wichtige Menschen nicht zu Wort gekommen sind oder eine Tatsache völlig aus dem Blick gelassen wurde. Auch diese Perspektiven werden in die erneute Bestandsaufnahme einbezogen.
— Entsteht eine neue Ausgangssituation, müssen auch die Ziele neu definiert und ein gemeinsam verständigtes Vorhaben entschieden werden.
— Bei der konkreten Umsetzung fällt auf, dass alles VIEL zu VIEL ist, was sich die Akteure vorgenommen haben. Dann muss reduziert werden, entweder indem das Ziel und die Vorhaben neu definiert oder lediglich die Handlungsschritte realistischer geplant werden.
— Die Auswertung des Prozesses auf den unterschiedlichen Ebenen: Wirkung, Prozessgestaltung und Inhalte findet permanent statt. Immer wieder wird überlegt und »abgefragt«: Ist alles ok? Keine Überforderung? Ist das Ziel noch unser Ziel? Ist das Ziel noch sinnvoll? Ist das Vorhaben zielführend oder gibt es neue Dynamiken? Haben sich ursprüngliche Nebenschauplätze als zentrale Themen erwiesen? Muss doch alles noch einmal neu gründlich überlegt werden?
— Die Lebendigkeit der Prozesse kann sich auch in unterschiedlichen Phasenlängen, dem Überschneiden von Phasen, dem Bilden von neuen Mustern ausdrücken.

Der idealtypische Entwicklungskreislauf suggeriert eine Gleichmäßigkeit, die es nicht geben kann. Schon die zeitliche Dynamik kann verunsichern und lähmen oder die Lebendigkeit eines Prozesses bestätigen. Insofern gibt es den »normalen« Entwicklungskreislauf nicht. Die Kenntnis der Phasen ist jedoch wichtig und gibt eine größere Sicherheit beim offenen Herangehen an Systeme. Auch das ist planmäßig – planmäßig systemisch.

Schritt 10
→ Reflexion: »Index-Gruppen« und Steuergruppen im inklusiven Veränderungsprozess

5er-Gruppen; Plenum   ca. 45 Min   M 8.5

Anhand bestimmter Situationen aus der Praxis werden Handlungsszenarien für die Prozessbegleitung entwickelt.

Ablauf/Methode
5er-Gruppen: Die Teilnehmenden reflektieren anhand konkreter Szenarien, wie sie mit den Situationen umgehen würden und welche Interventionen sie vorschlagen; Visualisieren der Anregungen auf Flipchart **(ca. 30 Min)**.
Plenum: Vorstellen der Interventionen im Plenum und Reflexion nach dem »Dominoprinzip«: Eine/r beginnt, weitere Teilnehmende »docken« da an, wo es thematisch passt **(ca. 15 Min)**.

Raum/Ausstattung
Ausreichend Räume/Bereiche für die Gruppenarbeit, Flipchart, Stifte

Vorbereitung
Arbeitsblätter

Hinweise für Trainerinnen und Trainer
Die Szenarien bilden konkrete Situationen in Bildungseinrichtungen und kommunalen Kontexten ab. Die Auseinandersetzung mit ihnen sensibilisiert und öffnet den Blick für mögliche Interventionen.

Schritt 11
→ Rückbindung an die Ziele – Feedback – Ausblick – Abschluss

Dieser Schritt kehrt in allen Modulen wieder. Infos dazu → S. 33.

Arbeitsblätter

M 8.1

Reflexion: Führen, Steuern, Leiten, Kooperieren – Kulturen

Ein System in Veränderung – ein Schiff auf der Reise

Aufgabe

1. Stellen Sie sich vor, Ihr System sei ein Schiff.
   Um welche Art Schiff handelt es sich dabei aus Ihrer Sicht?

2. Wir denken einen Schritt weiter:
   — Wen und was braucht man auf einem Schiff, um von A nach B zu gelangen?
   — Worin unterscheiden sich die verschiedenen Funktionen?

3. Ggf. Fragen auswählen – andere weglassen
   — Wer bestimmt in diesem System die Ziele und/oder den Kurs? Die Führung? Die Offizierinnen und Offiziere? Die ganze Mannschaft?
   — Wer kennt den Kurs? Wer hält ihn? Wer kann navigieren?
   — Wer darf steuern? Wer wird zum Steuern aufgefordert, benannt?
   — Dürfte auch die Schiffsköchin oder der Schiffskoch steuern?
   — Gab es schon einmal Meuterei wegen der Reiseziele?
   — Ist das Ziel aufgrund einer besonderen Art der Steuerung erreicht/verfehlt worden?
   — Auch die Schiffsköchin bzw. der Schiffskoch möchte mal steuern – was wäre das Ergebnis?
   — Der Kapitän/die Kapitänin lädt alle, die gerne wollen, zum Steuern ein – was wäre das Ergebnis?

4. Betrachten Sie die Schiffsbilder unter dem Gesichtspunkt von Steuern, Führen, Leiten und Kooperieren. Was fällt Ihnen auf?

INKLUSION AUF DEM WEG
MONTAG STIFTUNG JUGEND UND GESELLSCHAFT

M 8.2

Übung: Der Blick auf das eigene System

Aufgabe

1. **Einzeln (max. 10 Min)**
   Bilden Sie bitte die Arbeits- und Steuerungsstrukturen in Ihrem System ab (Flipchart). Visualisieren Sie dabei auch, wer – bezogen auf den letzten Veränderungsprozess – führte, steuerte, wer die Leitung übernahm, wer mit wem kooperierte, ob und wie die Zuständigkeiten geregelt wurden.

2. **4er-Gruppen (ca. 40 Min)**
   Bilden Sie systemübergreifende Gruppen. Stellen Sie sich gegenseitig Ihre Systeme vor, erläutern Sie den letzten Veränderungsprozess und zeigen Sie, wer welche Funktion in dem Prozess übernommen hat.
   Was ist aus den Ideen/Veränderungsansätzen geworden (Tops und Flops)?

   Die jeweiligen Zuhörenden »denken laut«, indem sie
   a. aus der Perspektive der Prozessbegleitung Fragen stellen, die es ihnen ermöglichen, das präsentierte System mit Blick auf Leitung, Führung, Steuerung und Kommunikation besser zu erschließen.
   b. nach bereits wahrnehmbaren inklusiven Werten im Prozess fragen und mögliche Perspektiven aufzeigen, inklusive Werte im weiteren Prozessverlauf zu verankern.

3. **Plenum: Reflexion (ca. 15 Min)**
   Mögliche Fragestellung auf der Metaebene:
   Konnten Sie effiziente Steuerungsstrukturen und Gelingensbedingungen identifizieren?
   Notieren Sie diese bitte auf Karten und verteilen diese auf dem Boden in der Mitte.
   Wir möchten im nächsten Schritt darauf Bezug nehmen.

INKLUSION AUF DEM WEG
MONTAG STIFTUNG JUGEND UND GESELLSCHAFT

M 8.3

Input: Steuerung in inklusiven Veränderungsprozessen

Szene Stopp 1
In der ersten gemeinsamen Sitzung einer Steuergruppe mit den Prozessbegleiterinnen und -begleitern begrüßt
die Leiterin der Organisation alle Teilnehmenden und verabschiedet sich dann mit den Worten:
»Ich habe jetzt einen wichtigen Termin und verabschiede mich. Ich wünsche Ihnen eine erfolgreiche Sitzung.«

Entscheiden Sie spontan und zeigen Sie ein, zwei, oder drei Finger für eine der Antworten:

Ich würde als Prozessbegleiterin oder Prozessbegleiter ...

1. die Arbeit mit der Gruppe ohne die Leiterin beginnen.

2. die Leiterin bitten, an der Sitzung teilzunehmen.

3. die Sitzung auf einen anderen Termin verschieben,
   an dem die Leiterin teilnehmen kann.

Szene Stopp 2
Sie führen ein Vorgespräch mit der Leitung einer Organisation und thematisieren den Sinn einer Steuergruppe
für die Prozesssteuerung. Die Leitung kündigt an, sich in der kommenden Woche darum zu kümmern und
einige geeignete Kolleginnen und Kollegen sowie Mitarbeiterinnen und Mitarbeiter anzusprechen und einzuladen.

Überlegen Sie zunächst allein und einigen Sie sich dann mit einem Partner/einer Partnerin, wie Sie sich verhalten.

Ich würde ...

1. die Vorgehensweise der Leitung unterstützen.

2. nachfragen, warum er/sie die Mitglieder benennen und
   nicht anders, z. B. durch Wahl, rekrutieren möchte.

3. deutlich darauf hinweisen, dass ein solches Vorgehen
   die Akzeptanz der Steuergruppe im Kollegium/im Kreis
   der Mitarbeiterinnen und Mitarbeiter verringern könnte.

(In Anlehnung an: Wahl 2006, S. 67 ff.)

M 8.4

Übung: Organisation der Zusammenarbeit mit Steuergruppen mit Hilfe des Index

Aufgabe

1. Bilden Sie 3er-Gruppen.

2. Entscheiden Sie sich für eine Frage aus einem Index, die gut als Einstieg in die Diskussion über Arbeitskultur und Organisation in Steuergruppen geeignet ist **(ca. 10 Min)**.

3. Wenden Sie sich an eine andere 3er-Gruppe und einigen Sie sich, mit welcher Frage Sie gemeinsam weiterarbeiten möchten. Reflektieren Sie deren Einfluss auf Prozess, Ergebnis und Wirkung der Diskussion **(ca. 15 Min)**.

4. Erarbeiten Sie in Ihrer Gruppe Kriterien für die Zusammenarbeit der Prozessbegleiterinnen und -begleiter mit Steuergruppen **(ca. 20 Min)**.

Zusätzliche Aufgabe
Sie begleiten (künftig) inklusive Veränderungsprozesse. Woran kann eine Steuergruppe erkennen, dass inklusive Werte für Sie handlungsleitend sind?

Sammeln Sie die Aspekte auf entsprechend farbigen Karten **(ca. 10 Min)**:
— Regeln für die Zusammenarbeit (grüne Karten)
— Rollen, Aufgaben und Zuständigkeiten (blaue Karten)
— Bezug zum Kollegium/zu Mitarbeiterinnen und Mitarbeitern/zu anderen Akteuren (gelbe Karten)
— Kommunikation und Dokumentation (Transparenz, Information; weiße Karten)
— inklusive Werte (orange Karten)

Hinweis: Diese Aspekte können in der konkreten Begleitsituation in einem schriftlichen Kontrakt mit der Steuergruppe unter »Vereinbarungen für die Zusammenarbeit«, »Kommunikation der Ergebnisse der Zusammenarbeit« ihren Platz finden.

M 8.5

**Reflexion: Index-Gruppen und Steuergruppen
im inklusiven Veränderungsprozess**

Aufgabe

1. Bilden Sie 5er-Gruppen.

2. Entscheiden Sie sich für eins der folgenden Szenarien:
   Wie würden Sie, aus Sicht der Prozessbegleitung, mit der genannten Situation umgehen
   und welche Interventionen würden Sie vorschlagen?

3. Visualisieren Sie Ihre Anregungen auf dem Flipchart **(ca. 30 Min)**.

4. Auswertung im Plenum

In einer Einrichtung/Kommune gibt es eine Indexgruppe oder einen Arbeitskreis Inklusion
und eine Steuer- bzw. Lenkungsgruppe, die ihre Arbeit noch nicht aufeinander abgestimmt haben.

In einer Bildungseinrichtung soll eine Steuergruppe implementiert werden, wobei unter den Beteiligten heiß diskutiert
wird, ob auch Jugendliche (z. B. Schülerinnen und Schüler), Kinder, Eltern und weitere Mitarbeiterinnen und Mitarbeiter
beteiligt werden sollen und wenn ja, wie viele.

Der Leiter der (Bildungs-)Einrichtung hat eine Steuer- bzw. Lenkungsgruppe zusammengestellt und ihr vorgeschlagen,
Schulentwicklung unter dem Gedanken der Inklusion an der Schule zu initiieren.

INKLUSION AUF DEM WEG
MONTAG STIFTUNG JUGEND UND GESELLSCHAFT

8

Abschluss und Ausblick: Eine Prozessbegleitung beenden

→ Das Ende der Zusammenarbeit als einen festen Bestandteil inklusiver Prozessbegleitung sehen

→ Die Individualität des Prozessverlaufes und das Engagement der Beteiligten anerkennen und wertschätzen

→ Aus der Rolle der Prozessbegleitung einen Begleitprozess auf mehreren Ebenen sinnvoll beenden können

→ Den Veränderungsprozess (einer Einrichtung) anhand des Kontraktes, der Ziele und der im Vorfeld vereinbarten Kriterien zur Zielerreichung überprüfen

→ Den Akteurinnen und Akteuren einer Einrichtung Anregungen geben, ihre Entwicklungsprozesse ohne externe Begleitung fortzuführen

→ Grundsätze zur Evaluation und zum Feedback anwenden und vermitteln

→ Indikatoren für Evaluation kennen und anwenden

Das letzte Modul richtet den Blick auf das Ende des Begleitprozesses, das Ende der Qualifizierungsmaßnahme und die Beendigung der kontextbezogenen Zusammenarbeit des Prozessbegleitungs-Couples. Es unterstreicht die Bedeutung eines »würdigen Schlusspunktes« (Neumann 2012, S. 288) als festen Bestandteil der Zusammenarbeit zwischen der Organisation und den Prozessbegleiterinnen und -begleitern. Der Abschluss beinhaltet nicht nur Rückblick und Resümee, sondern legt besonderes Augenmerk auch auf die Zukunft, die Perspektiven der Weiterarbeit, die nächsten Schritte und die Wirkung der Veränderung im System und bei jedem/jeder Einzelnen. Die Teilnehmenden blicken auf ihre (Weiter-)Entwicklung und persönlichen Meilensteine, ihre »Lernkurve«, ihre hinzugewonnenen Stärken und Ressourcen. Die genannten Inhalte werden ergänzt durch ausgewählte Evaluations- und Feedbackmethoden.

Hintergrund: Warum ist dieses Modul wichtig?

Das Finale verlangt nach Gestaltung

»Schluss machen kann jeder, aber ein gutes Ende zu finden ist eine Kunst« (Rolff u.a. 2000, S. 229).

Erfahrungsgemäß wird der Beendigungsphase von Projekten und Prozessen in vielen Systemen zu wenig Beachtung geschenkt. Dabei ist der Abschluss Teil eines inklusiven Entwicklungsprozesses und wird als Teil des Kontraktes auch von Beginn an mitgedacht: Er beinhaltet eine Würdigung des Geleisteten, macht die Potenziale der Akteurinnen und Akteure sichtbar und vergewissert sich der Nachhaltigkeit der Ergebnisse.
    Besonders wichtig ist es hier, deutlich zu trennen zwischen dem Beratungsprozess und dem begleiteten Veränderungsprozess in einer Einrichtung: Denn ein Abschließen des Begleitprozesses bedeutet nicht das Ende des Veränderungsprozesses. Vor diesem Hintergrund greift das Schlussmodul 9 noch einmal auf Modul 1 zurück, wo diese Ebenen bereits thematisiert wurden.

Die Kultur des Abschlusses

Beim Abschluss eines Prozesses wird unterschiedlichen Aspekten (Sachebene, Prozesse, Wirkung) Raum und ein Rahmen gegeben. Werte wie Transparenz, Nachhaltigkeit, Wertschätzung, Partizipation, Ehrlichkeit, Vielfalt der Perspektiven, Übernahme von Verantwortung und Freude an der Entwicklung können dabei leitend sein. Sie spiegeln sich in einer »Kultur des Abschlusses« in Handlungen und Wirkungen wider:
— Wertschätzung der gemeinsamen Arbeit,
— Sichtbarmachen der Individualität des Prozessverlaufes und der Gestaltungsfreiräume,
— Sichtbarmachen der Ergebnisse,
— Erfahrung der Selbstwirksamkeit,
— Nachdenken über Kulturen, Strukturen und Praktiken der Weiterarbeit und verbindliche Absprachen darüber,
— eine wertschätzende, kreative und ressourcenorientierte Handlungsweise,
— Feiern der Erfolge,
— Erleben des Abschieds als notwendigen und bedeutsamen Teil eines Prozesses,
— Kultur des Abschieds.

Einen Begleitprozess professionell abschließen

Für die Akteurinnen und Akteure einer Einrichtung steht im Mittelpunkt, sich der Verantwortung für die Fortsetzung des Prozesses bewusst zu sein. Das bedeutet, Strukturen für eine Weiterarbeit zu erhalten oder zu schaffen sowie eigene Potenziale, Ressourcen aller Beteiligten und Handwerkszeug für Prozessplanungen bzw. -gestaltungen zu kennen, zu nutzen und weiterzuentwickeln. Dafür ist ein gemeinsamer Rückblick auf den Start und den Prozessverlauf, die Zusammenarbeit, auf ermutigende, aber auch enttäuschende Entwicklungen hilfreich.

Nach vorne zu schauen heißt, ehrlich und transparent Unsicherheiten zu benennen, daran Ideen zur Verbesserung, Bedarfe und Wünsche zu knüpfen, sich über Faktoren für die Stabilisierung des »Neuen« Gedanken zu machen und schwache Signale für einen Rückfall wahrzunehmen, um im nächsten Schritt konkrete Planungen vorzunehmen.

Zu all diesen Schritten kann die Prozessbegleitung unterstützend beitragen. Wichtig ist hier noch einmal zu betonen, dass während des gesamten Prozesses die Bedeutung der Eigenverantwortung der Beteiligten thematisiert und durch Selbstwirksamkeit erfahren wird.

Genauso wichtig in dieser Phase ist es, dass die Prozessbegleiterinnen und -begleiter auch für sich ein deutliches Ende setzen, das heißt, innerlich und äußerlich »loslassen«.

Eine wichtige Konkretisierung der Abschlussphase ist das Abschlussgespräch oder die Abschlusssitzung. Für die Gestaltung trägt die Prozessbegleitung die Verantwortung, nicht jedoch für deren inhaltliche Ergebnisse.

Prozessbegleiterinnen und Prozessbegleiter reflektieren den Abschluss immer aus mehreren Perspektiven. Ein Abschluss im Rahmen der Prozessbegleitung bedeutet, Bilanz zu ziehen auf drei Ebenen:
— Was hat sich innerhalb der Einrichtungen verändert?
— Wie war die Zusammenarbeit zwischen den Prozessbegleiterinnen und -begleitern und dem Auftraggeber?
— Wie war die Arbeit/Zusammenarbeit im Couple?

Den Veränderungsprozess auswerten

Im Rahmen des Abschlusses der Begleitung würdigt der Blick zurück den gemeinsamen Weg und das Erreichte. Schritte und Ergebnisse werden sichtbar gemacht. Die Beteiligten verschaffen sich »wirkliche Gewissheit«, lenken den Blick auf Erworbenes und erfahren Zuversicht durch klare Rückmeldung und das Sichtbarmachen der Stärken, aber auch der Stolpersteine. Das öffnet Perspektiven zur Fortsetzung des Prozesses ohne externe Begleitung und hilft, die weiteren Schritte sozusagen bis zur nächsten Biegung zu definieren und deren Gestaltung anzudenken.

Die Reflexion findet auf verschiedenen Ebenen statt:
— Inhalt: Was haben wir gemacht?
— Prozess: Wie sind wir dabei vorgegangen? Was war daran »inklusiv« bzw. welche Rolle hat der Index für Inklusion gespielt? Methoden?
— Wirkung: Was hat sich auf welchen Ebenen – ICH mit MIR, ICH mit DIR, WIR, inklusive Kulturen, inklusive Strukturen, inklusive Praktiken – verändert?

Sie verweist auch auf die Fragen: Welche Strukturen und Praktiken sind inzwischen etabliert (Inhalt), welche haben sich in der Zusammenarbeit bewährt (Prozess)?

Wie reflektieren die Prozessbegleiterinnen und -begleiter ihre Zusammenarbeit?

Die interne Auswertung im Team als Couple, in der Rolle als Prozessbegleiterinnen und -begleiter, ist relevant, um Rückschlüsse für die weitere gemeinsame Arbeit in der Prozessbegleitung zu ziehen und verallgemeinerbare Erfahrungen zu dokumentieren und ggf. in neuen/veränderten Team-Konstellationen weiterzugeben.

Dazu können zum Beginn der Prozessbegleitung Vereinbarungen getroffen respektive Kriterien festgelegt werden, an denen die Zusammenarbeit abschließend einer strukturierten Reflexion auf der Sach- und Beziehungsebene unterzogen werden kann, z.B.: offene, wertschätzende, konstruktiv kritische Kommunikation; Akzeptanz der unterschiedlichen professionellen Vorerfahrungen, der Stärken, die Schwerpunktbildung, Aufgaben- und Rollenverteilung in der Vorbereitung und während der einzelnen Sitzungen, Einbeziehung eines kritischen Freundes etc.

Die Reflexion ist wertschätzend, Abwertungen widersprechen der inklusiven Haltung. Die Fragen des Index unterstützen den Dialog und eine ehrliche Kritik. Eine weitere empfohlene Grundlage kann ein Feedback der Einrichtung sein. Auch das Trainerteam kann seine Zusammenarbeit nach denselben Kriterien wie die Teilnehmenden reflektieren.

Weitere wichtige Aspekte

Neben den Aspekten des Abschlusses spielen in diesem Modul eine wichtige Rolle:
— die Reflexion der persönlichen Lernkurve und der Entwicklung des Selbstkonzeptes (Rück- und Ausblick),
— kriterienbezogenes Feedback zu jedem Modul (Teilnehmende und Trainerteam), das im letzten Modul zusammenfließt.

Die Herausforderung dieses Moduls für die Teilnehmenden besteht darin, den »Switch« zwischen den verschiedenen Ebenen nachzuvollziehen und mitzugestalten (darauf müssen Trainerinnen und Trainer immer wieder aufmerksam machen).

Evaluation

Neben dem Abschluss und der Reflexion der Begleitung sind Kenntnisse über die Evaluation und deren Anwendung Grundlagen für die Gestaltung von Prozessen. Evaluationen sind die Voraussetzung für die Weiterarbeit und die Verbesserung der Qualität. Ohne ständige Befragung und Reflexion aller Facetten der Prozessschritte wird die Lebendigkeit des Systems verkannt und die vielen Aktionen und Maßnahmen »verpuffen«: Sie werden nicht wirksam oder wirken nicht nachhaltig. In inklusiven Settings bedeuten Evaluationen immer Reflexionen aller Ebenen: der Person, des Teams und der gesamten Einrichtung. Sie verlangen Offenheit, Vertrauen und Zuversicht.

Aufgrund der komplexen Herausforderungen einer Begleitung inklusiver Prozesse könnte auch das Thema Evaluation weitaus umfangreicher behandelt werden, als wir es hier in diesem Modul anbieten – zum Beispiel mit einem eigenen Modul.

Schritte

	Ablauf	Organisationsform	Dauer (Richtwerte)	Arbeitsblätter
1	Ankommen	Plenum/Stehcafé	ca. 30 Min	
2	Einstieg	Plenum	ca. 15 Min	
3	Index-Frage	Kann variieren	ca. 20 Min	
4	Reflexion: Anzeichen für das Ende eines Begleitprozesses	2er-/3er-Gruppen Plenum	ca. 45 Min	M 9.1
5	Rückblick: Der Kontrakt	Einzeln Plenum	ca. 40 Min	M 9.2
6	Simulation: Den Auftraggebenden einen Veränderungsprozess und einen Begleitprozess erklären	4er-Gruppen Plenum	ca. 60 Min	M 9.3
7	Reflexion: Prozessvisualisierung, Erfolge, Stolpersteine	Kleingruppen Plenum	ca. 45 Min	M 9.4 M 9.5
8	Ausblick: Stärken und Bedarfe	Einzeln 2er-/3er-Gruppen Einzeln Plenum	ca. 30 Min	
9	Simulation: Gestalten einer Abschlusssitzung	3er-Gruppen	ca. 45 Min	M 9.6
10	Simulation: Nachbereitung im Couple	Plenum 2er-Gruppen Plenum	ca. 30 Min	M 9.7

INKLUSION AUF DEM WEG

Ablauf	Organisationsform	Dauer (Richtwerte)	Arbeits-blätter
11 Input und Reflexion: Dokumentation und Evaluation	Plenum Einzeln Plenum	**ca. 45 Min**	M 9.8 M 9.9
12 Übung: Evaluieren anhand von Indikatoren	Plenum Kleingruppen	**ca. 40 Min**	M 9.10 M 9.11 M 9.12
13 Feedback und Abschlussfeier	Alle	**Open End**	

Schritte 1–3
Diese Schritte kehren in allen Modulen wieder. Infos dazu → S. 32 f.

Schritt 4
→ Reflexion: Anzeichen für das Ende eines Begleitprozesses

2er-/3er-Gruppen; Plenum   **ca. 45 Min**   M 9.1

Die Teilnehmenden reflektieren, welche Aspekte das Ende eines Begleitprozesses kennzeichnen und wie sie sich manifestieren.

Ablauf/Methode
2er-/3er-Gruppen: Reflexion anhand der Fragen auf dem Arbeitsblatt, zunächst einzeln, dann im Austausch **(ca. 5 Min und 15 Min)**
Plenum: Zusammentragen der Aspekte und ggf. Ergänzung durch das Trainerteam **(ca. 25 Min)**

Raum/Ausstattung
Ausreichend Räume/Bereiche für die Gruppenarbeit;
evtl. Außengelände mit Möglichkeit zu einem Spaziergang

Vorbereitung
Arbeitsblätter

Hinweise für Trainerinnen und Trainer

— Das Nachdenken über die Fragen lässt sich auch mit einem Spaziergang verbinden, von dem die Teilnehmenden jeweils drei Aspekte pro 2er-/3er-Team mit ins Plenum bringen.
— Für die Diskussion eignet sich ein kurzer Input des Trainerteams zu den Reflexionsfragen.

Beispiel: Leitfragen für die Diskussionssteuerung im Plenum
Die folgenden Fragen erweitern das Spektrum der Selbstreflexion und der Reflexion im Couple. Sie können – je nach thematischen Schwerpunkten während der Plenumsphase – seitens des Trainerteams in die Diskussion integriert werden (vgl. Brokamp/Lawrenz 2014):

— Kann ich zulassen, dass die Gruppe so kompetent wird, dass sie mich nicht mehr braucht/ich mich überflüssig mache?
— Bin ich schon zu Beginn der Prozessbegleitung bereit, alles dafür zu tun? Wie genau könnte das aussehen?
— Erkenne ich die Expertise der Gruppe? Mache ich sie sichtbar und nutzbar?
— Erkenne ich/will ich erkennen, wenn eine Gruppe in die Regression geht? Woran erkenne ich es? Wie fühle ich mich dabei?
— Woran erkenne ich, dass die Gruppe beginnt, sich von mir zu emanzipieren (Widerstand)? Wie gut kann ich das zulassen?

Schritt 5
→ Rückblick: Der Kontrakt

Einzeln; Plenum   **ca. 40 Min**   M 9.2

Der gemeinsame Rückblick richtet sich auf die Inhalte, den Prozess und die Wirkungen, hier zunächst auf den Kontrakt.

Ablauf/Methode

Einzeln: Die Teilnehmenden prüfen anhand der Fragen des Arbeitsblattes den Status der im Kontrakt (vgl. Modul 3, M 3.11) vereinbarten Elemente **(ca. 20 Min)**.
Plenum: Diskussion und Visualisierung (Flip) ihrer Erfahrungen und dann Vertiefung mit dem Handout über Essentials in Beauftragungen bzw. Kontrakten **(ca. 20 Min)**.

Raum/Ausstattung

Angemessen großer Raum für die Gesamtgruppe

Vorbereitung

Arbeitsblätter, Kontraktbeispiele, Beauftragungsbeispiele, Essentials für Absprachen

Hinweise für Trainerinnen und Trainer

— Der Kontrakt als Arbeitsgrundlage und Orientierungsrahmen beinhaltet bereits eine Vereinbarung über eine Abschlusssitzung am Ende des Begleitprozesses. Ihn zum »Ausgangspunkt des Endes« zu machen, dient der Selbstvergewisserung der Vertragspartnerinnen und -partner.
— Auch wenn folgende Fragen auf dem Arbeitsblatt stehen, lohnt es sich, sie gemeinsam durchzusprechen. Zentrale Fragestellungen für den Blick auf den Kontrakt können sein: Was steht in den Kontrakten? Was haben wir vereinbart? Was war unser Ziel? Wie sieht das Resultat aus? (s. Arbeitsblatt)
— Folgende Fragen dienen der vertiefenden Diskussion und werden vom Trainerteam eingebracht: Wie gestalteten wir den Prozess und warum (Prozessarchitektur und Prozessdesign)? Was hat sich bewährt, wo gab es Stolpersteine? Wie haben wir die Verantwortung geteilt und an welcher Stelle wurde das besonders sichtbar? Bezogen auf die Nachhaltigkeit und die Fortführung des inklusiven Veränderungsprozesses: Fühlen sich alle Beteiligten verantwortlich für den gemeinsamen Prozess und woran wird das spürbar/sichtbar?
— Wenn es in der Ausbildung/Trainingssituation keinen konkreten Kontrakt gibt, wird gemeinsam auf einen Beispielkontrakt geschaut.

Schritt 6

→ Simulation: Den Auftraggebenden einen Veränderungsprozess und einen Begleitprozess erklären

4er-Gruppen; Plenum ca. 60 Min M 9.3

Die Teilnehmenden wenden die in Modul 2 vorgenommene Differenzierung zwischen dem Veränderungsprozess und dem Begleitprozess auf einen konkreten Auftrag an.

Ablauf/Methode

4er-Gruppen: Eine Hälfte der Gruppe skizziert vorbereitet einen typischen Veränderungsprozess einer auftraggebenden Organisation **(Vorbereitung ca. 20 Min)**. Die andere Hälfte erläutert vorbereitet der Leitung/Steuergruppe eines Auftraggebers einen möglichen Begleitprozess **(Vorbereitung ca. 20 Min)**.
Plenum: Aus jeder Hälfte stellt je eine Gruppe ihre Ergebnisse vor **(je ca. 10 Min)**
Reflexion **(ca. 15 Min)**.

Raum/Ausstattung

Ausreichend Räume/Bereiche für die Gruppenarbeit

Vorbereitung

Arbeitsblätter, Grafik »Phasen des Begleitprozesses« (→ S. 96 f.)

Hinweise für Trainerinnen und Trainer

— Die Differenzierung von Veränderungs- und Begleitprozess wurde bereits in Modul 2 thematisiert. Hier zeigen die Teilnehmenden, dass sie die verschiedenen Prozessebenen unterscheiden und gegenüber möglichen Auftraggebern verständlich und nachvollziehbar erklären können.
— Die Auftragsbeispiele im Arbeitsblatt können variiert werden und sollten möglichst nah am voraussichtlich zukünftigen Einsatzgebiet der Teilnehmenden liegen.
— Oft fällt es den Teilnehmenden schwer, sich auf heterogene Zielgruppen einzustellen (Auftraggeber, Kinder, Eltern, unterschiedliche Familiensprachen etc.), deswegen kann das Rollenspiel entsprechend erweitert oder verändert werden. Wichtig ist, dass die Teilnehmenden sich sowohl methodisch als auch sprachlich und in der Wahl der Medien auf ihre Zielgruppe(n) einstellen.
— Es gilt immer wieder, Formen zu entwickeln und auszuprobieren, die die Partizipation und die Aufmerksamkeit für Vielfalt begünstigen.
— Im Anschluss an die Präsentationen und die entsprechenden »Feedback-Geschenke« kann noch einmal die Abbildung »Phasen eines inklusiven Begleitprozesses« gezeigt und reflektiert werden.

Schritt 7

→ **Reflexion: Prozessvisualisierung, Erfolge, Stolpersteine**

Kleingruppen; Plenum   ca. 45 Min   M 9.4/M 9.5

Auf Grundlage einer visualisierten Darstellung der Module reflektieren die Teilnehmenden den Qualifizierungs- und ihren eigenen Lernprozess.

Ablauf/Methode

Plenum: Der Ablauf der Qualifizierung wird visualisiert (siehe auch nebenstehendes Beispiel: Wäscheleine mit Modulen) und die Module und Inhalte in wenigen Sätzen skizziert **(ca. 10 Min)**.
Kleingruppen: Die Teilnehmenden reflektieren ihre persönliche »Lernkurve«, Erfolge und Stolpersteine **(ca. 25 Min)**.
Plenum: Kurze Präsentation der Ergebnisse **(ca. 10 Min)**

Raum/Ausstattung

Stellwand/-wände, Kreppband/Pin-Nadeln; Materialien für die Visualisierung der Zeitleiste hängen von der Art der Visualisierung ab.

Vorbereitung

Aufbereitung der Inhalte, z.B. pro Modul ein DIN A4-Blatt; je nach Art der Visualisierung Stellwände, PIN-Nadeln oder Kreppband alternativ; für eine Wäscheleine: Schnur und Wäscheklammern, Arbeitsblatt

Hinweise für Trainerinnen und Trainer

— Das Angebot an Verfahren zur Prozessvisualisierung ist umfangreich und von unterschiedlicher Komplexität. Dem Anliegen dieses Moduls wird eine einfache und wenig aufwendige Methode gerecht. Die Themen der Module und die wichtigsten Inhalte werden dazu in Großdruck auf DIN A4 Blätter geschrieben und je nach Sitzordnung der Teilnehmenden in der Kreismitte ausgelegt, an eine Stellwand geklebt bzw. gepinnt, an einer Leine aufgehängt o. ä.
— Ergänzend können Beispiele der Prozessvisualisierung aus der Praxis (der Teilnehmenden mit Prozesserfahrung) angeboten werden (siehe Kasten nebenan).
— Der Kreativität sind bei der Darstellung von Veränderungsprozessen keine Grenzen gesetzt, z.B. (Fluss-)Landschaft oder Weg, sie sollte aber auf die Kultur der Organisation abgestimmt sein.
— An dieser Stelle kann auf die jeweiligen Ziele und Indikatoren (der Module) eingegangen werden.

Beispiel: Visualisierung des Qualifizierungsprozesses

Zur Visualisierung der verschiedenen Module können die Kurzbeschreibungen aller Module auf Zetteln aufgehängt werden.

Beispiele für eine Kurzbeschreibung der Module finden sich in der Übersicht ab → S. 285 ff.

Schritt 8

→ Ausblick: Stärken und Bedarfe

Einzeln; 2er-/3er-Gruppen; Einzeln; Plenum **ca. 30 Min**

Die Teilnehmenden reflektieren in der Rückschau ihre individuell größten Stärken und den nächsten Entwicklungsschritt. Mit Bezug auf Modul 1 und ihre persönliche Lernkurve positionieren sie sich erneut auf dem Landschaftsbild.

Ablauf/Methode

Einzeln: Teilnehmende reflektieren ihre Stärken und Bedarfe und notieren sie.
2er-/3er-Gruppen: Rückblick auf Modul 1 Schritt 3
Einzeln: Die Teilnehmenden situieren sich erneut auf dem Landschaftsbild aus Modul 1.
Plenum: Präsentation (→ M 1.3); Diskurs zur Übertragbarkeit der Anregungen zur Selbstreflexion auf die Abschlusssitzung in einer Organisation.

Raum/Ausstattung

Gelbe und rote Moderationskarten, Landschaftsbild aus Modul 1

Vorbereitung

Arbeitsblätter

Hinweise für Trainerinnen und Trainer

— In dieser Übung wird auf zwei Ebenen reflektiert. Im ersten Schritt geht es um die Stärken und Bedarfe der Teilnehmenden, im zweiten um die Fragestellung, ob sich die Reflexionsangebote eignen, um die Sichtweise der Beteiligten einer Organisation zu Stärken, Schwächen und Entwicklungsbedarfen zu erfassen und lösungsorientiert zu nutzen.
— Ergänzend zu der Aufgabe auf dem Arbeitsblatt können Fragen reflektiert werden wie: Was war an welcher Stelle für meine Weiterentwicklung relevant? Gab es etwas, was mich an meiner Weiterentwicklung gehindert hat? Inwieweit ist das Leitbild handlungsleitend für mich?

Info: Fragen an Personen und Systeme

Nach dem Rückblick auf die Ergebnisse, die Wirkung und den Prozess ist es sowohl für die beteiligten Personen als auch für die Organisation notwendig, nach vorne zu blicken, um den Prozess weiterzuentwickeln. Die Prozessbegleiterinnen und Prozessbegleiter können durch Fragen dazu beitragen. Gleichzeitig sollen Unterstützungsbedarfe artikuliert werden und diese Bedarfe nicht als Defizitorientierung, sondern als Lernchance und damit als etwas Selbstverständliches angesehen werden.

Alle möglichen Fragen sind lediglich Angebote zum Nachdenken und zum Weiterdenken. Sie sind hier beispielhaft für beide Ebenen formuliert:

Person	System
— Was von dem, das ich in der Qualifizierung gelernt habe, habe ich so verinnerlicht, dass ich es gesichert für die Prozessbegleitung nutzen kann? — Wie sicher fühle ich mich in der Begleitung inklusiver Veränderungsprozesse? — Wie sicher fühle ich mich im Umgang mit dem Index?	— Was von dem, das Sie entwickelt haben, ist nachhaltig implementiert? — Wie sicher fühle ich mich im Umgang mit dem Index?
— Wo fühle ich mich noch unsicher?	— Was bezogen auf den inklusiven Veränderungsprozess ist noch instabil?

— Woran möchte ich/möchten wir weiterarbeiten?
— Welches sind kurz-, mittel- und langfristig die nächsten Schritte?

Weitere Hinweise für das Abschlussgespräch in der Organisation:
— Wie gehen wir mit den im Prozess gewonnenen Daten um?
— Bedarf es weiterer punktueller Unterstützungsleistungen von außen?
— Mit wem sollen Erfolge oder auch die Misserfolge kommuniziert werden? Nach innen, nach außen?
— Wie wird Vernetzung (Kontakte und Austausch) gestaltet?
— Gibt es das Angebot, als »Praxisfenster« zu dienen?
— Wie werden die Erfolge gefeiert?

Schritt 9

→ Simulation: Gestalten einer Abschlusssitzung

3er-Gruppen   ca. 45 Min   M 9.6

Die Teilnehmenden entwerfen zu dritt einen möglichen Ablauf einer Abschlusssitzung.

Ablauf/Methode

3er-Gruppen: Nach kurzer Einführung **(ca. 5 Min)** Planung einer Abschlusssitzung **(ca. 30 Min)**
Plenum: Reflexion inklusiver Werte in diesem Kontext **(ca. 10 Min)**

Raum/Ausstattung

Angemessen großer Raum für das Plenum

Vorbereitung

Arbeitsblätter

Hinweise für Trainerinnen und Trainer

— Durch Auseinandersetzung mit der Struktur einer unabhängig vom Erfolg des Prozessverlaufs wertschätzenden Abschlusssitzung wird deren Bedeutung hervorgehoben und an inklusiven Werten orientiert.
— Durch die Formulierung der Einladung werden die vorherigen Überlegungen »festgehalten«.

Schritt 10

→ Simulation: Nachbereitung im Couple

Plenum; 2er-Gruppen; Plenum   ca. 30 Min   M 9.7

In 2er-Gruppen simulieren die Teilnehmenden eine Nachbereitung ihrer Prozessbegleitung.

Ablauf/Methode

Plenum: Ggf. Einführung des Arbeitsblattes durch das Trainerteam **(ca. 5 Min)**
2er-Gruppen oder einzeln: Reflektieren der Fragen **(ca. 20 Min)**
Plenum: (ca. 5 Min)

Raum/Ausstattung

Angemessen großer Raum für das Plenum

Vorbereitung

Arbeitsblätter

Hinweise für Trainerinnen und Trainer

— Die Reflexion des Prozesses und der Gestaltung der eigenen Rolle ist die Möglichkeit, sich als Prozessbegleiterin oder -begleiter weiterzuentwickeln. Wenn man zu zweit als Couple auftritt, hat man die Gelegenheit, sich ständig zu reflektieren, gegenseitig Feedback zu geben und als (unterschiedliche) Muster/Vorbilder für inklusives Handeln aufzutreten und zu wirken.
— Als Angebot werden den Teilnehmenden Anregungen an die Hand gegeben, die ihnen als Hilfe für die Reflexion dienen sollen. Die Teilnehmenden werden außerdem gebeten, diese Aspekte zu ergänzen.
— Index-Fragen bieten sich als Reflexionshilfe an.
— Es bietet sich an, über mögliche Formen der Hospitation, Praxisbesuche etc. zu sprechen.
— Die Anmerkungen zu Hospitationen von »Blick über der Zaun« (Schulverbund Blick über den Zaun 2009) können helfen.
— Bei Zeitmangel können die Gedanken von M 9.7 im Plenum thematisiert werden.

Schritt 11

→ Input und Reflexion: Dokumentation und Evaluation

Plenum; Einzeln; Plenum   **ca. 45 Min**   M 9.8/M 9.9

Ablauf/Methode

3er-Gruppen: Die Teilnehmenden bearbeiten die Bedeutung von Dokumentation **(ca. 25 Min)**.
Plenum: Die Teilnehmenden erhalten eine Muster-Dokumentation; das Trainerteam gibt eine kurze Einführung zur Evaluation; Erörterung von Fragen **(ca. 20 Min)**.

Raum/Ausstattung

Angemessen großer Raum für das Plenum

Vorbereitung

Arbeitsblätter, Vertrautmachen mit den Grundgedanken der Evaluation (z.B. Brügelmann 2011)

Hinweise für Trainerinnen und Trainer

— An dieser Stelle werden Grundlagen der Evaluation angerissen und auf die Bedeutung von Dokumentationen hingewiesen.
— Evaluation steht nicht nur am Ende, sondern wird von Beginn an mitgeplant und ist somit ein fester Bestandteil eines Veränderungsprozesses (vgl. Modul 3).
— Der Text zur Evaluation von Hans Brügelmann (2011) bildet die Grundlage des Evaluationsverständnisses. Auf dieser Basis leistet das Trainerteam eine eigene Zusammenfassung.
— Durch die Entwicklung eigener Vorstellungen zur Bedeutung von Dokumentationen wird deren Vielschichtigkeit deutlich.
— Die Arbeitsblätter dienen als Handouts für den Inputteil.

Info: Evaluation in inklusiven Veränderungsprozessen

Was ist (inklusive) Evaluation?

Evaluation heißt zunächst Bewertung. Jede/r von uns bewertet ständig fremdes und eigenes Handeln. Auch jedes System bewertet sich ununterbrochen und zieht daraus Konsequenzen für das weitere Handeln. Im Unterricht evaluieren alle Beteiligten täglich, was und wie sie gelernt haben, in kommunalen Zusammenhängen bewerten Akteurinnen und Akteure auf allen Handlungsebenen, ob in Verwaltung, in Vereinen etc., fortlaufend ihre Tätigkeiten und ziehen – manchmal ganz schnell – Schlüsse für ihr weiteres Vorgehen.

Wenn von Evaluation gesprochen wird, ist häufig die geplante und systematische Evaluation, die Bewertung der Wirksamkeit einer Maßnahme oder Handlung gemeint. Dazu gibt es zahlreiche Veröffentlichungen und Ratgeber. Die Grundideen sind nicht neu. Grundsätzlich können Strukturen, Prozesse, Praktiken, Wirkungen und Ergebnisse evaluiert werden – auf allen Ebenen (vgl. fünf Ebenen im IvO).

Eine einprägsame und plausible Definition des Evaluationsbegriffs bietet z.B. das Bundesland Bremen im Kontext der dortigen Schulentwicklungsarbeit: »Evaluation – wörtlich: Bewertung, Beurteilung; hier: kritische Analyse und Selbsteinschätzung der eigenen Arbeit; Überprüfung von Arbeitsergebnissen nach vorher festgelegten Maßstäben« (Senator für Bildung, Wissenschaft, Kunst und Sport 1995, zitiert nach Burkard/ Eikenbusch 2000, S. 47). Brügelmann (2011, S. 10) betont, dass es eine Fülle von Perspektiven und Optionen gibt, dass jede Schule, jede Person (und in unserem Verständnis auch jede andere (kommunale) Einrichtung) sich für ihre Situation überlegen muss: »Was ist unser Problem und welche

Ideen helfen uns weiter, dieses Problem besser zu lösen als mit den bisher verfügbaren Mitteln. Es werden also vorhandene Repertoires erweitert und nicht ersetzt.«

    Ziel einer Evaluation ist die Optimierung und Weiterentwicklung von Veränderungsprozessen. Neben Ursachenforschungen spezifischer Probleme geht es auch um das Aufdecken von Potenzialen. Dabei ist Evaluation keine (nur) technische Aufgabe, sondern, wie Brügelmann schreibt, ein Politikum: Evaluation hat immer auch etwas mit Macht zu tun, mit Glaubwürdigkeit und Angst. Deshalb ist es wichtig, die Haltung der/des Evaluierenden als Größe und Teil der Evaluation zu bedenken.
Die von ihr/ihm vertretenen Werte sind von zentraler Bedeutung für die Funktion und den Ertrag der Evaluation. Es ist relevant, in welchem Verhältnis die/der Evaluierende zur Auftraggeberin/zum Auftraggeber steht und in welchen Beziehungen zu den anderen Beteiligten (vgl. Brügelmann 2011). Für die unterschiedlichen Funktionen von Evaluation ist es wichtig, zu wissen, auf welcher inhaltlichen Grundlage evaluiert wird, welche Standards dem Prozess zugrundeliegen und wie mit den Ergebnissen umgegangen wird.

    Bei in unserem Sinne verstandenen Evaluationsprozessen spielen inklusive Werte als Kriterium eine wesentliche Rolle. Neben der unbedingten Partizipation möglichst vieler Akteurinnen und Akteure und damit einer Perspektivenvielfalt geht es um Transparenz, Respekt vor anderen, Ehrlichkeit und auch Mut, Dinge anzusprechen, die vielleicht nicht so bequem sind. Und es geht um Nachhaltigkeit und Verantwortungsübernahme sowie solidarisches Handeln.

Wie wird evaluiert?

Der Evaluationsprozess umfasst mehrere Schritte, je nach Evaluationsbereich sind sie umfangreicher oder »kleiner«. Folgende Schritte sind Bestandteile von Evaluation, in ihrer Ausprägung jedoch stark abhängig von den Akteurinnen und Akteuren, den Erfahrungen, den Bereichen, der Kultur etc.

— Voraussetzung zur Durchführung ist zunächst das Festlegen eines Bereiches, der evaluiert werden soll.
— Auf Grundlage von Leitideen, Bewertungs- und Qualitätskriterien, die sich aus den inklusiven Werten ableiten lassen, werden konkrete, messbare Indikatoren entwickelt. Hier bietet der Index für Inklusion viele brauchbare Anregungen und Fragen.

— Dabei stellt sich die Frage: Steht der geplante Evaluationsprozess auch ökonomisch in einem Verhältnis zu den vermuteten Veränderungen?
— Abhängig von dem ausgewählten Bereich, den formulierten Indikatoren und der Fragestellung werden passende Methoden ausgewählt.
— Die konkrete »Datensammlung« wird durchgeführt und präsentiert. Die Präsentation soll verständlich und allen zugänglich sein.
— Die Sammlung wird analysiert und nach den festgelegten Indikatoren bewertet. Hierbei sind vielfältige Perspektiven einzubeziehen. Unbedingt ist bei der Darstellung der Ergebnisse zu vermeiden, dass Leute beleidigt oder beschämt werden. Auch diese Phase ist durch eine Kultur des Vertrauens geprägt.
— Dann wird diskutiert: Welche Konsequenzen folgen daraus? Was könnte konkret verändert werden? Stimmen unsere Ziele und sind die Wege dazu hilfreich? Sind neue Projekte sinnvoll? Machen wir weiter wie bisher?

Evaluationsprozesse helfen, Prozesse bewusst zu steuern, auf anstehende Herausforderungen zu reagieren, Potenziale zu entdecken und die Stärken des Systems gezielt zu nutzen. Sie tragen dazu bei, eine Verantwortungsübernahme möglichst vieler Akteurinnen und Akteure zu entwickeln.
Um sich vor »blinden Flecken« und verzerrten Darstellungen zu schützen, ist es ratsam, möglichst viele Perspektiven einzuholen und auch unterschiedliche Verfahren anzuwenden.

Mögliche Methoden und Instrumente interner Evaluation (Auswahl)
— Schriftliche Befragung (offene und/oder geschlossene Fragen)
— Mündliche Befragung (strukturierte/unstrukturierte Interviews mit Einzelpersonen oder Gruppen)
— Beobachtung (Beobachtungsbögen oder freie Protokolle)
— Dokumentenanalyse (z.B. Statistiken, Tagebücher)
— Tests
— Kreative Verfahren (Theater, Musik, Literatur ...)
— Bildmaterial (Fotos, Videos)
— Kommunikative Verfahren (z.B. Blitzlicht, Ampelkarten, stummes Schreibgespräch ...)
— Großgruppenverfahren, z.B. World-Café
— Schattenstudie
— Portfolio
— Fallstudien u.a.
— Geschichten

Schritt 12

→ Übung: Evaluieren anhand von Indikatoren

Plenum; Kleingruppen **ca. 45 Min** M 9.10/M 9.11/M 9.12

Ablauf/Methode

Plenum: Das Trainerteam erläutert beispielhaft das Entwickeln von Indikatoren **(ca. 10 Min)**.
2er-Gruppen: Die Teilnehmenden entwickeln und formulieren Indikatoren zur Überprüfung der Fortbildung anhand ausgewählter inklusiver Werte: »Offenheit«, »wertschätzender Umgang«, »Nachhaltigkeit und Wertschätzung von Vielfalt« **(ca. 25 Min)**.
Plenum: Als eine Methode der Evaluation wird die »Spinne« vorgestellt **(ca. 10 Min)**.

Raum/Ausstattung

Angemessen großer Raum für das Plenum

Vorbereitung

Arbeitsblätter
Auswahl der inklusiven Werte, mit denen sich diese Gruppe beschäftigen soll.
Feedback-Indikatoren aus den vorherigen Modulen zusammenfassen

Hinweise für Trainerinnen und Trainer

— In diesem Schritt geht es um die Darstellung einer Evaluationsmethode, im Wesentlichen aber um die Erkenntnis, dass alle Evaluationsmethoden auf der Vereinbarung konkreter Indikatoren fußen. Es wird in inklusiven Settings angestrebt, dass sie gemeinschaftlich entwickelt werden. Es ist darauf zu achten, dass konkrete Indikatoren abgeleitet werden können.
— Es können auch die jeweiligen Feedback-Indikatoren aus den Modulen als Grundlage genommen werden.
— Arbeitsblatt M 9.12 bietet die Möglichkeit, sich selbst vor dem Hintergrund erworbener Kompetenzen zu reflektieren. Die dort beschriebenen Werte lassen sich wie in Arbeitsblatt M 9.10 beschrieben in Unterstandards bzw. Indikatoren konkretisieren.
— Die Erklärung zur Methode der »Spinne« kann durch eine Präsentation begleitet werden, die die Anwendung dieses Evaluationsverfahrens erleichtert.
— Hier muss auch noch einmal das in Modul 1 angesprochene Lerntagebuch/Portfolio ausdrücklich erwähnt werden.

Beispiel: Evaluationsmethode »Spinne«
In der Startphase sind uns folgende Team-Qualitäten besonders wichtig:

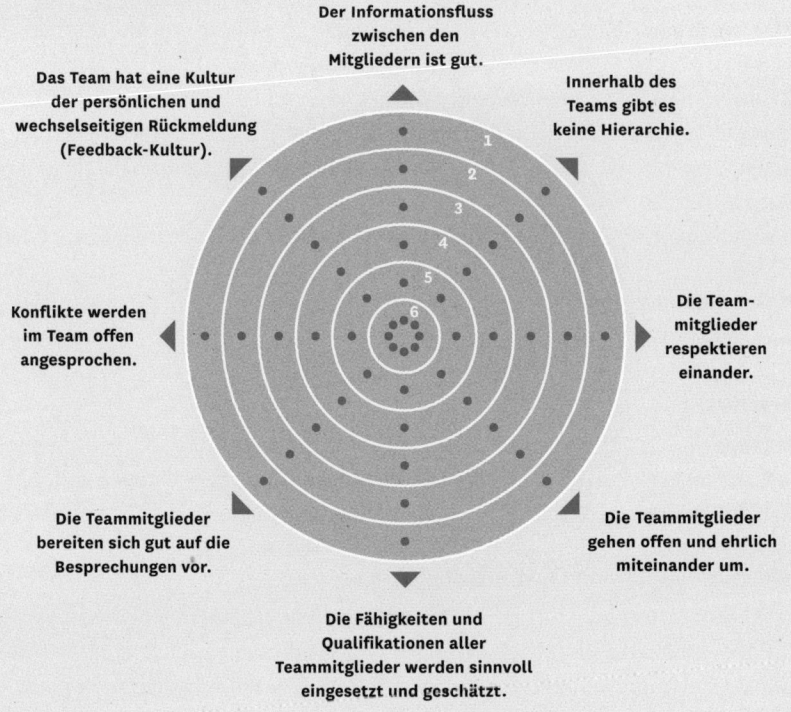

Siehe zur Anwendung auch → Arbeitsblatt M 9.11.

Vorteile der Methode »Die Spinne«

Sie ermöglicht den internen und externen Qualitätsdialog:
— reflektieren
— erarbeiten
— verständigen und entscheiden

Sie sichert in allen Phasen eine Bestandsanalyse:
— gestaltend begleiten
— bilanzieren

Die Auswertung ermöglicht es, Ziele zu vereinbaren und Handlungen konkret zu planen.
Die Methode ist klar und einfach nachvollziehbar.

(Methode entwickelt von Raimund Patt, www.schulhorizonte.de)

Schritt 13

→ **Feedback und Abschlussfeier**

Alle   Open End

Letzte kurze Feedback-Runde, Verabschiedung und Ausklingen

Ablauf/Methode

Plenum: Feedback-Runde zu ca. drei Fragen zum Transfer (flexibel)
Das Trainerteam stellt eine konkrete Frage, z. B.: »Inwieweit gab es heute Möglichkeiten, über die Bedeutung von Abschied/Abschluss zu reflektieren?«
Die Teilnehmenden halten jeweils rote (weniger zufriedenstellend), gelbe (auf dem Weg, ansatzweise) oder grüne Karten (voll zufrieden) hoch.
Daran anschließend: Verabschiedung und Ausklingen

Raum/Ausstattung

Raum mit Stuhlkreis

Vorbereitung

Fragen des Trainerteams;
für alle Teilnehmenden je eine gelbe, rote und grüne Karte

Hinweise für Trainerinnen und Trainer

— Der Abschluss ist Ausdruck der Wertschätzung der gemeinsamen Arbeit, inhaltlich, prozessbezogen und transferierbar. Die Teilnehmenden erhalten die Möglichkeit, fokussiert ihre Erfahrungen mitzuteilen. Die Meinung der Teilnehmenden wird als wichtig für die Weiterentwicklung der Qualifizierung wahrgenommen.
— Es ist darauf zu achten, dass dieser letzte Schritt nicht überfrachtet wird.
— Eine ruhige und gelassene Abschiedsrunde bezogen auf den Transfer auf die weitere zukünftige Arbeit der Teilnehmenden bietet sich an.
— Es hat sich bewährt, die »Kultur des Abschieds« auch zum Abschluss der Qualifizierung lebendig werden zu lassen. Inhaltlich geschieht das in der gemeinsamen Arbeit des Tages. Das Feiern des Lernerfolgs und des gemeinsamen Weges organisieren die Teilnehmenden selbst – z. B. einen Abschiedstrunk, den Austausch kleiner Erinnerungsstücke, ggf. die Rückgabe der »Briefe an sich selbst«, »open end« u. a.

Arbeitsblätter

M 9.1

Reflexion: Anzeichen für das Ende eines Begleitprozesses

Anregungen zur Reflexion: Fragen zum Abschied

nach der Methode:
Think **(ca. 5 Min)**,
Pair **(ca. 15 Min)**,
Share **(ca. 25 Min)**

1. Woran spüren Sie, dass der Begleitprozess dem Ende zustrebt?
   Wer möchte beenden?
   Gibt es Indikatoren in der Gruppe/bei Einzelnen?
   Gibt es Anzeichen dafür, dass (einzelne) Gruppen(-Mitglieder) das
   Unterstützungsangebot mit Ihnen am liebsten sofort beenden würden –
   woran machen Sie das fest?
   Was bedeutet das für Sie?

2. Oder passiert das Gegenteil: Am liebsten immer weitermachen?
   Wie manifestiert sich das?
   Was bedeutet das für Sie?

3. Wann fällt Ihnen ein Abschied oder ein Abschluss schwer, wann leicht?

Notizen

_____
_____
_____
_____
_____
_____
_____
_____

INKLUSION AUF DEM WEG
MONTAG STIFTUNG JUGEND UND GESELLSCHAFT

M 9.2

Rückblick: Der Kontrakt

Aufgabe (ca. 20 Min)
(Als Vorlage dient ein konkreter Musterkontrakt, z. B. aus M 3)

1. Rekonstruieren Sie Ihre (mündlichen) Absprachen mit dem Träger/Auftraggeber, die Sie zu Beginn der Qualifizierung geschlossen haben.
Haben beide Seiten die Bedingungen eingehalten?

2. Falls es schon Erfahrungen in der Begleitung inklusiver Prozesse gibt:
Wie sieht/sah der Vertrag aus? – Beispiel.

3. Rekonstruieren Sie die wesentlichen Bestandteile eines Kontraktes (M 3).

4. Beinhalten die Verträge Aussagen über den Abschluss der Zusammenarbeit?

5. Gab/gibt es Absprachen oder eine Vereinbarung im Couple?

INKLUSION AUF DEM WEG
MONTAG STIFTUNG JUGEND UND GESELLSCHAFT

M 9.3

Simulation: Den Auftraggebenden einen Veränderungsprozess und einen Begleitprozess erklären

Ausgangssituation
Sie haben oder vertreten ein Beratungsbüro, das sich darauf spezialisiert hat,
inklusive Veränderungsprozesse zu begleiten.

1. Die Steuergruppe einer inklusiven Grundschule hat Sie als Prozessbegleiterinnen und -begleiter eingeladen, auf einer Schulversammlung (Schülerinnen und Schüler, Eltern, Mitarbeiterinnen und Mitarbeiter etc.) darzustellen, was man unter einem »inklusiven Veränderungsprozess« bzw. unter einem »Begleitprozess« versteht und wie so ein Prozess aussehen kann. Die Schule möchte von Ihrer Präsentation die Entscheidung abhängig machen, ob Sie einen Auftrag bekommen.

2. Der Träger von 21 Kitas in der Stadt Münster hat seine Leitungen eingeladen und möchte Sie als »Büro für inklusive Prozesse« anfragen, alle 21 Einrichtungen zu begleiten.

Bilden Sie 4er-Gruppen.

Aufgabe
Vorbereitung **(ca. 20 Min)**
Präsentation **(ca. 10 Min)**

A (eine Hälfte der 4er-Gruppen):
Skizzieren Sie für eine der Anfragen anschaulich einen idealtypischen Veränderungsprozess (in) einer Bildungseinrichtung.

B (andere Hälfte der 4er-Gruppen):
Skizzieren Sie für eine der Anfragen möglichst anschaulich einen Begleitprozess und Ihre Rolle dabei.

INKLUSION AUF DEM WEG
MONTAG STIFTUNG JUGEND UND GESELLSCHAFT

M 9.4

Reflexion: Prozessvisualisierung, Erfolge, Stolpersteine

Aufgabe
(insgesamt **ca. 25 Min**)

1. **Rückblick: Der Blick auf die persönliche »Lernkurve«**
   Halten Sie stichwortartig fest:
   Was war an welcher Stelle für mich für meine Professionalisierung als
   Prozessbegleiterin/als Prozessbegleiter für die Begleitung
   inklusiver Veränderungsprozesse (besonders) relevant?

   _____

   _____

   _____

   _____

2. **Blick nach vorne**
   Wo habe ich noch (Unterstützungs-)Bedarf?
   Wie sicher fühle ich mich im Umgang mit dem Index?
   Was brauche ich noch, um den Index als Instrument zu nutzen?
   Wie sicher fühle ich mich in der Begleitung von Veränderungsprozessen?
   Diskutieren Sie in Ihrem »inneren Team« (Pörksen/Schulz von Thun 2014, S. 92),
   wo Ihr größter Bedarf und wo Ihre größten Stärken sind.

   _____

   _____

   _____

   _____

3. **Rückbindung an Modul 1**
   Denken Sie zurück an Modul 1: Wie würden Sie die Frage aus Modul 1
   jetzt am Ende der Qualifizierung für sich beantworten:
   »Menschen, Gruppen und Organisationen können sich glücklich schätzen,
   wenn sie auf mich als Prozessbegleiterin/als Prozessbegleiter treffen, weil ich ...«

   _____

   _____

   _____

   _____

INKLUSION AUF DEM WEG
MONTAG STIFTUNG JUGEND UND GESELLSCHAFT

M 9.5

Reflexion: Prozessvisualisierung, Erfolge, Stolpersteine

Wo verorten Sie sich jetzt in Bezug auf Ihre Fähigkeit als Prozessbegleiterin oder Prozessbegleiter?

INKLUSION AUF DEM WEG
MONTAG STIFTUNG JUGEND UND GESELLSCHAFT

M 9.6

Simulation: Gestalten einer Abschlusssitzung

Aufgabe
(insgesamt **ca. 30 Min**)

1. Verabreden Sie sich mit einer anderen Gruppe zum Austausch nach Schritt 2 **(nach ca. 15 Min)**

2. Entwickeln Sie in einer 4er-Gruppe den möglichen Ablauf für die Abschlusssitzung eines inklusiven Begleitprozesses. Beachten Sie dabei:
   — den äußeren Rahmen
   — die Tagesordnungspunkte
   — die Verabredungen
   — die Beteiligten

3. Entwerfen Sie dazu ein Anschreiben, das neben dem Hinweis auf die Bedeutung des Abschlusses auch eine Tagesordnung/den Ablauf enthält.

4. Tauschen Sie mit der gewählten Gruppe Ihre Ergebnisse aus.

INKLUSION AUF DEM WEG
MONTAG STIFTUNG JUGEND UND GESELLSCHAFT

M 9.7

Simulation: Nachbereitung im Couple

Aufgabe (ca. 20 Min)
Als Prozessbegleiterin oder Prozessbegleiter treten Sie im Idealfall zu zweit auf (»Couple«, »Tandem«).
Nutzen Sie dieses Arbeitsblatt als Grundlage Ihrer Reflexion mit Ihrer Couple-Partnerin/Ihrem Couple-Partner.
Gehen Sie die Aspekte nacheinander durch, am besten zunächst jede/r für sich (evtl. zu Hause),
dann erst zu zweit, um die Einschätzungen zu vergleichen.

Aspekte der Vorbereitung:
— Kommunikation (Wertschätzung, Ernstnehmen, …),
— gleichberechtigte, abgesprochene Arbeitsverteilung,
— Übereinstimmung in Zielsetzungen, Abläufen und Regeln,
— klare Aufgabenteilung in der Kommunikation gegenüber dem Auftraggeber
 (Kita, Schulamt, Schule, Kommune, Institut, Träger).

Aspekte der Durchführung:
— Auftreten gegenüber der »Gruppe« entsprechend der Absprachen?
— Klare Rollenabsprachen (Diskussionsleitung, Visualisieren, Wechsel etc.)?
— Redeanteile?
— Zulassen von Ergänzungen, »Korrekturen«?
— Sprechen von »WIR«?
— Einhalten des Zeitplans, Zeitgestaltung – einvernehmlich?
— Flexible Gestaltungen – einvernehmlich?
— Umgang in Konflikten (Vermeidung von Identifikationen mit einzelnen Teilnehmenden bzw. Gruppen)?

INKLUSION AUF DEM WEG
MONTAG STIFTUNG JUGEND UND GESELLSCHAFT

M 9.8

Input und Reflexion: Dokumentation und Evaluation

Aufgabe (ca. 25 Min)

Verständigen Sie sich in einer kleinen Gruppe über die Funktion und Form von Dokumentation:
— Welche Form der Dokumentation?
— Welche Gründe für Dokumentationen?
— Was sollen sie enthalten?
— Zielgruppe?
— Auftraggeber?
— Wann bietet sie eine Grundlage für Evaluationen?

M 9.9

Input und Reflexion: Dokumentation und Evaluation

Dokumentationsvorlage (Beispiel)

Mögliche Bestandteile und Ergänzungen: Assoziationen und subjektive Wahrnehmungen, O-Töne und Zitate von beteiligten Akteurinnen und Akteuren, Geschichten/Episoden/Briefe etc., Portfolios, Schatzkisten, Gelingensbedingungen, Fotos, kurze Filme etc.

Moderationsteam:

Einrichtung:

Kooperationsvertrag seit:

Moderation am:

Von – bis:

Welche und wie viele Teilnehmende
(Pädagoginnen und Pädagogen, Kinder/Jugendliche, Leitende, Betreuerinnen und Betreuer,…):

Thema/Hauptintention:

Veranlasst durch (z. B. Leitung, Steuergruppe, Mitarbeitervertretung, ein Team, Schülervertretung):

Einordnung in den Prozess (z. B. die wievielte von x Sitzungen …), Ergebnisse aus alten Vereinbarungen:

Was ist (noch) zwischen den Terminen in der Einrichtung passiert:

Gewählte Verfahren/Methoden in der Moderation:
(evtl. Material, Stichworte, Literaturhinweise …) (bewährt ı + nicht bewährt --)

Mitarbeit der Teilnehmenden (gruppenspezifische Aktivitäten, Partizipation, auch konkret):

Rolle des Index für Inklusion/Welche Index-Fragen wurden konkret bearbeitet?
(z. B. direkte Anwendung, Fragen oder für die Vorbereitung der Moderation …)

Weitere Schritte:
für die Einrichtung
Verabredungen
Moderation
Dokumentation/Protokoll der Einrichtung und wie damit umgehen?

Vertiefung/Anregung:
eigene Reflexion persönlich und auf das Moderationsteam bezogen,
gutes/ungutes Gefühl beim Rückblick,
welche Unterstützung wünsche ich mir/wünschen wir uns?

INKLUSION AUF DEM WEG
MONTAG STIFTUNG JUGEND UND GESELLSCHAFT

M 9.10

Übung: Evaluieren anhand von Indikatoren

Auswertung (Evaluation) der Fortbildung unter dem Aspekt inklusiver Kulturen

Aufgabe
Bilden Sie 2er-Gruppen.
Formulieren Sie ca. drei Indikatoren zu einem der »inklusiven Werte«
und halten Sie die Indikatoren auf Karten fest **(max. 25 Min)**.

Leitfrage
Woran erkennen wir, dass dieser Wert im Rahmen der Fortbildung
einen erfahrbaren Stellenwert hatte?
(Tony Booth: »put into action«)

INKLUSION AUF DEM WEG
MONTAG STIFTUNG JUGEND UND GESELLSCHAFT

M 9.11

Übung: Evaluieren anhand von Indikatoren

Die »Spinne« als eine Methode der Selbstevaluation

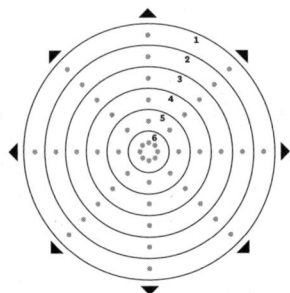

Aufgabe

1. Vorbereitung:
Flipchart, Stifte, Kärtchen. Die Spinne mit der Skalierung in der Mitte ist aufgezeichnet – dabei ist die 1 an den Spinnenarmenden und die 6 im Mittelpunkt der Spinne.

2. Formulieren Sie einen Qualitätsstandard-Satz, z. B.:
Unsere Einrichtung ist atmosphärisch gestaltet und gepflegt. Diese Sätze sind z. B. im Leitbild oder in Konzepten, Leistungsbeschreibungen formuliert, werden übernommen, abgeleitet – oder über neue wird sich im Team verständigt. Die Standardsätze werden als Zielaussagen formuliert, also nicht: Wir wollen erreichen, dass unsere Einrichtung atmosphärisch gestaltet und gepflegt ist, sondern: Unsere Einrichtung ist ...

3. Dieser Standardsatz wird in acht Unterstandards (acht Spinnenarmen) operationalisiert im Sinne von:
Was heißt das konkret, wie soll es optimal sein, woran erkennen wir, dass ...? Diese Unterstandards müssen sich trennscharf unterscheiden. Je alltagsnäher die Standards sind, desto konkreter, beobachtbar und messbar müssen die Aussagen sein. Diese Unterstandards werden im Team erarbeitet und in acht Sätzen auf acht Kärtchen, die an die Enden der acht Spinnenarme geklebt werden. Die Kärtchen werden von 1–8 nummeriert.

4. In die Spinne wird ein »Zufriedenheitskreis« gezeichnet.
Dieser Kreis markiert den Anspruch des Arbeitsbereiches/Teams in Bezug auf die Umsetzung der vereinbarten bzw. vorgegebenen Qualitätsstandards.

5. Bestandsanalyse:
Jedes Teammitglied bewertet die Standarderreichung bezogen auf eine konkrete Fragestellung, z. B.: Wie gut/schlecht sind nach Ihrer Einschätzung diese Kriterien in Ihrem Bereich erfüllt? Alle bewerten für sich (Kärtchen mit den zwei Spalten »Item« und »Bewertung«). Auf jedem Spinnenarm werden die Mittelwerte mit X und das Ergebnis sowie bei deutlichen Kumulationen bzw. Streuweiten auch jede Einzelbewertung markiert. Die Mittelwerte werden kreisförmig verbunden.

6. Bewerten – Ziele formulieren – Handlungsplanung/To-do-Liste:
Was sagen Sie zu diesem Ergebnis? Was fällt besonders positiv oder negativ auf? Was müsste sich sofort ändern, was kann leicht verbessert werden?

INKLUSION AUF DEM WEG
MONTAG STIFTUNG JUGEND UND GESELLSCHAFT

M 9.12

Übung: Evaluieren anhand von Indikatoren

Reflexionshilfe zur Überprüfung der erworbenen (eigenen) Kompetenzen

Nach dem Abschluss der Qualifizierung	Anmerkungen
Bin ich in der Lage, als Vorbild und Modell im Sinne der im Index für Inklusion vertretenen Wertehaltungen (Respekt, Anerkennung von Vielfalt etc.) zu wirken?	
Verfüge ich über fundierte Kenntnisse über Organisationsentwicklungsprozesse in allen Bereichen der Kulturbildung, des strategischen Handelns, der Strukturetablierung und des Entwickelns von Praktiken und kann ich sie anwenden?	
Habe ich Kenntnisse und Klarheit gewonnen über die Rollen und Aufgaben von Akteuren, Entscheidungs- und Funktionsträgerinnen und -trägern?	
Kenne ich Steuerungsmodelle auf verschiedenen Ebenen? Kann ich dazu beitragen, Steuerungsfähigkeiten zu entwickeln, sodass die Systeme vorbereitet sind, strategisch zu handeln?	
Habe ich Rollenklarheit über (eigene) Aufgabenbereiche als externe Begleitung, Beratung und Steuerung?	
Bin ich in der Lage, Gruppensteuerungs- und andere Kommunikationsprozesse zu gestalten?	
Verfüge ich über unterschiedliche Methoden in Moderations- sowie Partizipationsverfahren und kann entsprechende Tools (Visualisierungen etc.) anwenden, um eine Beteiligung aller Akteure einer Einrichtung zu gewährleisten?	
Weiß ich um (kommunale, politische) Strukturen, in denen die jeweiligen Systeme wirksam sind, und kann Zusammenhänge zwischen Systemen, regionalen Umfeldern, Stadtteilen und Kooperationspartnern herstellen?	
Kann ich Akteure und Systeme dabei unterstützen, »blinde Flecken« (individuelle und systemische) auszuleuchten und Barrieren aufzudecken?	
Kann ich Kompetenzen zur Fortsetzung der Prozesse auch ohne Unterstützung durch externe Prozessbegleiterinnen und -begleiter vermitteln?	
Erkenne ich die Zusammenhänge der unterschiedlichen Ebenen und deren Wirkungen?	
Weitere …	

INKLUSION AUF DEM WEG
MONTAG STIFTUNG JUGEND UND GESELLSCHAFT

Ausblick – So kann es weitergehen

Unser Buch ist ein Konzept »under construction«. Für uns wird es nie fertig sein, denn wir arbeiten weiter damit und entwickeln selbst während jeder konkreten Durchführung neue Ideen, Schritte und Materialien. Gleichzeitig stellen wir unser Konzept hier offen zur Weiterentwicklung zur Verfügung. Wir erhoffen uns vielfältiges Feedback und Anregungen, die wir gerne ins Netzwerk zurückgeben.

Unser Herzanliegen ist es, die Qualifikation weder zu verwässern noch als technischen Leitfaden zu benutzen. Die von uns genannten »14 Punkte, ohne die es nicht geht« (→ S. 18 ff.) sind die Kernaussagen, die diese Qualifizierung tragen. Insbesondere ist es wichtig, dass die eigene Haltung sich an inklusiven Werten orientiert.

Wer es ernst meint mit inklusiven Veränderungsprozessen, kann die eigene Institution nicht ausblenden. Glaubwürdigkeit und Nachhaltigkeit kann es nur geben, wenn auf allen Ebenen ernsthaft um inklusives Handeln gerungen wird. Auf Vorstandsebene genauso wie in jedem Team sind Reflexionen wichtig und Veränderungswünsche aller Beteiligten relevant.

Vielfältige Optionen zur Weiterarbeit mit unserem Konzept

Beispiele:

Sie sind als Trainerin oder Trainer selbst in der Fortbildung von Prozessbegleiterinnen und Prozessbegleitern aktiv ...

— Nehmen Sie sich Zeit, Ihre eigene Haltung und Ihr Inklusionsverständnis zu reflektieren.
— Holen Sie sich Feedbacks – lassen Sie sich darauf ein, Ihre Wirkung auf andere zu erfahren.
— Planen Sie die Bedarfe, Erfahrungen und Potenziale der zukünftigen Prozessbegleiterinnen und -begleiter in der Struktur Ihrer Qualifizierung mit ein. Vielleicht können Sie die Teilnehmenden schon im Vorfeld ansprechen.
— Variieren Sie das vorliegende Konzept entsprechend der Gruppe, mit der Sie arbeiten.
— Schaffen Sie in Ihrem Trainerteam eine gute Vertrauensbasis, sodass Sie sich ehrliche Feedbacks geben können und wirklich als »Muster« für Ihre Gruppe agieren. Vergessen Sie nicht, dass Sie als eingespieltes Team auch gemeinsame blinde Flecke entwickeln können, die nur durch externes Feedback oder Beratung zum Vorschein kommen können.
— Machen Sie sich mit der Philosophie Ihres Fortbildungsträgers vertraut und setzen sich mit den inhaltlichen Erwartungen auseinander. Vielleicht ist es möglich, dort gute Diskussionen über Ihr Inklusionsverständnis anzuregen, den Index für Inklusion auch dort als Entwicklungsinstrument oder Reflexionshilfe einzuführen.

Sie möchten als Träger oder Institutsleitung eine eigene Qualifizierung anbieten ...

— Schauen Sie sich die »14 Punkte, ohne die es nicht geht« an (→ S. 18 ff.). Sprechen Sie Trainerinnen und Trainer aus Ihrem Fortbildungspool an, die Lust auf die Durchführung dieser Fortbildung haben, entsprechend der Grundaussagen arbeiten wollen und über Erfahrungen verfügen.
— Achten Sie darauf, die Bedingungen für die Durchführung wertschätzend zu formulieren. Die Ausschreibungstexte sollten verständlich und einladend sein und nicht aussondernd wirken.
— Wir haben die Erfahrung, dass sich eine heterogene Zusammensetzung der Teilnehmenden ausdrücklich positiv auswirkt.
— Die Räumlichkeiten sollten Offenheit und Transparenz zum Ausdruck bringen, die wertschätzende Atmosphäre drückt sich auch in einer angemessenen Versorgung aus.

— Bieten Sie Ihren Trainerinnen und Trainern an, entwicklungsoffen mit der Fortbildung umzugehen. Feedbacks von Teilnehmenden sind ein Geschenk, vor allem, weil sie etwas zur Weiterentwicklung der Personen und der Fortbildung beitragen.
— Für Ihre Trainerinnen und Trainer ist es förderlich, wenn Sie ihnen Supervision oder Beratung ermöglichen.
— Besonders nachhaltig und wirksam wird die Fortbildung, wenn Sie sich als Institution selber auf den Weg machen, auf allen Ebenen inklusive Veränderungsprozesse zu initiieren – und das auch transparent machen.
— Überprüfen Sie Ihr Leitbild und entwickeln Sie es ggf. partizipativ weiter. Haben Sie schon einmal erwogen, in Ihren Strukturen (Leitung, Teams etc.) mithilfe der Fragen aus dem Index für Inklusion in einen Dialog zu kommen?

Sie möchten selbst Prozesse begleiten ...
— Schulen, Einrichtungen oder Kommunen bei ihrer weiteren Entwicklung zu helfen, ist eine sinnvolle Herausforderung. Überlegen Sie, welche Voraussetzungen dafür zu erfüllen sind (vgl. S. 25 f.) und ob Sie sich in bestimmten Bereichen selbst noch weiterbilden wollen.
— Vielleicht können Sie einen Träger anregen, eine Qualifizierung oder Fortbildung durchzuführen. Dabei können Sie gerne auf dieses Konzept zurückgreifen.
— Wenn Sie noch keine Erfahrung haben, bewährt es sich, zunächst mit erfahrenen Prozessbegleiterinnen oder Prozessbegleitern im Team zusammenzuarbeiten. Gemeinsames Lernen und Feedbacks lassen es zu einer Win-win-Situation für beide werden.
— Sie können bei entsprechender Erfahrung viele Anregungen aus dem Buch auch für Ihre Handlungsideen übernehmen. Es ist nicht oft genug zu betonen, dass wir Teamarbeit einen besonderen Stellenwert beimessen, gemeinsame Reflexionen und Planungen sind nicht zu ersetzen.

Sie möchten sich mit anderen vernetzen …
— Ob als Prozessbegleiterin oder Prozessbegleiter, Trainerin oder Trainer – der Austausch mit anderen, auch über das eigene Team hinaus, ist immer eine Bereicherung.
— Dazu können Sie selbst einiges beitragen: Gibt es bestehende Netzwerke, lokal, regional oder überregional, denen Sie sich anschließen können? Mit welcher Intention wollen Sie sich zusammenschließen? Gibt es konkrete Ziele oder den Wunsch nach einem losen Austausch? Wobei brauchen Sie Unterstützung?
— Sie können den Austausch selbst anregen und initiieren, kollegiale Beratungskonzepte kennenlernen und anwenden.
— Als durchführende Institution ist es konsequent, kollegiale Beratungsmöglichkeiten sowohl unter Trainerinnen und Trainern als auch unter zukünftigen Prozessbegleiterinnen und Prozessbegleitern zu ermöglichen und sie zur gemeinsamen Netzwerkpflege zu ermuntern.

Und das haben wir noch vor …
— Wir selbst wollen weiterhin zu einer qualitativ wertvollen Prozessbegleitung beitragen, bei der das Handeln im Sinne inklusiver Werte im Mittelpunkt steht.
— Wir arbeiten bereits selbst an neuen Themen, die wir bisher noch nicht (ausreichend) berücksichtigt haben und die wir in Zukunft einführen oder vertiefen wollen. Ideen dazu haben wir bereits: Alter/Armut/ Barriereärmere Gestaltung/ Feedback-Kultur/Führung in inklusiven Einrichtungen/Leitbilderstellung/Kurze Einführungen/Kollegiale Beratungskonzepte/Kommunale Aspekte/Spezifische Diskriminierungserfahrungen/Sprache und Kommunikation/Umfeld, Gebäude, Räume/ Unternehmen/Vernetzung und Kooperation/Vorträge und Präsentationen etc.
— Wir sind selbst an Vernetzung interessiert: Informieren Sie sich auf unserer Homepage über Veranstaltungen, Treffen, Tagungen. Wir freuen uns über Rückmeldung, Kritik, Anregungen.
— Wenn Sie sich für eine Implementierung dieses Fortbildungskonzeptes in Ihrer Organisation oder Ihrem Netzwerk interessieren, sind wir gerne behilflich.

Wir haben so viele Hinweise gesammelt, dass bestimmt schon alles gesagt ist. Aber ein paar Tipps möchten wir am Schluss noch einmal zusammenfassen. Wir wünschen Ihnen viele spannende Prozesse und viel Spaß bei der eigenen Umsetzung!

Auf jeden Fall:
— Ressourcen und Erfahrungen von Teilnehmenden aufspüren und nutzen
— Die eigene Institution nicht vergessen
— Teilnehmende und Gruppen mit Freude herausfordern
— Mut zu ungewöhnlichen Settings zeigen
— Transparente Planungen
— Spaß an der Sache und an den Menschen
— Sich immer wieder die Rolle vor Augen führen

Bloß nicht:
— Module abhaken
— An festen minutiösen Planungen kleben
— Teilnehmende mit Input und Arbeitsblättern überschütten
— In Konkurrenz zu Teampartner/in treten
— Belehrend auftreten
— Angst vor Kritik haben
— Sich verführen lassen, andere Rollen zu übernehmen

Anhang

Übersicht über die Module

Modul 1
Einführung und Grundlagen

— Kennenlernen und Ressourcenvielfalt erleben
— Reflexion des eigenen und eines umfassenden Verständnisses von Inklusion
— Auseinandersetzung mit unterschiedlichen Ausgaben des Index und ihrer Funktion
— Arbeitsvereinbarungen entwickeln
— Überblick über Inhalt und Format der Qualifizierung erhalten

Modul 2
Die Rolle als Prozessbegleiterin/ -begleiter klären und stärken

— Reflexion der persönlichen Motive und Meilensteine
— Identifizieren der persönlichen Stärken und Entwicklungsaufgaben
— Beschreibung der Gelingensbedingungen für die Prozessbegleitung
— Erkennen der Wirkung als Person und der Bedeutsamkeit von Selbst- und Fremdwahrnehmung

Modul 3
Die Prozessbegleitung anlegen und beginnen

— Die Phasen eines Beratungsprozesses
— Die Organisationskultur
— Der Erstkontakt und das Erstgespräch
— Die Bedeutung von Kontrakten

Modul 4
Haltung, Standpunkt, Zielorientierung

— Ausbau der moderativen Kompetenz durch den bewussten Einsatz von Sprache und Körperhaltung
— Sprachliche, gestische und mimische Unterstützung der Moderation
— Bedeutung und Begleitung der Zielvereinbarungen im Veränderungsprozess
— Zielvereinbarungen kommunikativ überzeugend, konstruktiv und lösungsorientiert führen

Modul 5
Mit Vielfalt und Widerständen umgehen

— Mit der Vielfalt der Beteiligten in der Prozessbegleitung umgehen durch die Wahrnehmung und Würdigung der unterschiedlichen Anliegen
— Widerstand einordnen, sichtbar werden lassen, lösungsdienlich konnotieren
— Einen konstruktiven Lösungsweg anregen

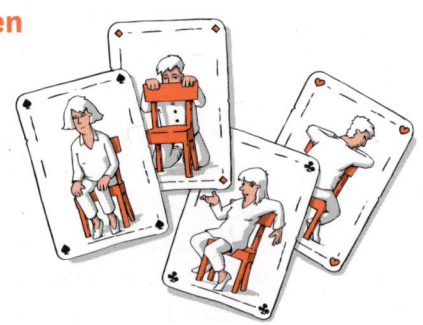

Modul 6
Selbstreflexion und Methodenrepertoire

— Anwendung und Erfahrung unterschiedlicher Methoden des Index für Inklusion
— Auseinandersetzung mit der Wirkung einzelner Methoden auf verschiedenen Ebenen
— Erfassen der Bedeutung des Dialogs für Veränderungsprozesse

Modul 7
Systemische Beratung inklusiv gestalten

— Interdependenzen in einem sozialen System und deren Berücksichtigung in der Beratungs- und der Prozessbegleitung
— Die Elemente eines sozialen Systems
— Anregungen zur Unterstützung von sozialen Systemen auf dem Weg zu einer inklusiven Organisation auf der Grundlage von Verfahren der systemischen Organisationsberatung

Modul 8
Die Rolle und Funktion von Steuerungsstrukturen

— Erfolgreiche Steuerungssysteme
— Steuern – Leiten – Führen
— Bedeutung der Kooperationsstrukturen zur Steuerung inklusiver Veränderungsprozesse
— Aufgaben und die Zusammensetzung einer Steuer- oder Lenkungsgruppe
— Arbeitskultur – Steuergruppe – Inklusion

Modul 9
Abschluss und Ausblick: Eine Prozessbegleitung beenden

— Aus der Rolle der Prozessbegleiterinnen und -begleiter einen Begleitprozess sinnvoll beenden
— Unterstützung der Organisation bei der Fortführung des Entwicklungsprozesses ohne externe Begleitung
— Feedback- und Evaluationsmethoden situationsbezogen anwenden
— Kriterien geleitete Reflexion der Fortbildungsmaßnahme

Begriffe, wie wir sie verwenden

Begleitprozess: Der Begleitprozess umfasst vier Hauptphasen der Begleitung (Orientierung, Klärung, Umsetzung, Abschluss), flankiert von Phasen der Vorbereitung und der Nachbereitung. Der Begleitprozess ist nicht gleichzusetzen mit dem
→ Veränderungs- und Entwicklungsprozess, der vor Ort in der Organisation stattfindet.
→ Parallele Prozesse.

Couple: Zwei Personen, die zusammen im Team Prozesse begleiten. Wir halten diese gemeinsame Begleitung für wesentlich: als Unterstützung, für eine größere Perspektivenvielfalt, als gegenseitige Beratung, als »Muster« von kollegialer Teamarbeit.

Einrichtung: Unser Buch richtet sich an ganz verschiedene Arten von Bildungs-, kommunalen und andere Einrichtungen, Organisationen, Institutionen etc. Der Begriff ist, wie der Begriff »Organisation«, in der Regel übergreifend gemeint und bezeichnet keine spezielle Form.

Entwicklungsprozess: Veränderungsprozess einer Organisation.
Wir unterscheiden diesen Prozess von dem → Begleitprozess, der den Entwicklungs- oder Veränderungsprozess von außen berät und unterstützt.

Evaluation: Evaluationen sind die Voraussetzung für nachhaltige Wirksamkeit, eine zielgerichtete Weiterarbeit und die Verbesserung der Qualität. In inklusiven Settings bedeutet Evaluation immer die Reflexion aller Ebenen: der Person, des Teams und der gesamten Einrichtung auf der Grundlage inklusiver Werte.
→ S. 248; 260 ff.

Feedback: Feedback ist ein wichtiger Bestandteil von inklusiven Prozessen. In einer Feedback-Kultur wird darauf geachtet, sorgsam miteinander zu kommunizieren und sich ehrliche Rückmeldungen zu geben. → S. 22.
Feedback ist eine Voraussetzung dafür, dass alle teilnehmenden Menschen in einem inklusiven Prozess lernen und seine Entwicklung beeinflussen können.

IfI: Abkürzung für den → Index für Inklusion.

Index für Inklusion: Instrument für die Planung und Entwicklung von inklusiven Prozessen sowie zur Selbstevaluation. Es gibt verschiedene Ausgaben, u.a. für Kitas, Schulen und Kommunen. Der Index für Inklusion dient als Referenzrahmen für die inklusive Entwicklung und wird von uns im Rahmen der Prozessbegleitung genutzt. Zu den einzelnen Ausgaben → Literaturverzeichnis, S. 294.

Inklusive Entwicklung: → Entwicklungsprozess einer Organisation mit dem Ziel, sich mit dem Leitbild der Inklusion zu verändern, d.h. Kulturen, Strukturen und Praktiken orientiert an inklusiven Werten weiterzuentwickeln.

Inklusive Haltung: Die eigene, inklusive Haltung und Orientierung an inklusiven Werten ist die Voraussetzung für ein glaubwürdiges Begleiten und Gestalten von Inklusion. → S. 19.

IvO: Abkürzung für das Praxishandbuch »Inklusion vor Ort«, den sogenannten → Kommunalen Index für Inklusion.

Kommunaler Index für Inklusion: Ein Praxishandbuch, das einen auf die Anforderungen von Kommunen angepassten → Index für Inklusion sowie zahlreiche Anregungen zur praktischen Umsetzung enthält. Siehe dazu auch das → Literaturverzeichnis, S. 294.

Kontrakt: Wir verwenden die Begriffe »Kontrakt« und »Vertrag« synonym. Was genau wir darunter verstehen, wird in Modul 3 deutlich: Auftrag, Rahmenbedingungen und Arbeitsvereinbarungen als Verbindlichkeiten in der Prozessbegleitung, die in der Regel schriftlich festgehalten werden und justiziabel sind.

Kooperatives Lernen: »Zu den Grundgedanken gehört, dass die Beteiligten in einem (…) methodisch strukturierten Prozess so miteinander und voneinander lernen, dass jede und jeder sich einbringen kann, niemand ausgegrenzt wird und alle für den Prozess wie für das Ergebnis Verantwortung übernehmen« (Green/Green S.19). Vielfalt ist willkommen und eine wertvolle → Ressource für den Prozess des Lernens.

Lenkungsgruppe: → Steuergruppe. Das Team, das in einem System Steuerungsfunktion übernimmt, wird in unterschiedlichen Kontexten unterschiedlich benannt.

Methoden: Gestaltungsmaßnahmen, die einen Prozess auf verschiedenen Ebenen sinnvoll unterstützen: den Kommunikationsprozess, die Strukturbildung, die konkreten Handlungs- und Evaluationsschritte sowie deren Planungen. Auch Methoden können eher an inklusiven Werten orientiert sein – oder im Gegenteil ausgrenzend oder beschämend wirken.

Moderationsprozess: Bestandteil des → Begleitprozesses. Durch Moderationen gestalten wir das Setting für die Akteurinnen und Akteure, steuern die Gruppenprozesse, achten auf Regeln und wertschätzenden Umgang und orientieren uns grundsätzlich an inklusiven Werten.

Modul: Thematische Fortbildungseinheit innerhalb unserer Gesamtqualifikation.

Organisation: → Einrichtung.

Parallele Prozesse: Eine Prozessbegleitung ist geprägt von der Gleichzeitigkeit zweier Prozesse: der Prozess der Entwicklung einer Organisation und der Prozess der Begleitung durch ein externes Team. Eine Begleitung kann in jeder Phase eines → Entwicklungsprozesses einsetzen. Beide Prozesse wirken aufeinander, werden aber unabhängig voneinander gesteuert.

Prozessbegleitung: Externe Begleitung eines → Entwicklungsprozesses. Sie unterstützt Menschen in Systemen dabei, ihre Ideen und Vorstellungen von Inklusion zu reflektieren und umzusetzen. Sie hilft mit dem Blick von außen, die inklusive Qualität des Prozesses zu überprüfen, und schafft die Grundlage dafür, Veränderung gemeinsam und nachhaltig zu entwickeln. → S. 5.

Reflecting Team: Verfahren zur Reflexion der Zusammenarbeit am Ende eines Moduls oder einer Sitzung im Rahmen der Prozessbegleitung.

Ressourcen: Die Grundidee von Inklusion ist, dass menschliche Vielfalt eine wertvolle Ressource ist. Das gilt auch für die Durchführung dieser Qualifizierung: Jede/r Teilnehmende hat etwas beizutragen und kann die Lerngemeinschaft bereichern. Darauf gehen insbesondere die Module 1 und 2 ein. Vgl. auch → S. 23 f.

Rollenklarheit: Die Begleitung von inklusiven Veränderungsprozessen ist komplex. Das erfordert von den Prozessbegleiterinnen und -begleitern eine große Bewusstheit ihrer Rolle im Prozess und gleichzeitig eine Distanz, aus der sie jederzeit eine Metaebene im Prozess einnehmen können. → S. 20 f.

Selbstreflexion: Voraussetzung für und Bestandteil von → Rollenklarheit. Prozessbegleiterinnen und -begleiter sind immer auch Subjekt ihres eigenen Lernprozesses. Das Reflektieren und Zurückspielen von Erfahrungen aus dem Prozess in die eigene Tätigkeit ist eine Grundvoraussetzung, um inklusive Veränderung glaubwürdig zu vermitteln und die eigene Kompetenz weiterzuentwickeln.

Setting: Rahmenbedingungen, die Einfluss auf die Arbeitsatmosphäre und die Kommunikation haben. Inklusive Settings achten darauf, dass Voraussetzungen für eine wertschätzende Atmosphäre gegeben sind.

Steuergruppe: Steuergruppen als Promotoren der inklusiven Entwicklung strukturieren, koordinieren, steuern und vernetzen den Prozess. Sie achten auf einen möglichst hohen Grad der Beteiligung und Verantwortungsübernahme. Oft synonym verwendet: → Lenkungsgruppe.

Steuerung: Strukturieren, Koordinieren, Steuern und Vernetzen eines Prozesses.

Stopp-Tage: Innehalten während des laufenden Prozesses, um zu reflektieren und Zwischenbilanz zu ziehen: Sind wir auf dem richtigen Kurs?

System: Soziales System, Organisation in ihrem strukturellen Zusammenhang von Merkmalen und relevanten Umwelten. → Modul 7.

Systemische Prozessbegleitung: → Prozessbegleitung, die sich explizit den Strukturen einer Organisation widmet, sie bewusst macht und reflektiert und davon ausgeht, dass die Akteurinnen und Akteure in einem System selber die Expertinnen und Experten für die Lösung ihrer Probleme sind. → Modul 7.

Tandem: → Couple.

Trainerteam: → Couple.

Veränderungsprozess: → Entwicklungsprozess.

Vereinbarungen: Abmachungen, die wir in unserem Kontext als Trainerinnen und Trainer mit der Gruppe treffen. Sie beruhen auf der Basis des Vertrauens, werden nicht im Sinne eines Kontraktes schriftlich fixiert, sondern als »Gedächtnisstütze« visualisiert.

Vertrag: → Kontrakt.

Literatur

Der Index für Inklusion – Versionen und Ausgaben

IfI 2003 – Der Index für Inklusion für Schulen
Boban, Ines/Hinz, Andreas (Hrsg.) (2003): Index für Inklusion. Lernen und Teilhabe in der Schule der Vielfalt entwickeln. Halle/Saale: Martin-Luther-Universität.

IfI Kitas 2007 – Der Index für Inklusion für Kitas
Booth, Tony/Ainscow, Mel/Kingston, Denise: Index für Inklusion (Tageseinrichtungen für Kinder). Spiel, Lernen und Partizipation in der inklusiven Kindertageseinrichtung entwickeln. Deutschsprachige Ausgabe. 2., überarbeitete Auflage. Herausgeber der Originalfassung: Centre for Studies on Inclusive Education (CSIE). Frankfurt am Main: Gewerkschaft Erziehung und Wissenschaft GEW.

IfI 2011 – Neuausgabe des englischsprachigen Index für Inklusion für Schulen
Booth, Tony/Ainscow, Mel (2011): Index for Inclusion. Developing Learning and Participation in Schools. 3., englischsprachige Ausgabe des Index für Inklusion für Schulen. Bristol: Centre for Studies on Inclusive Education (CSIE).

IvO 2011 – Der Kommunale Index für Inklusion
Montag Stiftung Jugend und Gesellschaft (Hrsg.) (2011): Inklusion vor Ort. Der Kommunale Index für Inklusion – ein Praxishandbuch. Berlin: Deutscher Verein.

Verwendete Literatur

Bartnitzky, Horst (2008): Grundschule in Deutschland – ein Demokratie-Modell? Festvortrag Siegen 2007. In: Backhaus, Axel/Knorre, Simone (Hrsg.) (2008), in Zusammenarbeit mit Hans Brügelmann und Elena Schiemann: Demokratische Grundschule. Mitbestimmung von Kindern über ihr Leben und Lernen. Siegen 2008.

Beywl, Wolfgang/Schepp-Winter, Ellen (1999): Zielfindung und Zielklärung – ein Leitfaden. QS 21, Materialien zur Qualitätssicherung in der Kinder- und Jugendhilfe. Hrsg. vom Bundesministerium für Familie, Senioren, Frauen und Jugend (BMFSF).

Brauneck, Peter/Urbanek, Rüdiger/Zimmermann, Ferdinand (1997): Methodensammlung. Anregungen und Beispiele für die Moderation. 3. Auflage. Bönen: Kettler.

Brokamp, Barbara/Lawrenz, Wiebke (2014): Fragen zur Dokumentation. Begleitmaterial zum Projekt »Inklusion vor Ort«. Unveröffentlicht.

Brügelmann, Hans (2011): Scharfe Brillen, wache Augen und ein einfühlsamer Blick. In: Schulverbund Blick über den Zaun (Hrsg): Beobachten, bewerten, beraten. Verfahren und Werkzeuge für eine andere Evaluation. Eigendruck (oder Pädagogik 59, Jg. H 2, S. 36–41) (www.blickueberdenzaun.de/index.php/textarchiv/168-evaluation-beobachten-bewerten-beraten).

Brüggemann, Helga/Ehret-Ivankovic, Kristina/Klütmann, Christopher (2014): Systemische Beratung in fünf Gängen. Ein Leitfaden. 5. Auflage. Göttingen: Vandenhoeck & Ruprecht.

Brüning, Ludger/Saum, Tobias (2008): Erfolgreich unterrichten durch Kooperatives Lernen. Band 1: Strategien zur Schüleraktivierung. Mit einem Vorwort von Kathy und Norm Green. 4. Auflage. Essen: nds-Verlag.

Buhren, Claus G./Rolff, Hans-Günter (Hrsg.) (2012): Handbuch Schulentwicklung und Schulentwicklungsberatung. Weinheim und Basel: Beltz.

Burkard, Christoph/Eikenbusch, Gerhard (2000): Praxishandbuch Evaluation in der Schule. Berlin: Cornelsen.

Dilts, Robert (2006): Die Veränderung von Glaubenssystemen. Paderborn: Junfermann.
Faschingbauer, Michael (2013): Effectuation. Wie erfolgreiche Unternehmer denken, entscheiden und handeln. 2. Auflage. Stuttgart: Schäffer-Poeschel.
Green, Norm/Green Kathy (2006): Kooperatives Lernen im Klassenraum und im Kollegium. Das Trainingsbuch. 2. Auflage. Seelze-Velber: Kallmeyer.
Hohenadl, Christa (2000): Kommunikationstraining: richtig hören, verstehen, reden. Stuttgart: Klett.
Huber, Stephan Gerhard (Hrsg.) (2009): Handbuch für Steuergruppen. Grundlagen für die Arbeit in zentralen Handlungsfeldern des Schulmanagements. Köln: Carl Link.
Imhäuser, Karl-Heinz (2011): Fragen ÜBER Fragen und FRAGEN über Fragen. In: Jerg, Jo/Schumann, Werner/Thalheim, Stephan (Hrsg.): Vielfalt entdecken. Erfahrungen mit dem »Index für Inklusion« in Kindertagesstätten und Gemeinde. Reutlingen, Diakonie Verlag 2011
Kastner, Bernhard/Gerstenberg, Michael (Hrsg.) (1991): Personalmanagement – Denken und Handeln im System. Berlin: Quintessenz.
König, Eckard/Volmer, Gerda (2005): Systemisch denken und handeln: Personale Systemtheorie in Erwachsenenbildung und Organisationsberatung (System und Organisation). Weinheim und Basel: Beltz.
König, Eckard/Volmer, Gerda (2008): Handbuch Systemische Organisationsberatung. Weinheim und Basel: Beltz.
König, Eckard/Volmer, Gerda (2009): Systemisches Coaching. Weinheim: Beltz.
König, Eckard/Volmer, Gerda (2014): Systemische Organisationsberatung. 2. Auflage. Weinheim und Basel: Beltz.
Kotter, John/Rathgeber, Holger (2006): Das Pinguin-Prinzip. Wie Veränderung zum Erfolg führt. München: Droemer Knaur.

Kruse, Peter (2008): Prof. Peter Kruse über Changemanagement; www.youtube.com/watch?v=FLFyoT7SJFs
Kruse, Peter (2011): next practice – Erfolgreiches Management von Instabilität. 5. Auflage. Offenbach: GABAL.
Lernende Schule (57/2012): Schwerpunkt Feedback. 15. Jg.
Lindemann, Holger (2010): Unternehmen Schule. Organisation und Führung in Schule und Unterricht. Göttingen: Vandenhoek und Ruprecht.
Maar, Paul (2012): Am Samstag kam das Sams zurück. Hamburg: Oetinger Taschenbuch GmbH.
Müller, Gabriele/Hoffmann, Kay (2008): Systemisches Coaching. Handbuch für die Beraterpraxis. Heidelberg: Carl Auer.
Neumann, Mario (2012): Projektsafari. Frankfurt am Main: Campus.
Palmowski, Winfried (2011): Systemische Beratung (Fordern Lernen). Stuttgart: Kohlhammer.
Pörksen, Bernhard/Schulz von Thun, Friedemann (2014): Kommunikation als Lebenskunst. Heidelberg. Carl-Auer.
Polt, Wolfgang/Rimser, Markus (2006): Aufstellungen mit dem Systembrett: Praxisbücher für den pädagogischen Alltag. Interventionen für Coaching, Beratung und Therapie. Münster: Ökotopia.
Rabenstein, Reinhold/Reichel, Rene (2012): Kreativ beraten: Methoden und Strategien für kreative Beratungsarbeit, Coaching und Supervision. 5. Auflage. Münster: Ökotopia.
Reich, Kersten (Hrsg.) (2012): Inklusion und Bildungsgerechtigkeit. Standards und Regeln zur Umsetzung einer inklusiven Schule. Mit Beiträgen von Ines Boban, Tony Booth, Barbara Brokamp, Andreas Hinz, Karl-Heinz Imhäuser, Raimund Patt und Kersten Reich. Weinheim und Basel: Beltz.
Rohm, Armin (Hrsg.) (2012): Change-Tools. Erfahrene Prozessberater präsentieren wirksame Workshop-Interventionen. 5. Auflage. Bonn: managerSeminare.

Rolff, Hans-Günter/Buhren, Claus G./Lindau-Bank, Detlev/Müller, Sabine (2000): Manual Schulentwicklung. 3. Auflage. Weinheim und Basel: Beltz.
Rosenbusch, Heinz (2000): Körpersprache in der schulischen Erziehung. Hohengehren: Verlag Schneider.
Schlee/Mutzek (Hrsg.)(1996): Kollegiale Supervision. Heidelberg: Edition Schindele.
Schmidt, Gunther (2006): Systemische und hypnotherapeutische Konzepte für Organisationsberatung, Coaching und Persönlichkeitsentwicklung. Auditorium Netzwerk, Hrsg: Bernd Ulrich. Mülheim/Baden: Jokers Edition.
Schmidt, Gunther (2013): Liebesaffären zwischen Problem und Lösung. Hypnosystemisches Arbeiten in schwierigen Kontexten. 5. Auflage. Heidelberg: Carl-Auer.
Schratz, Michael/Iby, Manfred/Radnitzky, Edwin (2000): Qualitätsentwicklung. Weinheim und Basel: Beltz.
Schulverbund »Blick über den Zaun« (2009): Schulen lernen von Schulen. Bezug über: www.blickueberdenzaun.de
Senge, Peter M. (1998): Die fünfte Disziplin. Kunst und Praxis der lernenden Organisation. 5. Auflage. Stuttgart: Klett Cotta.
Terkessidis, Mark (2010): Interkultur. Berlin: Suhrkamp.
Universität Köln: Methodenpool. www.methodenpool.uni-koeln.de.
Von Schlippe, Arist/Schweitzer, Jochen (2010): Systemische Interventionen. Göttingen: Vandenhoeck & Ruprecht.
Wahl, Diethelm (2006): Lernumgebungen erfolgreich gestalten. Vom trägen Wissen zum kompetenten Handeln. 2. Auflage. Bad Heilbrunn: Klinkhardt.
Weidner, Margit (2005): Kooperatives Lernen im Unterricht. Das Arbeitsbuch. Seelze-Veber: Kallmeyer.
Zur Bonsen, Matthias/Maleh, Carole (2001): Appreciative Inquiry. Der Weg zu Spitzenleistungen. Weinheim und Basel: Beltz.

Hinweis

Wir haben uns bemüht, alle Quellen korrekt anzugeben. Sollte uns das in einzelnen Fällen nicht gelungen sein, bitten wir um Kontaktaufnahme unter jugend-und-gesellschaft@montag-stiftungen.de.

Autorinnen und Autoren

Barbara Brokamp ist Projektbereichsleiterin für Inklusion bei der Montag Stiftung Jugend und Gesellschaft in Bonn. Ihre Schwerpunktthemen sind inklusive Begleitungen von Veränderungsprozessen in Bildungs- und kommunalen Zusammenhängen. Sie ist Mitautorin des Buches »Inklusion vor Ort – Der Kommunale Index für Inklusion« und Mitglied in der Jury des Jakob Muth-Preises sowie anderen Fachbeiräten.

Ludger Deckers ist seit 1991 Lehrer im »Gemeinsamen Unterricht« und aktuell didaktischer Leiter einer Gesamtschule im Aufbau. Seit über zehn Jahren ist er auch als Fortbildner und in der Schulentwicklungsbegleitung tätig. Als Gestaltpädagoge (FPI) baut er gern Brücken zwischen scheinbar fremden Denk- und Lebenskulturen.

Raymund Elfring ist pensionierter Studiendirektor und war lange Zeit als Seminarausbilder am Zentrum für schulpraktische Lehrerausbildung in Aachen tätig. Er begleitet bzw. moderiert zurzeit verschiedene Entwicklungsprozesse von Schulen und Schulverbünden sowie in etlichen kommunalen Veranstaltungen, auch im Kontext des Projektes »Inklusion vor Ort«.

Wiebke Lawrenz ist freiberufliche Organisationsberaterin, Trainerin und Coach. Sie verfügt über langjährige Erfahrungen in der Begleitung von Veränderungsprozessen und der Weiterbildung in Unternehmen. Sie ist Mitautorin des Buches »Inklusion vor Ort – Der Kommunale Index für Inklusion« und leitet im Auftrag der Montag Stiftung Jugend und Gesellschaft in Bonn das Projekt »Inklusion vor Ort«.

Monika Menzel engagiert sich seit vielen Jahren im Themenfeld Inklusion. Sie hat zahlreiche Bildungseinrichtungen und Kommunen in inklusiven Entwicklungsprozessen begleitet, viele Prozessbegleiterinnen und -begleiter qualifiziert und ist als Expertin im Umgang mit Fragestellungen aus dem Index für Inklusion eine erfahrene Referentin und Workshop-Leiterin.

Thomas Müller-Heßling ist Koordinator für Schulentwicklung an einem Gymnasium und arbeitet für die Bezirksregierung Köln als Moderator und Trainer für Schulentwicklungsberatung. Zudem ist er auf Landesebene als Entwickler für Konzepte zur systemischen Schul – und Unterrichtsentwicklung tätig mit den Schwerpunkten Teamentwicklung und Steuerung von Veränderungsprozessen.

Raimund Patt ist als freiberuflicher Lehrer seit 2006 in der Begleitung und Qualifizierung inklusiver Prozesse aktiv. Nach anfänglicher Konzentration auf Entwicklungsprozesse in Schulen und Kitas liegt der Schwerpunkt seiner Arbeit nun in der Begleitung und Qualifizierung inklusiver kommunaler Prozesse, in der Entwicklung kommunaler Aktionspläne sowie in Planungsaufträgen für zukunftsfähige Gebäudegestaltungen ganztägiger inklusiver Bildung.

Dr. Andrea Platte hat eine Professur für Bildungsdidaktik mit dem Schwerpunkt Didaktik der Elementarpädagogik an der Fachhochschule Köln, wo sie den Studiengang »BA Pädagogik der Kindheit und Familienbildung« leitet. Im Kontext ihres Schwerpunktthemas in Lehre und Forschung – Inklusive Bildung von Kindertageseinrichtungen bis zur Hochschule – arbeitet sie seit vielen Jahren mit dem Index für Inklusion.

Christian Schmidt ist Pädagogischer Mitarbeiter im Ministerium für Schule und Weiterbildung des Landes Nordrhein-Westfalen. Einer seiner Aufgabenbereiche ist die Weiterentwicklung der Lehrerausbildung im Vorbereitungsdienst unter dem Blickwinkel der Inklusion. Seit 2009 bildet er für die Montag Stiftung Jugend und Gesellschaft Prozessbegleiterinnen und Prozessbegleiter aus.

Dr. Ansgar Stracke-Mertes ist Humanwissenschaftler, Organisationsberater, Supervisor und Coach. Er begleitet und unterstützt Entwicklungsprozesse in Kindertagesstätten, Schulen, Jugendhilfeeinrichtungen, Altenheimen, Einrichtungen der Behindertenhilfe und Kommunen. Seine Schwerpunkte liegen in der inklusiven Begleitung von Veränderungsprozessen, Beratungsangeboten, Coachingprozessen und Vortragstätigkeiten.

Impressum und Danksagung

Herausgeberin
Montag Stiftung Jugend und Gesellschaft, Bonn

Veröffentlicht im
Verlag des Deutschen Vereins für öffentliche und private Fürsorge e.V.
Michaelkirchstraße 17/18, 10179 Berlin
www.deutscher-verein.de

Auslieferung über den Lambertus-Verlag:
www.lambertus.de

Druck:
Stückle Druck und Verlag, Ettenheim

Printed in Germany 2015
ISBN: 978-3-7841-2752-1
ISBN E-Book: 978-3-7841-2753-8

Veröffentlicht mit Förderung durch das Bundesministerium für Familie, Senioren, Frauen und Jugend (BMFSFJ)

Projektleitung
Caroline Eckmann, Bonn

Redaktion
Caroline Eckmann, Bonn
Lieselotte Rowley, Berlin

Korrektorat
Antje Utermann-Funke, Dortmund

Gestaltung und Satz
labor b designbüro, Dortmund

Grafik (wenn nicht anders angegeben)
labor b designbüro, Dortmund

Illustrationen
Stefan Eling, Köln

Download von Arbeitsblättern und Abbildungen:
www.deutscher-verein.de/de/buchshop-des-dv-materialien-1946.html

Dankeschön

An dieser Stelle möchten wir als Herausgeberin allen danken, durch die dieses Buch erst möglich wurde: Caroline Eckmann hat als Redaktions- und Projektleiterin maßgeblich dazu beigetragen, dass dieses Buch in dieser Form heute vorliegt.
Das gilt auch für die Autorinnen und Autoren, die ihre Erfahrung hier offen für alle zur Verfügung stellen – Monika Menzel danken wir außerdem für ihr großes Engagement als Leiterin der Projektsteuergruppe. Dank geht auch an die vielen Teilnehmenden der nunmehr sechs »Durchläufe« unserer Qualifikation. Sie haben uns mit ihren ehrlichen und kritischen Rückmeldungen inspiriert, immer wieder Planungen zu hinterfragen, Neues zu entwickeln, Bestehendes zu verändern. Das Gleiche gilt für die zahlreichen Akteurinnen und Akteure vor Ort, die »Gradmesser« unserer Wirksamkeit, die Teilnehmenden der Montagsplenen, Sommerakademien und Feedback-Runden. Weiterhin danken wir den Referentinnen und Referenten unserer Fachveranstaltungen, die uns auf vielfache Weise inhaltlich bereichert und inspiriert haben. Erwähnen möchten wir auch die kritischen Leserinnen und Leser, an dieser Stelle besonderen Dank an Elena Lazaridou und Thomas Werner mit ihren kommunalen Perspektiven. Hervorzuheben ist die sehr kooperative Zusammenarbeit mit den Kolleginnen und Kollegen des Deutschen Vereins sowie unseren Partnern für Layout und Illustration, labor b und Thomas Eling. Nicht zuletzt bedanken wir uns für die kollegiale Unterstützung durch das gesamte Team der Montag Stiftungen und alle guten Geister im Haus, die immer dafür gesorgt haben, dass wir räumlich, technisch und versorgungsmäßig gute Grundlagen hatten.

Wir bedanken uns außerdem bei der Aktion Mensch für die Unterstützung des Projektes. Besonders hinweisen möchten wir auf das Förderprogramm Inklusion, mit dem die Aktion Mensch Projekte und Initiativen unterstützt, die vor Ort unterschiedliche Akteure aus allen Bereichen des gesellschaftlichen Lebens vernetzen. So soll das Miteinander von Menschen mit und ohne Behinderung ermöglicht und damit Inklusion in den regionalen Lebensweltbezügen umgesetzt werden. Ziel des Förderprogramms ist die Schaffung von Vernetzungsstrukturen. Informationen unter: www.aktion-mensch.de/projekte-engagieren-und-foerdern/foerderung.html